Englisch/Panzer/Boehme/Straube/Adelmeyer/Littkemann/
Becker/Sesterhenn/Ballmann/Neumann

Risikofrüherkennung im Kreditgeschäft: Erwartungshaltung der Bankenaufsicht • Trennscharfe Verfahren • Prozesseinbindung & Prüfung

in der Reihe:

Bearbeitungs- und Prüfungsleitfaden

Prozesse prüfen * Risiken vermeiden * Fehler aufdecken
→ Handlungsempfehlungen ableiten

herausgegeben von:

Axel Becker
Revisionsleiter
TaunusSparkasse, Bad Homburg v. d. H.

Michael Berndt
Senior Manager, Financial Services Organisation
Ernst & Young AG
Wirtschaftsprüfungsgesellschaft Steuerberatungsgesellschaft

Dr. Jochen Klein
Rechtsanwalt
Leiter Gremien, Generalsekretariat
DZ BANK AG

Finanz Colloquium Heidelberg, 2008

Zitiervorschlag:

Autor, Bearbeitungs- und Prüfungsleitfaden Risikofrüherkennung im Kreditgeschäft, RdNr. XX

ISBN:	978-3-936974-89-8
© 2008	Finanz Colloquium Heidelberg GmbH
	Plöck 32a, 69117 Heidelberg
	www.FC-Heidelberg.de
	info@FC-Heidelberg.de
Satz:	MetaLexis, Niedernhausen
Titelfoto:	Dominik Schwarz/photocase.com
Druck:	DruckhausDiesbach GmbH, Weinheim

Bearbeitungs- und Prüfungsleitfaden Risikofrüherkennung im Kreditgeschäft: Erwartungshaltung der Bankenaufsicht • Trennscharfe Verfahren • Prozesseinbindung & Prüfung

Prozesse prüfen * Risiken vermeiden * Fehler aufdecken
→ Handlungsempfehlungen ableiten

Autoren dieses Bandes:

Rainer Englisch
Prüfungsleiter
Deutsche Bundesbank, Hauptverwaltung München

Christof Panzer
Prüfungsbereich
Deutsche Bundesbank, Hauptverwaltung München

Torsten Boehme
Abteilungsdirektor Credit Risk, Private & Corporate Clients
Dresdner Bank, Frankfurt/Main

Gunnar Straube
Senior Referent Credit Risk Private & Corporate Clients
Dresdner Bank, Frankfurt/Main

Uwe Adelmeyer
Leiter Kreditanalyse
Sparkasse Bielefeld

Univ.-Prof. Dr. Jörn Littkemann
Lehrstuhl für Betriebswirtschaftslehre,
insb. Unternehmensrechnung und Controlling
FernUniversität, Hagen

Axel Becker
Leiter der Internen Revision
Taunussparkasse, Bad Homburg v. d. H.

Peter Sesterhenn
Geschäftsführender Gesellschafter
Partner Dialog Unternehmensberatung GmbH, Laupheim

Ralf Ballmann
Vertriebsleiter im Bankenbereich
SAS AG, Heidelberg

Hanns-Jörg Neumann
Management Consultant, Kreditwirtschaft
ABIT AG, Meerbusch

Diesen Band betreuender Herausgeber:
Axel Becker

Finanz Colloquium Heidelberg
2008

Inhaltsübersicht

Vorwort des betreuenden Herausgebers *(Becker)*   1

Vorwort *(Bantleon)*   3

I. Trennscharfe Frühwarnverfahren als wesentlicher Baustein einer angemessenen Kreditrisikosteuerung – erste SRP-Prüfungserfahrungen *(Englisch/Panzer)*   5

    1. Bedeutung der Risikofrüherkennung   7
    2. Mindestanforderungen und Auslegungshinweise der Aufsicht   8
    3. Praxisnahe Umsetzung eines Frühwarnverfahrens   13
    4. Schnittstellen Frühwarnverfahren und Rating   45
    5. Beitrag zur Kreditportfoliosteuerung   46
    6. Ausblick und Arbeitshilfen   48
    7. Literaturhinweise   53

II. Konzeption, Projektbegleitung und Self Assessment eines innovativen Frühwarnverfahrens im Kreditgeschäft – RiskMiner *(Boehme/Straube)*   55

    1. Einleitung   57
    2. Kreditgeschäft und Kreditrisiko   59
    3. Früherkennung von Kreditrisiken   71
    4. RiskMiner – eine innovative Früherkennung   83
    5. Integration des RiskMiner in die Kreditprozesse   122
    6. Praxiserfahrungen aus dem Einsatz des RiskMiner   136
    7. Validierung des Risikofrühwarnsystems   139
    8. Trends in der Entwicklung   154
    9. Literaturverzeichnis und Internetquellen   159

III. Kreditrisikofrüherkennung in der Praxis – Ergebnisse einer empirischen Studie zum Einsatz risikogerechter Frühwarnindikatoren *(Adelmeyer/Littkemann)* 163

1. Einführung 165
2. Vorbemerkungen zum Einsatz von Frühwarnindikatoren 167
3. Einschätzungen zu quantitativen Frühwarnindikatoren 176
4. Einschätzungen zu qualitativen Frühwarnindikatoren 182
5. Überleitung in die Intensivbetreuung 193
6. Schlusswort 200
7. Literaturverzeichnis 201

IV. Die Prüfung von Frühwarnverfahren durch die Interne Revision *(Becker)* 205

1. Vorwort 207
2. Anforderungen aus den MaRisk 209
3. Prüfung von Frühwarnprojekten 226
4. Prozessanforderungen für Frühwarnverfahren 242
5. Frühwarnverfahren/-lösungen aus der Bankpraxis 253
6. Ausblick 265
7. Literaturverzeichnis 266

V. Dienstleistungen im Bereich der Risikofrüherkennung 269

1. Praxiserfahrungen zur Implementierung eines Frühwarnsystems auf Primärbankenebene *(Sesterhenn)* 271
2. Risikofrüherkennung bei der Kreditvergabe – Vorteile von Analytics-Lösungen für Banken *(Ballmann)* 292
3. IT-unterstützte Risikofrüherkennung: Anforderungen an die EDV zur Bearbeitung zweifelhafter/auffälliger Engagements *(Neumann)* 312

Stichwortverzeichnis **339**

Inhaltsverzeichnis

Vorwort des betreuenden Herausgebers   1

Vorwort   3

I. Trennscharfe Frühwarnverfahren als wesentlicher Baustein einer angemessenen Kreditrisikosteuerung – erste SRP-Prüfungserfahrungen   5

    1. Bedeutung der Risikofrüherkennung   7

    2. Mindestanforderungen und Auslegungshinweise der Aufsicht   8

       2.1. BTO 1.3 Tz. 1 MaRisk – Rechtzeitige Identifizierung; Gegenmaßnahmen   9

       2.2. BTO 1.3 Tz. 2 MaRisk – Quantitative und qualitative Indikatoren   10

       2.3. BTO 1.3 Tz. 3 MaRisk – Öffnungsklausel; Risikoklassifizierungsverfahren   11

    3. Praxisnahe Umsetzung eines Frühwarnverfahrens   13

       3.1. Entwicklung und Validierung eines Frühwarnverfahrens   14

       3.2. Frühwarnindikatoren   17

           3.2.1. Ausgewählte quantitative Indikatoren   20

           3.2.2. Ausgewählte qualitative Indikatoren   26

       3.3. Prozessuale Anforderungen an identifizierte Engagements – Engagementüberprüfung/Bestandsaufnahme   34

       3.4. Überleitung Problemkreditbearbeitung   37

       3.5. Dokumentationsanforderungen   43

    4. Schnittstellen Frühwarnverfahren und Rating   45

    5. Beitrag zur Kreditportfoliosteuerung   46

    6. Ausblick und Arbeitshilfen   48

    7. Literaturhinweise   53

II. Konzeption, Projektbegleitung und Self Assessment eines innovativen Frühwarnverfahrens im Kreditgeschäft – RiskMiner   55

1. Einleitung   57
2. Kreditgeschäft und Kreditrisiko   59
   2.1. Definition des Kreditrisiko   59
   2.2. Die Einordnung des Kreditrisikos in den Kreditprozess unter Berücksichtigung der Existenz von Informationsasymmetrien   61
   2.3. Aufsichtsrechtliche Rahmenbedingungen für die Implementierung von Frühwarnsystemen   64
      2.3.1. Gesetzliche Anforderungen durch das Gesetz zur Kontrolle und Transparenz im Unternehmensbereich (KonTraG) und Aktiengesetz (AktG)   64
      2.3.2. Anforderungen an ein Frühwarnsystem durch die MaRisk   66
      2.3.3. Anforderungen von Basel II   67
   2.4. Checkliste   69
3. Früherkennung von Kreditrisiken   71
   3.1. Motivation zur Implementierung von Frühwarnsystemen   71
   3.2. Anforderungen an ein Frühwarnsystem   75
   3.3. Informationsbereiche   76
      3.3.1. Kontoinformationen   76
      3.3.2. Daten zur wirtschaftlichen Leistungsfähigkeit   77
      3.3.3. Soziodemografische Daten   78
   3.4. Informationsquellen   79
      3.4.1. Interne Daten   80
      3.4.2. Externe Daten   81
   3.5. Checkliste Daten   81
4. RiskMiner – eine innovative Früherkennung   83
   4.1. Einleitung   83
   4.2. Konzeption des Frühwarnsystems RiskMiner   84

	4.2.1.	Aggregationsprozess zur Bestimmung der Risikowahrscheinlichkeit	84
	4.2.2.	Risikoindikatoren	87
	4.2.3.	Die Bewertung der Indikatoren im Modell	96
	4.2.4.	Bestimmung des Nettorisikos	100
	4.2.5.	Die Verdichtung auf einen Bewertungsmaßstab	101
4.3.	Abgrenzung Frühwarnsystem zu internen Rating- und Scoringverfahren		106
4.4.	Technische Umsetzung		107
	4.4.1.	Modellumsetzung im Data Warehouse	107
	4.4.2.	Datengewinnung	110
	4.4.3.	Datenhistorie	112
	4.4.4.	Datenqualität	113
	4.4.5.	Analyse und Reporting	115
	4.4.6.	Checkliste Technische Umsetzung	121

5. Integration des RiskMiner in die Kreditprozesse — 122
   5.1. Modellintegration — 122
   5.2. Datenbereitstellung über Business Intelligence-Tools — 124
   5.3. Know-how Transfer — 125
   5.4. Workflow — 130
      5.4.1. Interne Kreditrisikoprüfungen — 130
      5.4.2. Impairmentmeasurement — 132
      5.4.3. Dokumentation der Prüfungsergebnisse — 133
   5.5. Checkliste Integration in die Kreditprozesse — 135

6. Praxiserfahrungen aus dem Einsatz des RiskMiner — 136
   6.1. Entwicklung der Portfolioqualität — 136
   6.2. Anwendererfahrungen — 136
   6.3. Kritische Erfolgsfaktoren — 136
   6.4. Checkliste Praxiserfahrungen — 138

7. Validierung des Risikofrühwarnsystems — 139
   7.1. Grundlagen — 139
   7.2. Trennschärfeanalysen — 142
   7.3. Optimierung von Parametern — 149

	7.4. Checkliste Validierung des Risikofrühwarnsystems	153
8.	Trends in der Entwicklung	154
	8.1. Data Mining	154
	8.2. Dynamische Risikofrüherkennung	157
9.	Literaturverzeichnis und Internetquellen	159

III. Kreditrisikofrüherkennung in der Praxis – Ergebnisse einer empirischen Studie zum Einsatz risikogerechter Frühwarnindikatoren — **163**

1.	Einführung	165
2.	Vorbemerkungen zum Einsatz von Frühwarnindikatoren	167
	2.1. Die Unternehmenskrise und ihre Identifikation	167
	2.2. Zur Auswahl geeigneter Frühwarnindikatoren	170
	2.2.1. Quantitative Frühwarnindikatoren	170
	2.2.2. Qualitative Frühwarnindikatoren	172
	2.3. Auswahl geeigneter Frühwarnindikatoren	172
	2.4. Checkliste zum Einsatz von Frühwarnindikatoren	175
3.	Einschätzungen zu quantitativen Frühwarnindikatoren	176
	3.1. »Harte« Indikatoren aus Konto- und Systemdaten	176
	3.2. »Weiche« Indikatoren aus Konto- und Systemdaten	178
	3.3. Checkliste zu quantitativen Frühwarnindikatoren	181
4.	Einschätzungen zu qualitativen Frühwarnindikatoren	182
	4.1. Bereich »Gefährdende Veränderungen im Unternehmen«	182
	4.2. Bereich »Kreditgespräch«	184
	4.3. Bereich »Privates Umfeld«	185
	4.4. Bereich »Markt-/Wettbewerbsumfeld«	187
	4.5. Bereich »Auskünfte«	189
	4.6. Bereich »Sonstige«	190
	4.7. Checkliste für qualitative Indikatoren	192
5.	Überleitung in die Intensivbetreuung	193
	5.1. Auswahl geeigneter Überleitungskriterien	193

INHALTSVERZEICHNIS

    5.2. Quantitative Frühwarnindikatoren als »k.o.«-Kriterien   194
    5.3. Qualitative Indikatoren als »k.o.«-Kriterien   196
    5.4. Checkliste zu den »k.o.«-Überleitungskriterien   198
6. Schlusswort   200
7. Literaturverzeichnis   201

IV. Die Prüfung von Frühwarnverfahren durch die Interne Revision   205

1. Vorwort   207
2. Anforderungen aus den MaRisk   209
    2.1. Begriff des Frühwarnverfahren   217
    2.2. Frühwarnindikatoren   218
    2.3. Eignung von Ratingsystemen als Frühwarnverfahren   221
    2.4. Checkliste MaRisk-Anforderungen an Frühwarnverfahren   221
3. Prüfung von Frühwarnprojekten   226
    3.1. DIIR- Standard zur Prüfung von Projekten   226
    3.2. Erfahrungen aus der Prüfung von Projekten   227
    3.3. Checkliste Prüfung von Projekten   239
4. Prozessanforderungen für Frühwarnverfahren   242
    4.1. Anforderungen an die Aufbauorganisation   242
    4.2. Anforderungen an die Ablauforganisation   244
        4.2.1.   Prozess der Normalbetreuung   245
        4.2.2.   Prozess der Intensivbetreuung   246
    4.3. Checkliste Prozessanforderungen   248
5. Frühwarnverfahren/-lösungen aus der Bankpraxis   253
    5.1.. Mögliche Prüfungsansätze   255
    5.2. Checkliste Frühwarnverfahren   257
    5.3. Prüfungserfahrungen   260
6. Ausblick   265
7. Literaturverzeichnis   266

V. Dienstleistungen im Bereich der Risikofrüherkennung   269

1. Praxiserfahrungen zur Implementierung eines Frühwarnsystems auf Primärbankenebene   271

    1.1. Einführung   271

    1.2. Frühwarnsystem mit Spätwarnkriterien   272

    1.3. Bestandsaufnahmen und Akzeptanzprobleme   272

    1.4. Der Kreditzyklus   275

    1.5. Ziele und Aufgaben eines Frühwarnsystems   276

    1.6. Anforderungen an ein echtes Frühwarnsystem   277

    1.7. Aufbau eines echten Frühwarnsystems in einer Primärbank   277

    1.8. Frühwarnkriterien   281

    1.9. Frühzeitiges Aufdecken von möglichen Kreditrisiken   284

    1.10. Fachkompetenz des Kreditüberwachers   286

    1.11. Methodische Vorgehensweise zur Einführung eines Frühwarnsystems   288

    1.12. Fazit   291

2. Risikofrüherkennung bei der Kreditvergabe – Vorteile von Analytics-Lösungen für Banken   292

    2.1. Kreditrisikomessung in der Praxis   292

         2.1.1. Relevanz und Rolle der Kreditrisikomessung   292

         2.1.2. Quantifizierung von Kreditrisiken   294

         2.1.3. Kredit-Scoring und Rating im modernen Kreditrisikomanagement   298

    2.2. Frühwarnung mit Hilfe von Scoring   300

    2.3. BI-gestütztes Bonitäts-Scoring und Portfoliobewertung   302

    2.4. Ausblick   304

    2.5. Ausgewählte Beispiele aus der Praxis   307

         2.5.1. Transparente Kreditportfolios: MaK/MaRisk-gerechte Kreditrisikosteuerung bei der Commerzbank   307

2.5.2.	Kalibrierung und Validierung im Rahmen von Basel II: Identifizierung und Überwachung von Kreditrisikoparametern bei der Dresdner Bank	308
2.5.3.	BI-gestütztes Bonitäts-Scoring und Portfoliobewertung: Modellierung und Controlling von Scoring-Prozessen für die Bonitätskalkulation bei der Eurohypo AG	309

2.6. Literaturverzeichnis 311

3. IT-unterstützte Risikofrüherkennung: Anforderungen an die EDV zur Bearbeitung zweifelhafter/auffälliger Engagements 312

3.1. Indikatoren 312
    3.1.1. Quantitative Indikatoren 313
    3.1.2. Qualitative Indikatoren 316

3.2. Verfügbarkeit von Informationen 318

3.3. Beschaffung 320

3.4. Auswertung 322

3.5. Historisierung 324

3.6. Prognosen 326

3.7. Prozesse 328

3.8. Standard und Individualisierung 331

3.9. Überwachung 333

3.10. Abgabe 336

3.11. Schlussbemerkung 337

Stichwortverzeichnis   **339**

Vorwort des betreuenden Herausgebers

Die Ausgabe der Bearbeitungs- und Prüfungsleitfäden mit dem Titel »Risikofrüherkennung im Kreditgeschäft« schließt eine weitere Lücke der Reihe im Bereich des Risikocontrolling und -management der Kreditinstitute. Denn für viele Kreditinstitute stellt das Adressenausfallrisiko eines der bedeutenden Risikokomponenten dar. Über die Grenzen der gut erprobten und bewährten Rating- und Scoringsysteme hinaus wirken effektive Frühwarnsysteme, die für die Kreditinstitute immer mehr an Bedeutung gewinnen. Denn auf wirkungsvolle Weise Kreditausfälle zu vermeiden, ist eines der wichtigen betriebswirtschaftlichen Ziele der Banken. Die Vielzahl der Informationen z. B. aus der Kontoführung oder weiterer Datenquellen schafft hierbei entscheidende Vorteile für die Banken.

Rainer Englisch und Christof Panzer schildern in dem Beitrag »Trennscharfe Frühwarnverfahren als wesentlicher Baustein einer angemessenen Kreditrisikosteuerung« ihre SRP-Prüfungserfahrungen im Hinblick auf Frühwarnverfahren als wesentlicher Baustein einer angemessenen Risikosteuerung. Der Beitrag enthält auch einige Erkenntnisse aus ihrer Tätigkeit bei der Deutschen Bundesbank.

Torsten Boehme, Abteilungsdirektor Credit Risk, Private & Corporate Clients, und Gunnar Straube, Senior Referent Credit Risk Private & Corporate Clients, beide Mitarbeiter der Dresdner Bank AG, beschreiben in ihrem Beitrag die Konzeption, Projektbegleitung und das Self Assessment eines der innovativen Frühwarnverfahren im Bankenmarkt, dem RiskMiner. Der spannende Beitrag erläutert die Konzeption eines aufwändigen und effektiven Frühwarnverfahrens im Kreditgeschäft aus Sicht des Fachbereichs.

Der Aufsatz von Uwe Adelmeyer, Leiter Kreditanalyse der Sparkasse Bielefeld, erläutert die Kreditrisikofrüherkennung in der Praxis. Die Ergebnisse einer empirischen Studie zum Einsatz risikogerechter Frühwarnverfahren sowie die in der Praxis geeigneten Frühwarnindikatoren werden dargestellt und erläutert. Der Beitrag enthält viele Anregungen zur Modellierung von Frühwarnverfahren.

Mein Beitrag erläutert die Prüfung von Frühwarnverfahren durch die Interne Revision. Neben den bankaufsichtlichen Anforderungen werden die Prüfung von Frühwarnprojekten sowie der risikoorientierte Prüfungsansatz der Internen Revision dargestellt. Eine Vielzahl von Checklisten und praktischen Erkenntnissen erläutern die Ausführungen.

VORWORT DES BETREUENDEN HERAUSGEBERS

Peter Sesterhenn, Geschäftsführender Gesellschafter der Partner Dialog Unternehmensberatung GmbH, erläutert in seinem Beitrag »Praxiserfahrungen zur Implementierung eines Frühwarnsystems auf Primärbankenebene« seine praktischen Erkenntnisse bei der Einführung eines Frühwarnverfahrens im Kreditgeschäft.

Ralf Ballmann, Vertriebsleiter Banken und Versicherungen bei SAS Deutschland, schildert die Risikofrüherkennung bei der Kreditvergabe und stellt die Vorteile von Analytics-Lösungen für Banken dar.

Hanns-Jörg Neumann, Management Consultant Kreditwirtschaft der ABIT AG, wirft einen Blick auf die IT-unterstützte Risikofrüherkennung. Kernthema sind die Anforderungen an die EDV zur Bearbeitung zweifelhafter/auffälliger Engagements. Der Beitrag enthält einige praktische Beispiele zur Darstellung der Risikofrüherkennung.

Das Buch richtet sich an die Mitarbeiter, die sich mit dem Thema Risikosteuerung und Risikofrüherkennung in Banken befassen. Des Weiteren sind interne und externe Prüfer, Bankenaufseher sowie Studierende und Kollegen der verschiedenen Bildungseinrichtungen angesprochen.

Für die verlagsseitige Hilfe und Unterstützung danke ich insbesondere Frau Janin Eidam, Frau Christiane Kempe sowie Herrn Dr. Christian Göbes.

August 2008   Axel Becker

Vorwort

Je früher Probleme aufgedeckt werden, desto größer sind die Einwirkungsmöglichkeiten, desto geringer ist der hieraus entstehende Zeitdruck und desto weniger Kosten werden verursacht. Haftungsrechtliche Risiken sind noch in weiter Ferne. Aus diesem Grunde wird betriebswirtschaftlich der Beginn einer Krise bereits in der strategischen Krise gesehen. Regelmäßig sind hierbei die Erfolgs- und die Liquiditätslage noch unauffällig.

Je näher man sich der insolvenzrechtlichen Krisendefinition nähert, desto mehr wird das Handeln von Kreditnehmern, Kreditinstituten und anderen Gläubigern von der Vermeidung haftungsrechtlicher Risiken bzw. von Anfechtungsrisiken geprägt.

Die Anforderung der MaRisk, dass ein Kreditinstitut ein Verfahren zur Früherkennung von Risiken einzurichten hat, ist daher nur zu begrüßen. Das Kreditinstitut soll in die Lage versetzt werden, in einem möglichst frühen Stadium Gegenmaßnahmen einleiten zu können. Analog der betriebswirtschaftlichen Sichtweise sind auch aufsichtsrechtlich die Kreditnehmer bereits zu identifizieren, bei deren Engagements sich erhöhte Risiken »erst« abzuzeichnen beginnen. Hierbei sind sowohl quantitative als auch qualitative Risikomerkmale zu überwachen.

Das Kreditinstitut kann die Früherkennung von Risiken auch auf Basis des Risiko-klassifizierungsverfahrens nach BTO 1.4 MaRisk wahrnehmen. Diese Option dürfte von den meisten Kreditinstituten genutzt werden, um den Bearbeitungsaufwand und die Komplexität zu reduzieren. Hierzu muss das Risikoklassifizierungsverfahren allerdings den Anforderungen aus BTO 1.3 Tz. 3 MaRisk entsprechen.

Der betreuende Herausgeber Axel Becker und die praxiserfahrenen Autoren haben sich damit einer der zentralen Herausforderungen im Rahmen der Organisation des Kreditgeschäfts angenommen. Durch die Auswahl der Autoren sind sowohl die Perspektive der Bankaufsicht als auch die der Anwender bzw. der Prüfer von Risikofrüherkennungsverfahren berücksichtigt. Empirische Daten aus dem Sparkassensektor runden den Inhalt ab.

VORWORT

Den Herausgebern und den Autoren gratuliere ich zu dieser sehr gelungenen Kombination von Theorie und Praxis. Das Buch bietet sowohl dem Praktiker als auch dem wissenschaftlich interessierten Leser wertvolle Hinweise. Ich wünsche dem Buch eine weite Verbreitung.

Villingen-Schwenningen, im August 2008   WP/StB Prof. Ulrich Bantleon

I.

Trennscharfe Frühwarnverfahren als wesentlicher Baustein einer angemessenen Kreditrisikosteuerung – erste SRP-Prüfungserfahrungen

I. Trennscharfe Frühwarnverfahren als wesentlicher Baustein einer angemessenen Kreditrisikosteuerung – erste SRP-Prüfungserfahrungen –[*]

1. Bedeutung der Risikofrüherkennung

Früherkennung im Rahmen der Kreditrisikosteuerung bedeutet, auf Basis von spezifischen Indikatoren vor Eintritt eines Ereignisses (Krise) entsprechende Informationen in den Entscheidungsprozess aufzunehmen.

Nach dem heutigen Erkenntnisstand darf man nicht mehr von der Krise an sich sprechen, in der Praxis unterscheidet man vielmehr verschiedene Unterarten von Krisen, die sowohl in einem kausalen als auch in einem zeitlichen Zusammenhang zum eigentlichen Problem des Kreditnehmers – der mangelnden Kapitaldienstfähigkeit – stehen: Strategische Krise, Ergebnis- und Liquiditätskrise.

Problematisch sind hierbei vor allem die extremen Gegenläufigkeiten zwischen der eigentlichen Entstehung der ursächlichen Krisenart, der Beherrschbarkeit und letztendlich der tatsächlichen Erkennung der jeweiligen Krise. So ist der ursprüngliche Auslöser für die Schieflage des Kreditnehmers, die strategische Krise, tendenziell für ein Institut am schwersten zu erfassen. Eine Ergebniskrise kann mit einem zeitlichen Nachlauf bis zur Vorlage bzw. Auswertung der Unterlagen zu den wirtschaftlichen Verhältnissen festgestellt werden. Im Gegensatz dazu ist die Liquiditätskrise mangels eingehender Zahlungen beim Institut gewissermaßen ad hoc erkennbar.

---

[*] Die in diesem Buch dargestellten Interpretationen und Meinungen geben ausschließlich die persönlichen Auffassungen der Autoren wider und können nicht als solche der Deutschen Bundesbank angesehen werden.

TRENNSCHARFE FRÜHWARNVERFAHREN

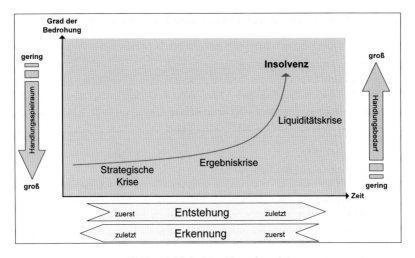

Abbildung 1: Verlauf einer Unternehmenskrise

2. Mindestanforderungen und Auslegungshinweise der Aufsicht

4   Aufgrund der wesentlichen Bedeutung der frühzeitigen Erkennung von Krisen eines Kreditnehmers und der damit möglichen Abwendung von (Ausfall-) Risiken für ein Kreditinstitut hat die Aufsicht schon im Zuge der MaK die Einrichtung von Verfahren zur Früherkennung von Risiken als Mindestanforderung definiert. Diese Anforderungen sind – ohne wesentliche Veränderungen – in die MaRisk (BTO 1.3 Tzn. 1 bis 3) übernommen worden.

5   Der Grundgedanke der MaRisk, die gesetzliche Mindestumsetzung von Best-Practice-Verfahren zur Gewährleistung einer ordnungsgemäßen Durchführung und Überwachung von Geschäftsaktivitäten, kann insbesondere auch für den Teil der Risikofrüherkennung verstanden werden. So wurde in den wenigen Textziffern nur das Grundgerüst eines Frühwarnverfahrens skizziert, das den Instituten die Freiheit – aber auch die Pflicht – belässt, es individuell und der jeweiligen Situation des Kreditinstitutes angemessen umzusetzen.

2.1. BTO 1.3 Tz. 1 MaRisk – Rechtzeitige Identifizierung; Gegenmaßnahmen

»*Das Verfahren zur Früherkennung von Risiken dient insbesondere der* **rechtzeitigen Identifizierung** *von Kreditnehmern, bei deren Engagements sich* **erhöhte Risiken** *abzuzeichnen beginnen. Damit soll das Kreditinstitut in die Lage versetzt werden, in einem* **möglichst frühen Stadium Gegenmaßnahmen** *einleiten zu können (z. B. Intensivbetreuung von Engagements).*«

Besondere Schlagworte und damit der Kern dieser Textziffer sind:

- **Rechtzeitige Identifizierung:**
  In den meisten Fällen ist (wie bereits im vorigen Abschnitt beschrieben) der Ausfall eines Kreditnehmers nicht etwa das Ergebnis eines plötzlich eintretenden Ereignisses, sondern vielmehr auf eine ganze Reihe von Faktoren zurückzuführen, die der eigentlichen Krise zeitlich vorgelagert sind. So kann beispielsweise ein Firmenkunde bereits vor der eigentlichen Krise verschiedene Phasen durchlaufen, in denen sich Probleme nach und nach abzeichnen bzw. verschärfen, wie strategische Fehlentscheidungen, Absatzeinbrüche, Verlust von Marktanteilen oder ein sukzessiver Ertragsrückgang. Die Einrichtung eines Verfahrens zur Früherkennung von Risiken soll die Institute in die Lage versetzen, die dem Ausfall vorausgehenden Krisensignale zu identifizieren, sodass frühzeitig Maßnahmen ergriffen werden können. Von entscheidender Bedeutung ist hierbei die Wahl geeigneter Indikatoren.

- **Gegenmaßnahmen in einem möglichst frühen Stadium:**
  Eine mögliche Gegenmaßnahme ist die engere Begleitung des Engagements und somit die Aufnahme in die so genannte Intensivbetreuung, d. h. kurzfristige Vereinbarung von Beratungsgesprächen mit dem Kreditnehmer, die im beiderseitigen Interesse zur Lösung der Probleme beitragen sollen. Eine strikte Festlegung von standardisierten Gegensteuerungsmaßnahmen in Abhängigkeit von bestimmten Risikoereignissen könnte aufgrund der individuellen Situation des Kreditnehmers die Institute in ihrer Flexibilität unnötig einschränken. Entscheidend ist vielmehr, dass die Bank auf Grundlage der Signale des Frühwarnsystems ihrerseits die Notwendigkeit sieht, zu aktiven Handlungen überzugehen.

TRENNSCHARFE FRÜHWARNVERFAHREN

2.2. BTO 1.3 Tz. 2 MaRisk – Quantitative und qualitative Indikatoren

»Für diese Zwecke hat das Kreditinstitut auf der Basis quantitativer und qualitativer Risikomerkmale Indikatoren für eine frühzeitige Risikoidentifizierung zu entwickeln.«

7   Tz. 2 fordert die Entwicklung und Implementierung von quantitativen und qualitativen Indikatoren für das Verfahren zur Früherkennung von Risiken.

8   Der Satz »…hat das Kreditinstitut…« bedeutet implizit, dass die Verantwortung für die Indikatoren beim einzelnen Institut und nicht z. B. beim Verband liegt, d. h. die vom Verband übernommenen Indikatoren müssen hinsichtlich der Anwendbarkeit für die Bank untersucht und ggf. an die tatsächlichen Verhältnisse angepasst werden.

9   Die Prüfungspraxis hat gezeigt, dass an diese beiden unterschiedlichen Arten von Indikatoren unterschiedliche Anforderungen bzgl. deren Ausgestaltung und Überwachung aufgrund der nachfolgenden Charakteristika zu stellen sind:

Quantitative Indikatoren	Qualitative Indikatoren
gute Bestimmbarkeit	teilweise schwierige Bestimmbarkeit
kein Ermessensspielraum	Relativ großer Ermessensspielraum (daher ist eine klare Definition notwendig, um diese einzugrenzen)
gute Überprüfbarkeit	schlechte Überprüfbarkeit
	empfohlen: regelmäßige Überprüfung der Einhaltung durch Interne Revision

Tabelle 1: Charakteristika der quantitativen und qualitativen Indikatoren

10 Vor allem bei qualitativen Indikatoren bestehen gesteigerte Anforderungen hinsichtlich der Definition und damit deren eindeutige Abgrenzung aufgrund des relativ hohen Ermessensspielraumes. Demnach ist es von wesentlicher Bedeutung, dass mittels einer genauen Beschreibung der Ermessensspielraum soweit wie möglich eingeschränkt wird, damit ein qualitatives Merkmal für die zuständigen Mitarbeiter möglichst eindeutig bestimmbar ist. Um einer Ausnutzung der Ermessensspielräume vorzubeugen sollte die Anwendung der qualitativen Merkmale regelmäßig von der Internen Revision überprüft werden.

Neben der Einteilung von Indikatoren nach quantitativer oder qualitativer 11
Ausgestaltung kann man **Indikatoren auch nach Quellen** unterscheiden:

- **Kontobeobachtungen:**
  Kontoumsätze, Limitüberschreitungen, Rücklastschriften, etc.
- **Kreditunterlagen:**
  Stundungsantrag, nachhaltige Verschlechterung der Besicherung, etc.
- **Sonstige externe Quellen:**
  negative Börsenberichte, Branchenentwicklung, Presse, etc.

Die Methodenverantwortung für die Festlegung der Indikatoren, d. h. die 12
Verantwortung für die Entwicklung und die Qualität dieser Indikatoren
sowie deren regelmäßige Überprüfung muss zur Vermeidung von Interessenkonflikten außerhalb des Bereiches Markt angesiedelt sein (vgl. BTO
1.2.4 Tz. 1 MaRisk). Mögliche verantwortliche Einheiten könnten z. B. der
Bereich Marktfolge oder das Kreditrisikocontrolling sein. Die Vorgaben zur
organisatorischen Trennung nehmen lediglich Bezug auf die Festlegung sowie
die regelmäßige Überprüfung der Indikatoren. Hinsichtlich der Zuordnung
des Prozesses der Intensivbetreuung existieren keine aufbauorganisatorischen
Vorgaben. Die Einhaltung der aus den Indikatoren resultierenden Zuordnung
von Engagements sollte aber regelmäßig Bestandteil von Prüfungshandlungen
der Internen Revision sein.

2.3. BTO 1.3 Tz. 3 MaRisk – Öffnungsklausel; Risikoklassifizierungsverfahren

»Das Kreditinstitut kann bestimmte, unter Risikogesichtspunkten festzulegende Arten von Kreditgeschäften oder Kreditgeschäfte unterhalb bestimmter Größenordnungen von der Anwendung des Verfahrens zur Früherkennung von Risiken ausnehmen. Die Funktion der Früherkennung von Risiken kann auch von einem Risikoklassifizierungsverfahren wahrgenommen werden, soweit es eine Früherkennung von Risiken ermöglicht.«

Tz. 3 bzw. die Erläuterungen dazu stellen eine der vielen Öffnungsklauseln 13
der MaRisk dar. Damit soll den Instituten ermöglicht werden, abzuwägen,
inwiefern – unter Kosten-/Nutzenaspekten – der zu erwartende Mehraufwand im Hinblick auf die angestrebte Risikoreduzierung betriebswirtschaftlich
sinnvoll ist oder ob das Kreditinstitut in diesem Zusammenhang nicht bestimmte – unter Risikogesichtspunkten unwesentliche – Geschäfte vom Früherkennungsverfahren ausnimmt.

14

Ein Kreditinstitut hat individuell – basierend auf einer Analyse des Risikogehalts der auszunehmenden Geschäfte – in Form eines Beschlusses durch die Geschäftsleitung die vom Frühwarnverfahren ausgenommenen Geschäfte (nach Arten oder Größenklassen) festzulegen.

15 Beispielhaft wären als Ausnahmen in Anlehnung an die Erläuterungen zu Tz. 3 folgende Kreditarten zu verstehen:

- **Mengenkreditgeschäft:**
  Konsumentendarlehen oder Dispositionskredite könnten beispielsweise aufgrund der geringen Kredithöhen vom Frühwarnverfahren ausgenommen werden. Bei Dispositionskrediten gilt zusätzlich, dass vielfach eine automatisierte Anpassung des verfügbaren Rahmens in Abhängigkeit von der Höhe der letzten Gehaltseingänge durchgeführt wird und dass bereits eine implizite Frühwarnfunktion auf Basis der Kontobewegungen bei Vorhandensein eines sog. »Verhaltensscorings« existiert.

- **Kreditinstitut ist nicht Hausbank:**
  Ist ein Kreditinstitut nicht die Hausbank eines Kreditnehmers, kann es mangels Zugriffsmöglichkeit auf die für die Früherkennung notwendigen Kontobewegungen von der Einrichtung eines darauf basierenden Verfahrens absehen.

16 Ebenso möglich ist eine Orientierung des Frühwarnverfahrens an den Festlegungen zur Verwendung eines Risikoklassifizierungsverfahrens, zumal ein solches Verfahren selbst – unter bestimmten Voraussetzungen (s. 4. »Schnittstellen Frühwarnveraren und Rating«) die Funktion der Risikofrüherkennung übernehmen kann.

17 In diesem Zusammenhang ist anzumerken, dass bei der Entwicklung und Validierung bankaufsichtlich zugelassener interner Ratingverfahren zwar die wesentlichen Risikofaktoren zu berücksichtigen sind, sodass das Verfahren grundsätzlich die Fähigkeit zur Ausfallprognose besitzt, die Eigenschaft zur Früherkennung von Risiken i. S. d. MaRisk jedoch nicht pauschal daraus abgeleitet werden kann. Einem derartigen »Gleichlauf« stehen vor allem folgende Sachverhalte entgegen:

- Der einjährige Überprüfungsturnus sowie
- die Tatsache, dass eine unterjährige Überprüfung bzw. Anpassung der Risikoeinstufungen i. d. R. anlassbezogen erfolgt und sich in diesen Fällen häufig schon ein Risiko materialisiert hat.

18 Demzufolge muss eine Früherkennung vorher ansetzen.

3. Praxisnahe Umsetzung eines Frühwarnverfahrens

Bei der Entwicklung und Validierung eines Frühwarnverfahrens ist aufgrund der ungleichen Komplexität der Engagements bzw. der unterschiedlichen Betrachtungsweisen der Kapitaldienstfähigkeit zwischen Unternehmen und Privatpersonen zu unterscheiden.

Während die Liquidität bzw. der Cashflow eines Unternehmens und damit das Überleben dieses Unternehmens im Wesentlichen vom Erfolg bzw. den Erfolgspotentialen der erbrachten Leistung abhängt, ist die Kapitaldienstfähigkeit einer Privatperson unkomplizierter zu bestimmen. Ein Unternehmen unterliegt beispielweise saisonalen Schwankungen oder gewährt Zahlungsziele für Abnehmer, was die Beurteilung der Kontodaten dementsprechend schwierig gestaltet, wohingegen sich die Kontenbewegungen einer Privatperson einfach gestalten. Privatpersonen haben i. d. R. pro Monat nur einen fixen Habenumsatz (Gehalt o. Ä.) begleitet von Ausgaben/Sollumsätzen im weiteren Verlauf.

So beschränkt sich die Früherkennung – auch mangels Offenlegung – auf wenige einfache, aber dafür eindeutige und verhältnismäßig zeitnah zu bestimmende Kontobeobachtungsindikatoren, wie z. B. fehlender Gehaltseingang, stetig wachsender Soll-Saldo, etc.

Abbildung 2: Kontodatenanalyse für Privatkunden

Bei einem Unternehmen sind die trennscharfen Indikatoren aus den oben genannten Gründen tendenziell schwieriger zu bestimmen, schon aufgrund der Tatsache, dass – wie in 1. »Bedeutung der Risikofrüherkennung« erläutert – der Erkennungsprozess dem Entstehungsprozess und damit letztendlich der Handlungsfähigkeit entgegenläuft. Daher bedarf es zur rechtzeitigen Erkennung von etwaigen Risiken trennscharfer Indikatoren, deren Erhebungsaufwand dem einer Unternehmensanalyse kaum nachsteht.

TRENNSCHARFE FRÜHWARNVERFAHREN

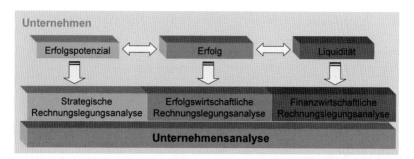

Abbildung 3: Unternehmensanalyse

23 Das folgende Kapitel stellt einen praxisnahen Leitfaden zur Umsetzung eines MaRisk-konformen Frühwarnverfahrens dar. Dabei wird erst das Kreislaufmodell zur Entwicklung und Validierung des Verfahrens veranschaulicht, bevor einzelne Frühwarnindikatoren sowie deren Eignung diskutiert werden. Weiterhin werden die prozessualen Anforderungen an die identifizierten Engagements dargestellt sowie Überleitungskriterien für die Problemkreditbetreuung erörtert.

3.1. Entwicklung und Validierung eines Frühwarnverfahrens

24 Der Prozess der Entwicklung und Validierung eines Frühwarnverfahrens i. S. d. MaRisk kann als Kreislauf dargestellt werden:

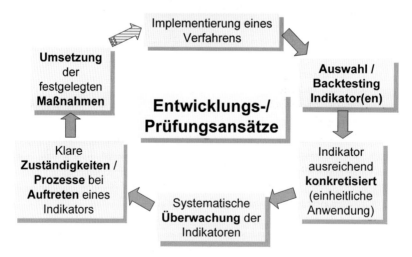

Abbildung 4: Kreislaufmodell – Prozess der Entwicklung und Validierung eines Frühwarnverfahrens

Nach der Auswahl der für das Institut und das jeweilige Geschäftsfeld bzw. Kundensegment trennscharfen Indikatoren sind diese hinsichtlich ihrer Definition ausreichend zu konkretisieren. Es müssen klare Abgrenzungen getroffen bzw. Schwellen fixiert werden, wann ein Kriterium als erfüllt anzusehen ist. Des Weiteren muss seitens des Instituts die Möglichkeit einer systematischen Überwachung eingerichtet werden. Dieses Verfahren sowie die in diesem Zusammenhang stehenden Zuständigkeiten für die Identifikation und die fortführenden Prozesse bei Auftreten eines Indikators müssen in nachvollziehbarer Weise geregelt werden, z. B. in Form von Organisationsrichtlinien.

Um eine adäquate Ausgestaltung des Frühwarnverfahrens sicherzustellen, sollten seitens des Instituts folgende Prüfansätze bei der Entwicklung im Rahmen des Kreislaufmodells beachtet werden:

- **Eignung der Indikatoren:**
  Bei der Auswahl und Überprüfung der gewählten Indikatoren ist für die Aufsicht v. a. die Eignung i. S. d. MaRisk von entscheidender Bedeutung. Eine mangelnde Eignung im Sinne effizienter Arbeitsabläufe ist lediglich eine betriebswirtschaftliche Nebenbedingung, die seitens des Institutes im Sinne einer kosteneffizienten Geschäftsabwicklung zwar angestrebt werden sollte, die aber bei Nichterfüllung aufsichtsrechtlich nicht zu Beanstandungen führt.
  Bei Vorliegen folgender Unzulänglichkeiten ist eine Eignung i. S. d. MaRisk nicht mehr gewährleistet:
  – Der Indikator ermöglicht keine rechtzeitige Identifizierung von Kreditnehmern, bei deren Engagements sich erhöhte Risiken abzuzeichnen beginnen, da dieser nur Ex-post-Risiken aufzeigt.
  – Es besteht keine praktische Möglichkeit, den Indikator zu überwachen.

- **Konkretisierung der Indikatoren:**
  Weist ein Indikator hinsichtlich seiner Ausgestaltung und der institutsspezifischen Definition folgende Merkmale auf, ist dies problematisch in Bezug auf seine Tauglichkeit:
  – Der Indikator ermöglicht den Mitarbeitern einen großen Handlungs- bzw. Auslegungsspielraum, wodurch notwendige Schritte – z. B. eine Bestandsaufnahme – unterlassen werden können.
  – Der Indikator ist mangels Quantifizierung unrealistisch umfassend.

- **Systematische Überwachung der Indikatoren:**
  Zur Gewährleistung einer ordnungsgemäßen systematischen Überwachung der Indikatoren sollten diese derart ausgestaltet sein, dass folgende Punkte seitens eines Institutes verneint werden können:

- Einzelne oder alle Indikatoren können mangels Umsetzung eines entsprechenden Prozesses praktisch nicht überwacht werden.
- Die vorgesehene Überwachung wird nicht durchgeführt oder führt bei Auftreten eines Indikators nicht zu den vorgesehenen Bearbeitungsschritten.
- Frühwarnrelevante Informationen werden nicht oder nur verzögert an die zuständigen Stellen weitergegeben (z. B. vom Markt an die Marktfolge).

- **Klare Zuständigkeiten/Prozesse bei Auftreten eines Indikators:**
  Es muss schriftlich geregelt sein, WER bei Auftreten eines Indikators WELCHE Arbeitsschritte auszuführen hat. Hierunter fallen beispielsweise die Zuständigkeit für die Bestandsaufnahme oder die Entscheidungskompetenz hinsichtlich der Zuordnung des Engagements zur Intensivbetreuung oder Problemkreditbearbeitung.

- **Umsetzung der festgelegten Maßnahme(n):**
  Es sollte regelmäßig durch eine prozessunabhängige Einheit (z. B. die Interne Revision) überprüft werden, ob die schriftlich fixierten Maßnahmen gemäß den Organisationsrichtlinien bei den identifizierten Engagements durchgeführt wurden.

- **Verfahren insgesamt funktionsfähig oder systematisch:**
  Um letztendlich zu der Einschätzung kommen zu können, dass das implementierte Verfahren funktionsfähig oder systematisch ist, müssen zum Einen die gewählten Indikatoren in ihrer Gesamtheit eine wirkungsvolle Früherkennung von Risiken ermöglichen und zum Anderen alle risikorelevanten (Teil-)Portfolien in das Verfahren einbezogen werden.

27 Nachdem das Institut seine spezifischen Indikatoren gewählt, einen systematischen Ablauf festgelegt und die zugehörigen Prozessschritte schriftlich dokumentiert hat, müssen die jeweiligen Maßnahmen in den tatsächlichen Geschäftsbetrieb eingeführt werden.

28 Damit sind die notwendigen Schritte zur »ersten« Implementierung eines Frühwarnverfahrens abgeschlossen. Damit verbleibt noch die Notwendigkeit, das Verfahren in regelmäßigen Abständen zu validieren. Hierzu hat sich ein Institut folgende Fragen zu stellen:

- Sind die gewählten Indikatoren noch adäquat?
- Ergaben sich bezüglich der Auslegung von Indikatoren Fragen (sind diese folglich weiter zu konkretisieren)?
- Ist die systematische Überwachung noch angemessen oder kann diese eventuell verbessert werden (unter Umständen sind aufgrund technischer Weiterentwicklungen manuelle Überwachungen automatisierbar)?

- Sind die festgelegten Zuständigkeiten/Prozesse noch dem Geschäftsbetrieb angemessen?

3.2. Frühwarnindikatoren

Die Erfahrungen der Praxis mit unerwarteten Kreditausfällen haben in der Kreditwirtschaft bereits dazu geführt, Verfahren zur Früherkennung zu entwickeln, die – ähnlich der Funktion eines Risikoklassifizierungsverfahrens – auf der Auswertung von geeigneten Informationen aus verschiedenen Quellen beruhen:

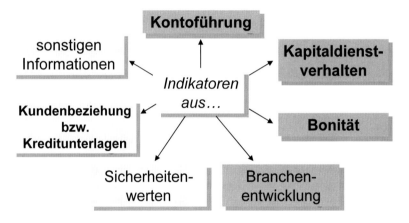

Abbildung 5: Überblick über die Quellen von Frühwarnindikatoren

Abbildung 5 stellt mögliche Informationsquellen dar, aus deren Daten bzw. Ausprägungen sich mögliche Frühwarnindikatoren ableiten lassen. Dabei kann grundsätzlich unterschieden werden in tendenziell konkretere Quellen (dunkelblau), deren Ausprägungen fassbarer sind bzw. deutliche Hinweise auf die Situation des Kreditnehmers geben, und eher unbestimmten Quellen (hellblau), deren Erhebung schwieriger und deren Aussagekraft weniger eindeutig sind.

Abgesehen von der praktischen Realisierbarkeit, d. h. Erhebbarkeit oder Auswertungsmöglichkeit, werden im Folgenden mögliche Quellen und daraus ableitbare Indikatoren vorgestellt, auf denen Früherkennungsverfahren basieren könnten, wobei nach Quellen unterschieden wird:

- **Kontoführung:**
  Überziehungen; kontinuierlich steigende Inanspruchnahme; verminderte Kontoumsätze; Lastschriftrückgaben
- **Kapitaldienstverhalten:**
  schleppende Ratenzahlung; Ratenrückstände; Stundungen und Tilgungsaussetzungen
- **Bonität:**
  Pfändungen; ausbleibende Gehaltseingänge; starker Rückgang der Umsatzerlöse
- **Branchenentwicklung:**
  Branchenrating; Geschäftsklimaindex; allgemeine Presseinformationen
- **Sicherheitenwerte:**
  Wertverfall von Kreditsicherheiten; unterlassene Instandhaltungsmaßnahmen
- **Kundenbeziehung bzw. Kreditunterlagen:**
  Stundungsantrag; Wechsel des Steuerberaters; hohe Personalfluktuation; Nichteinhaltung von Auflagen und Vereinbarungen (z. B. aus dem Kreditvertrag); Gesellschafterwechsel; Änderung der Bewertungs- oder Abschreibungsmethoden in der Bilanz; Aktivierung geringwirtschaftlicher Güter; fehlende Nachfolgeregelung
- **Sonstige Informationen:**
  Anstieg der Millionenkreditverschuldung; negative Schufa-Auskünfte; negative Börsenauskünfte; Verschlechterung externer Ratings; Presseinformationen

32 Ergebnis einer Analyse der Quellen muss es sein, die wesentlichen und somit trennscharfen Informationsquellen bzw. Informationen herauszufiltern, die ein Institut in die Lage versetzen, Kreditnehmer mit sich abzeichnenden Risiken rechtzeitig zu identifizieren, um angemessene Maßnahmen treffen zu können.

Im Allgemeinen kann ein Indikator mittels folgender Tabelle auf seine Eignung geprüft werden. Dabei sind zum Einen die Prognosegüte des Indikators, zum Anderen – v. a. aus betriebswirtschaftlicher Sicht – der Aufwand bzgl. dessen Erhebung von wesentlicher Bedeutung:

Aufwand \ Prognosegüte	hoch (zuverlässige Aussage)	mittel (brauchbare Aussage)	niedrig (geringe / keine Aussagekraft)
niedrig (automatisiert / leicht erhebbar)	gut	gut / mittel	schlecht (ungeeignet)
mittel (Erhebung mit vertretb. Aufwand)	gut / mittel	mittel	schlecht (nicht brauchbar)
hoch (nicht oder nur schwer erhebbar)	schlecht / bedingt (ungeeignet)	schlecht (nicht brauchbar)	schlecht (nicht brauchbar)

Tabelle 2: Grundsätzliche Eignung eines Indikators

Grundsätzlich sollten die Indikatoren nicht isoliert betrachtet werden. So kann das Auftreten eines Indikators zwar ein Indiz für eine mögliche Risikoerhöhung eines Engagements sein, aber um ein aussagekräftiges Urteil abgeben zu können sollte die Situation unter Umständen noch mittels weiterer Analysen – z. B. durch die Betrachtung weiterer Indikatoren – verifiziert werden.

Die Frühwarnindikatoren werden grundsätzlich unterschieden in quantitative und qualitative Indikatoren. Die nachfolgenden beiden Kapitel beschreiben ausgewählte quantitative und qualitative Frühwarnindikatoren. Dabei wird neben deren Beschreibung insbesondere auch auf ihre Eignung eingegangen. Außerdem werden Hinweise bezüglich ihrer Ausgestaltung gegeben.

Die aufgeführten Indikatoren stellen nur eine Auswahl möglicher trennscharfer Indikatoren dar, die von Kreditinstituten verwendet werden können. Die Aufzählung ist keinesfalls abschließend. Es existieren noch diverse andere Indikatoren sowie Abwandlungen der aufgeführten und auch durch die ständige Fortentwicklung von Frühwarnverfahren können sich weitere Indikatoren als zweckmäßig erweisen.

3.2.1. Ausgewählte quantitative Indikatoren

Bei den quantitativen Indikatoren handelt es sich zumeist um Kennzahlen, die zu anderen Kennziffern in Beziehung gesetzt werden können (und i. d. R. auch werden). Dabei kann es sich beispielsweise um Kontodaten-, Eigenkapital-, Ertrags- oder Umsatzkennziffern handeln. Letztendlich lassen sich Relationen oder Warnschwellen ableiten, die negative Entwicklungen einzelner Kreditnehmer oder Branchen prognostizieren können.

3.2.1.1. Verminderte Kontoumsätze/ausbleibender Gehaltseingang

Beschreibung:

Bzgl. dieses Indikators wird unterschieden in:

- Unternehmen:
  Negative Entwicklung der Kontoumsätze ohne entsprechende Umsatzausweitung oder Geschäftsvolumenentwicklung.

- Natürliche Personen/Gehaltsempfänger:
  Gehaltseingang als i. d. R. einzig positiver Kontoumsatz entscheidender Faktor zur Erbringung des Kapitaldienstes.

Handhabbarkeit/Automatisierung:

Problemlos, da mittels Kontodatenanalyseverfahren automatisiert abrufbar.

Bemerkung:

Bei Unternehmen mit mehreren Bankverbindungen unzuverlässig.

Eignung:

gut

3.2.1.2. Kontinuierlich steigende Inanspruchnahme bzw. andauernde Auslastung der Kontokorrentlinie

Beschreibung:

Die Kontokorrentlinie oder Dispositionskreditlinie wird im Zeitablauf durch steigende Inanspruchnahme immer weiter ausgeschöpft, ohne dass entsprechende Haben-Buchungen eingehen, die den Soll-Saldo regelmäßig ausgleichen.

Handhabbarkeit/Automatisierung:

Problemlos, d. h. mittels Kontodatenanalyseverfahren automatisiert abrufbar.

Bemerkung:

In Zusammenhang mit der Expansion eines Unternehmens ggf. unkritisch (Finanzierung der Ausweitung über Kontokorrentlinie statt über Kreditaufnahme). Kontodatenanalysen werden teilweise auch als Ratingverfahren (Verhaltensscoring) für natürliche Personen/Gehaltsempfänger und Kleinunternehmen verwendet.

Eignung:

gut

3.2.1.3. Überziehungen

Beschreibung:

Die Überziehung einer Kontokorrentkreditlinie oder eines Girokontos ist letztendlich das Resultat verminderter Kontoumsätze bzw. einer kontinuierlich steigenden Inanspruchnahme. Hierbei ist es zweckmäßig, sowohl die Überziehungsdauer als auch deren Höhe mit zu berücksichtigen.

Beispielhafte Ausgestaltungsmöglichkeiten:

- Überziehungen > 30 oder 60 Tage:
  > 5 Tsd. € – hartes Kriterium Intensivbetreuung
  < 5 Tsd. € – weiches Kriterium Intensivbetreuung
- Überziehungen > 90 Tage:
  < 5 Tsd. € – hartes Kriterium Problemkreditbearbeitung
  (s. 3.4. »Überleitung Problemkreditbearbeitung«)
- Überziehungen > 100 € und länger als 30 oder 60 Tage

Handhabbarkeit/Automatisierung:

Problemlos, meist täglich systemseitig ausgesteuert, da Überziehungen ohnehin vom jeweiligen Kompetenzträger genehmigt werden müssen. Die meisten Systeme berücksichtigen dabei die Höhe sowie die Dauer der Überziehung (v. a. auch wegen den Anforderungen an die Ausfalldefinitionen gemäß SolvV).

Bemerkung:

Eine Einschränkung des Überziehungszeitraumes ist zwar aus Gründen der Rationalisierung durchaus möglich, aber der gewählte Zeitraum sollte 30 Tage nicht überschreiten. Ein längerer Zeitraum wäre hinsichtlich der geforderten Eigenschaft als Frühwarnindikator problematisch. Ein 90-Tage-Indikator stellt beispielsweise keinen Frühwarnindikator im Sinne einer Überleitung in die Intensivbetreuung mehr dar, da diese gemäß SolvV bzw. Basel II schon als Ausfall des Kreditnehmers anzusehen ist. Lediglich als Überleitungskriterium für die Problemkreditbearbeitung in Kombination mit anderen, früher einsetzenden Indikatoren für eine Intensivbetreuung ist ein 90-Tage-Indikator denkbar.

48 Eine betragsmäßige Eingrenzung des Indikators Überziehung ist wirtschaftlich durchaus sinnvoll, da durch eine solche Bagatellgrenze betragsmäßig unbedeutende Überziehungen nicht mit einbezogen werden. Dem steht aufsichtsrechtlich grundsätzlich nichts entgegen. Jedoch sollte die Wahl der Betragsgrenze institutsspezifisch auf Grundlage einer Risikoanalyse erfolgen. So bietet sich z. B. die 100 € Grenze i. V. m.. einer relativen Grenze von 2,5 % des Gesamtrahmes des Kreditnehmers allein aufgrund der Bagatellregelung im Rahmen der Ausfalldefinition des § 125 SolvV an.

Eignung:

49 Grundsätzlich *gut* (unter Beachtung der Bemerkungen für Zeitraum und Betragsgrenze)

3.2.1.4. Rücklastschriften und Scheckrückgaben

Beschreibung:

50 Lastschrift- und Scheckrückgaben mangels Deckung des zu belastenden Kontos des Kreditnehmers.

Beispielhafte Ausgestaltungsmöglichkeit:

- Lastschrift- und Scheckrückgaben mangels Deckung:
  mehr als 2 Stück innerhalb von 6 Monaten bei einem Gesamtengagement > 10 Tsd. €

Handhabbarkeit/Automatisierung:

51 Problemlos, da i. d. R. durch das Kontoführungssystem abrufbar.

Bemerkung:

52 Je nach individueller Ausgestaltung des Indikators und der festgelegten Maßnahmen kann bei Eintreten entweder eine Bestandsaufnahme oder eine Überführung des Engagements in die Intensivbetreuung festgelegt werden. Würde der Indikator so definiert werden, dass er bei jeder Lastschrift- oder Scheckrückgabe anschlägt (also ohne betragliche oder anzahlmäßige Schwellen), würden neben den relevanten Rückgaben unter Umständen eine Vielzahl von

begründbaren oder betragsmäßig unrelevanten Rückgaben ausgesteuert werden, die wiederum in der Nachfolge einen erheblichen personellen Aufwand verursachen würden. Eine institutsindividuelle Begrenzung hinsichtlich der Anzahl der Rückgaben in einem bestimmten Zeitraum und deren Höhe ist daher eine sinnvolle Konsequenz.

Eignung:

Im Falle einer Begrenzung *gut*; ansonsten nur *mittel* bis *schlecht*.

3.2.1.5. Zins- und Tilgungsrückstände

Beschreibung:

Der Kreditnehmer befindet sich mit seinen Zins- und Tilgungszahlungen im Rückstand.

Handhabbarkeit/Automatisierung:

Problemlos, da über Kontoführungs- oder Darlehensbuchhaltungssystem abrufbar.

Bemerkung:

Ähnlich wie bei den bereits erwähnten Indikatoren besteht auch hier die Möglichkeit der Berücksichtigung einer Bagatellgrenze, um eventuell Kleinstbeträge, Fehlbuchungen oder lediglich verzögerte Zahlungen vom Verfahren auszunehmen. Jedoch deuten ständige Verzögerungen ggf. auf erste Schwierigkeiten des Kreditnehmers hin.

Eignung:

gut

3.2.1.6. Ausbleibende Rückführung von Saison- oder befristeten Zusatzkrediten

Beschreibung:

Unternehmen sind oft saisonalen Schwankungen unterworfen, die sich in den Umsatzerlösen widerspiegeln. Für die umsatzschwächeren Monate benötigen diese Unternehmen eine Art »Überbrückungskredit« – in Form von Zusatzkrediten oder Erhöhungen der Kontokorrentlinien – um den Geschäftsbetrieb aufrechterhalten zu können. Diese Überbrückungskredite werden i. d. R. in den umsatzstärkeren Monaten wieder zurückgeführt. Das Ausbleiben einer derartigen Rückführung deutet auf erste Schwierigkeiten des Unternehmens hin.

TRENNSCHARFE FRÜHWARNVERFAHREN

Handhabbarkeit/Automatisierung:

58 Problemlos, da über Kontoführungs- oder Darlehensbuchhaltungssystem abrufbar.

Bemerkung:

59 Eventuell weniger eine Auswirkung einer Krise, sondern vielmehr ein Anzeichen für eine Fehlplanung oder eines nicht funktionierenden Liquiditätsmanagements des Unternehmens.

Eignung:

gut

3.2.1.7. Negative Entwicklung der Bilanz bzw. Gewinn- und Verlustrechnung im Zeitvergleich

Beschreibung:

60 Eine negative Entwicklung der Bilanz bzw. Gewinn- und Verlustrechnung (oder vergleichbaren Zahlenmaterials wie z. B. betriebswirtschaftliche Auswertungen) zeichnet sich zumeist in der Veränderung bestimmter Positionen oder durch außergewöhnliche Sachverhalte aus. Messbare Kennzahlen bzw. auffällige Sachverhalte sind beispielsweise:

- Bilanzkennzahlen:
  Zum Beispiel Eigenkapitalquote, Umsatzveränderung, Einnahmenüberschussquote, Schuldentilgungsfähigkeit, Kapitalrückflussquote, Debitoren- und Kreditorenumschlag
- Liquiditätskennzahlen
- Stagnierende/sinkende Geschäftsumsätze
- Anstieg des Fremdkapitals bei konstanter Betriebsleistung
- Anstieg der Betriebskosten ohne entsprechenden Leistungszuwachs
- Rückläufige Ertragskraft
- Außerordentliche Erträge durch unbegründete Sale-and-lease-back-Transaktionen
- Unverhältnismäßiges Ansteigen des Leasingvolumens
- Investitionen übersteigen Finanzkraft des Unternehmens
- Gewinnübersteigende Entnahmen
- Stetiger Anstieg der Gesamtverschuldung ohne stichhaltige Begründung

- Wachsendes Missverhältnis zwischen Forderungen und Verbindlichkeiten
- Änderung von Bewertungsmethoden in der Bilanz
- Aktivierung geringwirtschaftlicher Güter oder latenter Steuern
- Anstieg der Verbindlichkeiten aus Lieferung und Leistung
- Überdurchschnittlicher Anstieg der Forderungen
- Überdurchschnittlicher Anstieg des Warenlagers (-> Absatzprobleme)
- Anlagenabgang
- Verkauf betriebsnotwendigen Vermögens
- Unterlassen notwendiger und zulässiger Wertberichtigungen
- Abschreibungskorrekturen
- Wachsendes Missverhältnis zwischen Anzahlungen und Halbfertigen Produkten
- Starke Schwankungen bei Halbfertigen Produkten
- Größerer Forderungsausfall
- Außergewöhnliche Betriebsaufspaltung oder unplausible Firmenverschachtelungen
- Einschränkungen in Testaten/Bescheinigungen
- Entstehung von Betriebsverlusten oder Eigenkapitalverzehr
- Auftreten und Ansteigen von Fehlkapital (Unterbilanz)

Handhabbarkeit/Automatisierung:

Automatisierung nur teilweise möglich, für Kennzahlen mittels Bilanzauswertungsprogrammen.

Bemerkung:

Elektronische Erfassung und Festlegung der zu betrachtenden Kennzahlen/Positionen/ergänzenden Sachverhalte auf Institutsebene erforderlich. Das Alter der betrachteten Informationen ist bei der Beurteilung zu berücksichtigen. Die einzelnen Sachverhalte dürfen nicht nur isoliert betrachtet werden. Zum Beispiel kann ein Anstieg der Verbindlichkeiten aus Lieferungen und Leistungen auch aus einer erhöhten Geschäftstätigkeit mit sich daraus ergebendem höheren Umsatz resultieren. Ein Verkauf betriebsnotwendigen Vermögens kann Bestandteil einer wirtschaftlich sinnvollen Sale-and-lease-back-Vereinbarung sein.

Eignung:

gut bis *mittel*

3.2.1.8. Verschlechterung der Risikoeinstufung bzw. Ratingnote

Beschreibung:

63 Im Zuge eines Folgeratings bzw. einer turnusmäßigen Risikoeinstufung des Engagements bzw. Kreditnehmers verschlechtert sich die Ratingnote bzw. Risikoeinstufung (Migration in eine schlechtere Risikoeinstufung/Ratingklasse).

Handhabbarkeit/Automatisierung:

64 Nach Einführung von dv-gestützen Ratingverfahren problemlos.

Bemerkung:

In Abhängigkeit davon, wie viele Ratingklassen ein Ratingverfahren vorsieht, kann – bei einer relativ großen Anzahl von Ratingklassen – eine Begrenzung des Indikators auf eine Mindestverschlechterung sinnvoll sein.

65 Es ist eine regelmäßige Aktualisierung der Risikoeinstufung erforderlich. Entscheidend ist, dass es hierbei einer Aktualisierung aller frühwarnrelevanten Engagements gem. BTO 1.3 Tz. 3 MaRisk und nicht nur aller risikorelevanten i. S. d. BTO 1.1 Tz. 4 MaRisk bedarf. Des Weiteren sollte bei der Betrachtung des Indikators das Alter der im Rating bzw. in der Risikoeinstufung verwendeten Daten Berücksichtigung finden, da es sich bei einem Rating oder einer Risikoeinstufung eigentlich um eine Ex-post-Risikobeurteilung handelt.

Eignung:

gut

3.2.2. Ausgewählte qualitative Indikatoren

66 Im Laufe der letzten Jahre haben die qualitativen Indikatoren immer mehr an Bedeutung gewonnen, da sie Informationen beinhalten, die sich erst relativ spät in quantitativer Hinsicht auswirken.

3.2.2.1. Stundungsanträge

Beschreibung:

Eine Stundung ist eine Vereinbarung auf Initiative des Kreditnehmers, eine bestimmte Zeit auf die Realisierung von Zahlungsforderungen zu verzichten. Eine Stundung ist generell dann sinnvoll, wenn sich der Schuldner in vorübergehenden Zahlungsschwierigkeiten befindet und glaubhaft darlegen kann, dass zu einem späteren Zeitpunkt die Begleichung der Schuld möglich ist.

Handhabbarkeit/Automatisierung:

Da der Antrag auf Initiative des Kreditnehmers erfolgt und es sich hierbei zumeist um Einzelfälle handelt, die in schriftlicher Form erfolgen, ist eine Erhebung möglich, die allerdings i. d. R. nicht automatisierbar ist.

Bemerkung:

Kreditinstitut auf Initiative des Kunden angewiesen; ggf. Vorstufe zu Zins- und Tilgungsrückständen.

Hier stellt sich außerdem die Frage nach dem Erkenntniswert dieses Indikators, da das Engagement schon im Rahmen der Stundungsvereinbarung auffällig wird. Als hartes Kriterium für eine Zuordnung zur Intensivbetreuung ist dieser Indikator aber durchaus brauchbar.

Eignung:

mittel

3.2.2.2. Starke Abhängigkeiten

Beschreibung:

Starke Abhängigkeiten des Kreditnehmers von einem oder wenigen Lieferanten oder Abnehmern bzw. Produkten.

Handhabbarkeit/Automatisierung:

Automatisierung nicht möglich; Informationen schlecht erhebbar.

Bemerkung:

Derartige Abhängigkeiten sollten im Grunde bereits bei der Kreditentscheidung bekannt gewesen sein und sind daher weniger als frühwarnrelevant zu betrachten (bei der Kreditvergabe wurde ein bekanntes Risiko bewusst eingegangen). Ein nachträgliches Entstehen solcher Abhängigkeiten wiederum ist meist schwierig zu ermitteln.

Eignung:

schlecht

3.2.2.3. Negative Auskünfte bzw. Verschlechterung eingeholter Auskünfte

Beschreibung:

74 Die Bonität bzw. Risikolage eines Schuldners kann auch indikativ durch das Einholen externer Auskünfte erfolgen. Für Privatkunden sowie Unternehmen wären hierfür beispielhaft die Schufa, Creditreform oder Bürgel zu nennen.

Handhabbarkeit/Automatisierung:

75 Automatisierung nur möglich, sofern Auskünfte in elektronischer Form erteilt werden und somit auswertbar sind.

Bemerkung:

76 Pauschale Anforderung von Auskünften über alle Kreditnehmer nicht praktikabel und nicht verhältnismäßig (auch weil häufige Anfragen i. d. R. negative Auswirkungen auf die Bewertung eines Kreditnehmers haben oder nicht zulässig sind).

Eignung:

77 Individuelle Anforderung nur dann, wenn bereits Verdachtsmomente bestehen, daher Eignung tendenziell *mittel* bis *schlecht*.

3.2.2.4. Verschlechterung des externen Ratings

Beschreibung:

78 Ein externes Rating ist ein standardisiertes Urteil einer Ratingagentur über die Fähigkeit des analysierten Unternehmens, finanzielle Verpflichtungen vollständig und fristgerecht zu erfüllen. Die größten und renommiertesten Agenturen sind: Moody's, Standard & Poor's sowie Fitch IBCA.

Handhabbarkeit/Automatisierung:

79 Automatisierung nicht möglich, außerdem besteht eine Abhängigkeit von der Veröffentlichung des Kreditnehmers oder der Ratingagentur.

Bemerkung:

80 Meist nur für große, v. a. börsennotierte Unternehmen vorhanden, daher unter Umständen relevant für Anlagen des Depot-A. Entscheidend ist außerdem die Qualität des Ratings und damit die gewählte Ratingagentur. Zur Ermittlung von Änderungen sind regelmäßige Abfragen erforderlich.

Eignung:
mittel

3.2.2.5. Negative Branchenentwicklungen

Beschreibung:

Grundsätzlich ist die Entwicklung eines Einzelunternehmens hoch korreliert mit der Entwicklung der jeweiligen Branche des Unternehmens. So wirken sich abzeichnende Schwierigkeiten einer Branche zumeist auch auf die zugehörigen Unternehmen aus.

Handhabbarkeit/Automatisierung:

Automatisierung nicht möglich; für eine sorgfältige Beurteilung der Branchenentwicklung sind regelmäßige (z. B. vierteljährlich) Branchenratings von Ratingagenturen wie beispielsweise FERI, SARASIN und anderen zu beziehen.

Bemerkung:

Dieser Indikator darf nicht alleinstehend betrachtet werden, da Probleme der Branche nicht zwangsläufig auch zu Problemen bei den jeweiligen Einzelunternehmen führen müssen.

Eignung:
mittel

3.2.2.6. Ausscheiden bedeutender Personen

Beschreibung:

Teilweise sind Unternehmen bzw. deren Zukunftsfähigkeit von bestimmten Schlüsselpersonen wie Gesellschaftern, Managern oder anderen leitenden Personen abhängig. Das Ausscheiden solcher Personen kann zu einem ernsthaften Problem für das Fortbestehen eines Unternehmens werden, insbesondere dann, wenn kein adäquater Ersatz gefunden werden kann.

Handhabbarkeit/Automatisierung:

Eine Automatisierung ist aufgrund der vielfältigen unternehmensspezifischen Besonderheiten nicht möglich.

Bemerkung:

Derartige Persönlichkeiten sollten (wenn möglich) seitens des Kreditinstitutes identifiziert und deren Ausscheiden bzw. die Reaktion des Unternehmens darauf beobachtet und beurteilt werden.

Eignung:

gut

3.2.2.7. Negative Wirtschaftspresse bzw. Verschlechterung des Unternehmensimages

Beschreibung:

Wirtschaftspresse und Unternehmensimage sind eng miteinander verbunden. So kann eine negative Pressemitteilung sich ebenso negativ auf das Image des Unternehmens auswirken.

Als frühwarnrelevant sind v. a. negative Äußerungen in der Wirtschaftspresse anzusehen, insbesondere dann, wenn diese auf Quellen im Unternehmen selbst oder dessen näherem Umfeld beruhen. Negative Presseveröffentlichungen haben entsprechende Auswirkungen auf das Unternehmensimage, was letztendlich zu Problemen mit Zulieferern und Abnehmern führt.

Handhabbarkeit/Automatisierung:

Eine Automatisierung ist aufgrund der Besonderheit des Indikators allgemein nicht möglich.

Bemerkung:

Auswertung der Wirtschaftspresse erforderlich. Beispiele: Umstellung auf Kurzarbeit, Fusionsbemühungen oder Verkaufsabsichten.

Der Indikator »Verschlechterung des Unternehmensimages« wird maßgeblich von der subjektiven Auffassung des zuständigen Kundenbetreuers beeinflusst, daher ist hierfür eine enge Definition notwendig.

Eignung:

mittel

3.2.2.8. Nachhaltige Verschlechterung der Besicherung bzw. Investitionsstau

Beschreibung:

Unter einer nachhaltigen Verschlechterung der Besicherung kann beispielhaft subsumiert werden:
- verschlechterte Bürgenbonität
- wachsender Blankoanteil
- unbefriedigender Zustand des Sicherungsgutes

Ein Verfall des Sicherungsgutes kann auf vermiedene Investitionen (Investitionsstau) mangels ordentlicher Ertragskraft des Unternehmens hindeuten.

Handhabbarkeit/Automatisierung:

Eine regelmäßige Wertermittlung bzw. -überprüfung kann mittels Sicherheitenverwaltungssystemen mittlerweile automatisiert sichergestellt werden. Die Durchführung dieser Wertermittlung bzw. -überprüfung v. a. in Bezug auf deren Intensität (Besichtigung etc.) muss in den institutsindividuellen Organisationsrichtlinien entsprechend schriftlich fixiert werden.

Aus den o. g. Gründen tendenziell aufwendig zu erhebender Indikator.

Bemerkung:

Verlässliches Wertermittlungsverfahren (systematisch bzw. in Organisationsrichtlinien schriftlich dokumentier) sowie eine regelmäßige Wertermittlung bzw. -überprüfung (zwingend in Verbindung mit regelmäßigen Besichtigungen des Sicherungsgutes) erforderlich.

Wertverfall bei einwandfreier Bonität des Kreditnehmers unproblematisch.

Eignung:

mittel

3.2.2.9. Nicht- oder verzögerte Erfüllung der Offenlegung der wirtschaftlichen Verhältnisse (§ 18 KWG)

Beschreibung:

Der Kreditnehmer verweigert die Einreichung der Unterlagen zu den wirtschaftlichen Verhältnissen bzw. reicht diese verspätet – ggf. nur nach Mahnung(en) – beim Institut ein.

Handhabbarkeit/Automatisierung:

Eine automatisierte Abfrage des Indikators bei Vorhandensein einer § 18-KWG-Datenbank möglich.

Bemerkung:

Die verweigerte oder verspätete Einreichung kann darauf beruhen, dass Zahlenmaterial entsprechend aufbereitet werden musste oder Testate verweigert bzw. erst nach Nachbesserung erteilt werden konnten.

101 Ein solcher Sachverhalt ist nur dann als tatsächlich indikativ zu betrachten, wenn die Nichteinreichung oder deren Verzögerung auf Veranlassung oder schuldhaftes Verhalten des Kreditnehmers zurückzuführen ist.

102 Auch hat, nach erfolgter Einreichung und zur Verifizierung des Indikators, eine Überprüfung des Zahlenmaterials auf falsche oder unplausible Zahlen zu erfolgen.

Eignung:

mittel

3.2.2.10. Scheck-/Wechselproteste

Beschreibung:

103 Ein Scheck- oder Wechselprotest ist ein Dokument, mit dem von einem Notar oder Gerichtsvollzieher beurkundet wird, dass der betreffende Scheck oder Wechsel zum Fälligkeitszeitpunkt erfolglos zur Annahme oder zur Zahlung am Zahlungsort vorgelegt wurde.

Handhabbarkeit/Automatisierung:

104 Eine Automatisierung dieses Indikators ist Aufgrund der Ausgestaltung des Protestes in schriftlicher Form nicht möglich.

Bemerkung:

105 Zeichen für akute Liquiditätsprobleme, nicht notwendigerweise Überschuldung

Eignung:

gut

3.2.2.11. Pfändungen

Beschreibung:

106 Unter Pfändung im bankwirtschaftlichen Sinne versteht man eine Zwangsvollstreckung anderer Gläubiger über die beim Kreditinstitut geführten Konten zur Begleichung der fälligen Schuld.

Handhabbarkeit/Automatisierung:

107 Eine Automatisierung dieses Indikators ist Aufgrund der Ausgestaltung der Pfändung in schriftlicher Form nicht möglich.

Bemerkung:

Insbesondere Krankenkassen und das Finanzamt sind in der Lage, ohne Gerichtsbeschluss bei unbezahlten Kassenbeiträgen bzw. Steuern zu pfänden. Diese Pfändungen werden i. d. R. sehr schnell durchgeführt, daher stellen v. a. Pfändungen dieser Institutionen einen guten Indikator für beginnende Probleme dar. Andererseits ist zu berücksichtigen, dass diese Gläubiger bereits bei kleinen Zahlungsverzögerungen und geringen Beträgen solche einschneidenden Maßnahmen durchführen.

Eignung:

gut

3.2.2.12. Insolvenzantrag durch den Kreditnehmer oder Dritte

Beschreibung:

Die Insolvenz beschreibt das auf Mangel an Zahlungsmittel beruhende Unvermögen des Schuldners, die fälligen Verbindlichkeiten zu erfüllen. Gemäß Insolvenzordnung ist sie grundsätzlich gegeben, wenn der Schuldner seine Zahlungen eingestellt hat. Ebenso wie die Überschuldung ist sie ein allgemeiner Grund für den Antrag auf die Eröffnung eines Insolvenzverfahrens.

Handhabbarkeit/Automatisierung:

Automatisierung aufgrund der Fremdabhängigkeit nicht möglich.

Bemerkung:

Wenn ein Insolvenzantrag erforderlich ist und das Engagement sich noch in der Normalbetreuung befindet, hat das Frühwarnverfahren versagt! Schlechte Eignung, aber bei der Beurteilung der Angemessenheit des gesamten Frühwarnverfahrens zu berücksichtigen.

Eignung:

sehr schlecht

3.3. Prozessuale Anforderungen an identifizierte Engagements
– Engagementüberprüfung/Bestandsaufnahme

112 Nach Auftreten bzw. Anschlagen eines Indikators ist das identifizierte Engagement »enger« in Bezug auf die zeitlichen Abstände der Überwachung und den Kundenkontakt zu betreuen, um gemeinsam mit dem Kreditnehmer eine Ist-Aufnahme durchzuführen und frühzeitig Gegenmaßnahmen zu treffen. Die MaRisk definieren einen solchen Prozess als Intensivbetreuung.

113 Dreh- und Angelpunkt des weiteren prozessualen Vorgehens ist die sogenannte Bestandsaufnahme, bei der eine konservative Neubewertung der Sicherheiten zum eventuellen Zerschlagungswert, eine Überprüfung der Bonität bzw. des Ratings und eine Kontodatenanalyse (Verhaltensscoring, Betrachtung von Überziehungen, etc.) durchgeführt wird.

114 In der Praxis haben sich folgende typische Prozessabläufe – institutsspezifische Anpassungen/Besonderheiten vorbehalten – herauskristallisiert:

Auftreten/Wahrnehmung Indikator(en) führt/führen zu	
Prozess A	**Prozess B**
zwingende **Zuordnung** zu einem bestimmten **Betreuungsstatus**: • Normalbetreuung • Intensivbetreuung • Problemkreditbearbeitung	Entscheidung erst **nach Bestandsaufnahme**
Eine **Bestandsaufnahme** ist **nicht erforderlich**. Die Mitarbeiter haben keinen Entscheidungsspielraum.	Die festgelegten Indikatoren führen zu einer **Bestandsaufnahme**, auf deren Grundlage über den zukünftigen Betreuungsstatus entschieden wird.
Die **Organisationsrichtlinien** müssen eine genaue Abgrenzung enthalten, welcher Indikator bzw. welche Ausprägung eines Indikators zu welchem Betreuungsstatus führt.	Die **Organisationsrichtlinien** müssen definieren, welches Ergebnis der Bestandsaufnahme zu welchem Betreuungsstatus führt.

Abbildung 6: Prozessuale Behandlung identifizierter Engagements

Aufsichtsrechtlich sind beide Ausgestaltungsformen zulässig und auch kombinierbar. 115

Als Intensivbetreuung wird organisatorisch die Zwischenstufe der Prozesskette zwischen Normalbetreuung und Problemkreditbearbeitung bezeichnet. Prozessual handelt es sich um einen Betreuungsstatus, bei dem sich eine Risikoerhöhung beim betroffenen Engagement abzuzeichnen beginnt und das aus diesem Grund einer intensiveren Betreuung bzw. besonderen Beobachtung und einer damit einhergehenden höheren Arbeitsintensität bedarf. Dies schlägt sich v. a. in der Bindung von Mitarbeiterkapazitäten, u. a. auch durch die Einbeziehung von Spezialisten, nieder. Auf Gesamtinstitutsebene kann dies eine deutliche Auswirkung auf die Personalkosten haben. 116

117 In der Praxis wird unter dieser besonderen Beobachtung zumeist die Aufnahme des Engagements in eine sog. »Watch-List« verstanden. Dadurch ist bankintern jederzeit eine transparente Übersicht aller mit erhöhten Risiken behafteten Engagements erhältlich. Diese Liste kann zugleich von der Geschäftsleitung als Informationstool genutzt werden, mit der sich schnell einen Überblick über die Kredite mit erhöhten latenten Risiken verschaffen kann. Gerade auch im Hinblick auf die Risikotragfähigkeit sind diese Kredite von besonderer Bedeutung, denn im Gegensatz zu den relativ risikolosen Krediten der PrüfBV-Risikogruppen I (ohne erkennbares Risiko) und III (eigentliches Risiko – d. h. Blankoanteil – wertberichtigt und damit gedeckt) sollten gerade die Kredite bzw. Blankoanteile der PrüfBV-Risikogruppe II (darunter i. d. R. die intensivbetreuten Engagements) bei der Ermittlung der Risikotragfähigkeit besonders berücksichtigt werden.

118 Schon allein aus betriebswirtschaftlicher Sicht sollte die Zuordnung eines Engagements zur Intensivbetreuung zeitlich begrenzt und die Überführung bestenfalls in die Normalbetreuung oder im schlechtesten Fall eine »rechtzeitige« Überführung in die Problemkreditbearbeitung – zur Sanierung durch Spezialisten oder eine zeitnahe Abwicklung zur Minimierung des wirtschaftlichen Schadens für das Institut – angestrebt werden.

119 Das Grundschema des Überwachungs- bzw. Zuordnungsprozesses ist in nachfolgender Abbildung dargestellt:

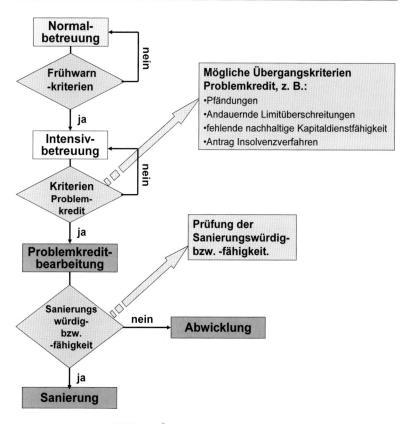

Abbildung 7: Überwachungs- bzw. Zuordnungsprozess

3.4. Überleitung Problemkreditbearbeitung

Um nicht unnötig Kapazitäten zu binden, sollte baldmöglichst eine Entscheidung über die Zuordnung eines intensivbetreuten Engagements getroffen werden, entweder aufgrund einer »Gesundung« in die Normalbetreuung oder, bei weiterer Verschlechterung zum Zwecke einer Sanierung bzw. zeitnahen Abwicklung, in die Problemkreditbearbeitung.

Diese wirtschaftliche und prozessuale Problematik wurde bereits in den MaK aufgegriffen und findet sich auch in den MaRisk (BTO 1.2.5 Tz. 1):

»*Das Kreditinstitut hat* **Kriterien festzulegen,** *die die* **Abgabe eines Engagements an die auf die Sanierung beziehungsweise Abwicklung** *spezialisierten Mitarbeiter oder Bereiche beziehungsweise deren Einschaltung* **regeln.** *Die Verantwortung für die Entwicklung und die Qualität dieser Kriterien sowie deren regelmäßige Überprüfung muss außerhalb des Bereichs Markt angesiedelt sein. [...]«*

122 Der in BTO 1.2.5 Tz. 1 MaRisk gewählte Wortlaut: »Das Kreditinstitut hat Kriterien festzulegen...« verpflichtet, in Analogie zu BTO 1.3 Tz. 2 MaRisk, die einzelnen Institute dazu, geeignete Kriterien/Indikatoren festzulegen, die eine Überleitung von Engagements in die Problemkreditbearbeitung erfordern. Im Vergleich zu den Frühwarnindikatoren, die zur Einstufung eines Engagements als intensiv betreuten Kredit zur Folge haben und zunächst nur ein erhöhtes Risiko des Kreditnehmers, i. d. R. im Stadium einer Ergebniskrise (vgl. Abbildung 1), aufzeigen, sind die zu wählenden Kriterien zur Einstufung als Problemkredit tendenziell dem Stadium einer Liquiditätskrise und somit zeitlich wesentlich näher am Ausfall des Kreditnehmers zuzuordnen. Derartige Indikatoren sind z. B.:

- Fehlende nachhaltige Kapitaldienstfähigkeit,
- Andauernde (und betragsmäßig anwachsende) Limitüberschreitungen,
- Pfändungen oder
- Antrag auf Eröffnung eines Insolvenzverfahrens.

123 Die Verantwortung für die Entwicklung und Qualität dieser Kriterien sowie deren regelmäßige Überprüfung ist analog zu BTO 1.3 Tz.2 i. V. m. BTO 1.2.4 Tz. 1 MaRisk außerhalb des Bereiches Markt anzusiedeln (vgl. Abschnitt 0.2).

124 Als Problemkredite im Sinne der MaRisk werden Sanierungs- oder Abwicklungsengagements verstanden. Diese Begrifflichkeiten werden in den MaRisk nicht näher erläutert. Durch die Abgrenzung von der Kategorie Intensivbetreuung sollte verdeutlicht werden, dass bei dieser Art von Engagements mit einem teilweisen oder vollständigen Ausfall für das Institut zu rechnen ist.

125 Die beiden als Problemkreditbearbeitung definierten Prozessarten – Sanierung und Abwicklung – lassen sich folgendermaßen abgrenzen:

- **Sanierung:**
Eine Sanierung zielt auf eine »Wiedergesundung« des Engagements und damit auf das Wiedererlangen der Ertragskraft des Kreditnehmers ab. Dies bedeutet bestenfalls auch eine Verbesserung der Vermögenssituation bzw. den Abbau einer eventuell vorhandenen Überschuldung. Mit der Entscheidung für eine Sanierung gehen seitens des Kreditinstituts

i. d. R. auch umfangreiche Leistungen bzw. Zugeständnisse, wie beispielsweise Umschuldungen, zeitliche Verlängerungen und betragsmäßige Erhöhungen von Kreditlinien sowie Tilgungsaussetzungen, einher. Das Endergebnis einer erfolgreichen Sanierung sollte die Rückführung der vergebenen Kredite sein. Unabhängig davon kann durchaus auf einen Teil der Forderung(en) verzichtet werden, wenn dieser Forderungsverzicht dem Institut einen geringeren Verlust verursacht als eine Abwicklung und er dem Kreditnehmer ermöglicht, die verbleibenden Kredite zurückzuzahlen. Ein Kreditinstitut sollte sich aber bewusst sein, dass eine Sanierung in nicht unwesentlichem Maße mit wirtschaftlichen und rechtlichen Risiken verbunden ist. Außerdem setzt sie eine umfängliche Kooperationsbereitschaft – d. h. die bedingungslose Offenlegung der wirtschaftlichen Verhältnisse sowie eine objektiven Selbstanalyse – des Kreditnehmers voraus, damit sie erfolgreich durchgeführt werden kann.

- **Abwicklung:**
Im Unterschied zur Sanierung dient die Abwicklung lediglich dazu, die fälligen Forderungen, meist in Verbindung mit der Verwertung der verbleibenden Sicherheiten, nach Kündigung des Engagements einzutreiben. Grundsätzlich sollte sich ein Institut für eine Abwicklung entscheiden, wenn eine Sanierungswürdigkeit bzw. -fähigkeit des Kreditnehmers nicht gegeben ist (vgl. BTO 1.2.5 Tz. 2 MaRisk sowie Abbildung 7). Ebenso wie bei einer Sanierung sind mit einer Abwicklung Chancen und Risiken verbunden.

Nachdem ein Engagement mittels geeigneter Kriterien als Problemkredit identifiziert wurde, muss eine weitere Zuordnung innerhalb der Problemkreditbearbeitung erfolgen. Dabei ist zu prüfen, ob für das Engagement oder den Kreditnehmer eine Sanierungswürdigkeit oder -fähigkeit gegeben ist:

- **Sanierungswürdigkeit:**
Unter dem Begriff der Sanierungswürdigkeit bzw. ihrer Prüfung versteht man die Fragestellung, ob eine Beteiligung des Instituts an der Sanierung unter wirtschaftlichen Aspekten vertretbar bzw. sinnvoll ist (auch aufgrund eines eventuellen Forderungsverzichts und nicht unerheblicher rechtlicher Unwägbarkeiten). Zwingend im Fokus sollten daher die Interessen des Kreditinstitutes stehen. Die Sanierungswürdigkeit kann grundsätzlich als gegeben betrachtet werden, wenn der durch die Fortführung zu erzielende Ertragswert über dem Liquidationswert liegt.

- **Sanierungsfähigkeit:**
Die Prüfung der Sanierungsfähigkeit schließt sich direkt an die Sanierungswürdigkeitsprüfung an. Der Begriff Sanierungsfähigkeit beschreibt die Eignung des Kreditnehmers, mit Hilfe gezielter Maßnahmen wieder eine beständige Existenzbasis zu erreichen und diese aus eigener Leis-

tung bewahren zu können. Insbesondere muss eine nachhaltige Ertragskraft erzielt sowie gewährleistet werden, dass die zukünftige Liquiditätslage des Kreditnehmers durch die Sanierungsmaßnahmen mit hoher Wahrscheinlichkeit zu einer dauerhaften Kapitaldienstfähigkeit führen. Eine Beurteilung dieser Wahrscheinlichkeit ist im Allgemeinen nur dann möglich, wenn das Institut die Ursachen für die Krise des Kreditnehmers erkannt hat und in die geplanten Sanierungsmaßnahmen eingebunden ist. Die Sanierungsfähigkeit ist im Laufe des Sanierungsprozesses bzw. -zeitraumes regelmäßig auf Basis des Konzeptes zu prüfen und zu beurteilen.

In Zusammenhang mit der Sanierungsfähigkeitsprüfung sollte eine Überprüfung der Angaben im Sanierungskonzept auf Vollständigkeit und Plausibilität erfolgen. Außer einer gründlichen Analyse der Ursachen für die Krise des Kreditnehmers sollten dabei folgende Gesichtspunkte im Vordergrund stehen:

– eine Überprüfung der im Sanierungskonzept vorgesehenen Maßnahmen hinsichtlich technischer und wirtschaftlicher Realisierbarkeit,
– eine Überprüfung der Chancen der Sanierung und eine Darstellung der unter Umständen zu erwartenden Schwierigkeiten,
– eine Überprüfung der Vermögens- und Ertragslage sowie der Bilanzkennzahlen,
– die Erstellung von Umsatz- und Kostenanalysen,
– die Durchführung einer Schwachstellenanalyse,
– eine Einschätzung der voraussichtlichen Entwicklung der Ertragslage auf Basis von Planrechnungen,
– ein Nachweis der Absicherung der Umsetzung des Sanierungskonzeptes in personeller und finanzieller Hinsicht und
– die Einschätzung der Wettbewerbslage des Kreditnehmers sowie Informationen zur Branchenentwicklung.

127 Sollte die Prüfung ergeben, dass eine Sanierungswürdigkeit bzw. -fähigkeit des Kreditnehmers nicht gegeben ist, muss das Engagement zur Minimierung des Schadens für das Institut zeitnah in die Abwicklung überführt werden.

Problemkreditbearbeitung

Federführung der Marktfolge

128 Sofern ein Engagement als Problemkredit identifiziert worden ist, muss es aufgrund der höheren Komplexität bei der weiteren Betreuung an entsprechende Spezialisten, die sog. Problemkreditbearbeitung, übergeben werden. Die Problemkreditbearbeitung ist gemäß BTO 1.2.5 MaRisk aufbauorganisatorisch außerhalb des Bereiches Markt anzusiedeln. Dies impliziert eine aufbauorganisatorische Trennung von risikorelevanten Marktbereichen bis ein-

schließlich der Ebene der Geschäftsleitung. Diese Problemkreditbearbeitung hat die Federführung bzw. Überwachung von Problemkrediten zu übernehmen.

Die aufsichtsrechtlichen Regelungen unterscheiden hierbei drei verschiedene zulässige Ausgestaltungsvarianten: 129

- **Variante 1: Prozesse und Federführung im marktunabhängigen Bereich:**
  Sanierungs- und Abwicklungsengagements werden vollständig aus dem Bereich Markt ausgelagert.

- **Variante 2: Prozesse im Markt – Federführung im marktunabhängigen Bereich:**
  Prozesse der Bearbeitung verbleiben im Markt, die Federführung ist außerhalb des Bereiches Markt angesiedelt (z. B. Entscheidungen über die Vergabe von Sanierungskrediten wie beispielsweise die Gewährung weiterer Mittel).

- **Variante 3: Prozesse und Federführung im Markt – Überwachung im marktunabhängigen Bereich:**
  Prozesse und Federführung verbleiben im Markt, aber die Überwachung der Problemkredite bzw. der Problemkreditbearbeitung liegt im marktunabhängigen Bereich. Die mit der Überwachung betrauten Mitarbeiter haben dabei zeitnah sämtliche Zwischen- und Schlussberichte über Sanierungs- bzw. Abwicklungsmaßnahmen zu erhalten. Diese sind nachweislich (z. B. durch Abzeichnen) zu überprüfen.

Gemäß den Erläuterungen zu BTO 1.2.5 Tz. 1 MaRisk besteht bei Problemkrediten eine Erleichterung hinsichtlich der Votierung. Bei diesen Engagements kann auf das Marktvotum verzichtet werden. Somit sind bei Gestaltung der Problemkreditbearbeitungsprozesse gemäß Variante 1 keine weiteren Maßnahmen erforderlich, da diese vollständig außerhalb des Bereiches Markt ablaufen. Bei den Varianten 2 und 3, bei der die Prozesse teilweise oder komplett im Markt verbleiben, kann zwar eine Votierung des Marktes im Zuge der Bearbeitung erfolgen, eine alleinige Votierung des marktunabhängigen Bereiches ist aber auch in diesen Fällen immer ausreichend. 130

Überprüfung/Plausibilisierung externer Gutachten

Im Zuge der Zusammenführung der Mindestanforderungen an einzelne Teilbereiche der Kreditinstitute – MaH, MaIR, MaK – zu den umfassenderen MaRisk wurde u. a. ein immanenter rechtlicher Graubereich in den MaK beseitigt. Hieß es in Tz. 60 MaK noch: 131

»Entscheidet sich das Kreditinstitut für die Durchführung oder die Begleitung einer Sanierung, ist von den an der Sanierung Beteiligten ein Sanierungskonzept zu erarbeiten und umzusetzen. Die Umsetzung des Sanierungskonzeptes sowie die Auswirkungen der Maßnahmen sind vom Kreditinstitut zu kontrollieren.«,

lautet die angepasste, für die Kreditinstitute rechtlich unbedenklichere Formulierung in BTO 1.2.5 Tz. 3 MaRisk:

»Entscheidet sich das Kreditinstitut für die Begleitung einer Sanierung, hat es sich ein Sanierungskonzept vorlegen zu lassen. Die Umsetzung des Sanierungskonzeptes sowie die Auswirkungen der Maßnahmen sind vom Kreditinstitut zu überwachen.«

132   Die neuen Anforderungen der MaRisk fordern implizit die Erstellung eines Sanierungskonzeptes durch einen externen Gutachter. Dieses ist durch das Institut lediglich zu prüfen bzw. zu plausibilisieren. Damit wurde der im Insolvenzfall möglichen juristischen Folge einer Haftung bzw. Gleichstellung des Kreditinstitutes mit einem Eigenkapitalgeber aufgrund der Beteiligung an der Erarbeitung des Sanierungskonzeptes und damit der Unterstellung einer »faktischen Geschäftsführung« des Institutes Rechnung getragen.

133   Die Überprüfung/Plausibilisierung des externen Gutachtens hat insbesondere folgende Punkte zu beinhalten:

- Ausgangssituation des Kreditnehmers (rechtliche Verhältnisse, Märkte, Produkte, etc.)
- Status der wirtschaftlichen Verhältnisse (Liquiditäts-, Vermögens- und Ertragslage)
- Darstellung der Ursachen der (Unternehmens-)Krise
- Darstellung der Maßnahmen (z. B. mittels Planrechnungen)

134   Sollte sich das Kreditinstitut – nach positiver Prüfung des externen Gutachtens – zur Begeleitung der Sanierung entscheiden, muss die Umsetzung des Sanierungskonzeptes sowie die Auswirkungen der Maßnahmen überwacht werden. Die Überwachungstätigkeiten erstrecken sich in erster Linie sich auf die Einhaltung des Sanierungskonzeptes und die darin niedergelegten Maßnahmen sowie deren Auswirkungen auf die wirtschaftliche Situation des Kreditnehmers. Als Ausgestaltungsmöglichkeiten sind die Kontrolle vereinbarter Zeitpläne oder Soll-/Ist-Abgleiche denkbar. Bei Abweichungen vom vereinbarten Sanierungskonzept sollte möglichst kurzfristig eine Entscheidung sämtlicher Beteiligter über die weitere Vorgehensweise getroffen werden. Dies kann in begründeten Fällen zu einer Anpassung des Sanierungskonzeptes führen. Bei bedeutenden Engagements sind die Geschäftsleiter regelmäßig über den Stand der Sanierung zu informieren (vgl. BTO 1.2.5 Tz. 4 MaRisk).

3.5. Dokumentationsanforderungen

Die Dokumentationsanforderungen dienen v. a. der Nachvollziehbarkeit des Frühwarnsystems an sich bzw. der tatsächlich getroffenen Maßnahmen zu den identifizierten Engagements. 135

Wesentliche Anforderungen an die zu dokumentierenden Zuständigkeiten, Prozesse, Indikatoren, Ausgestaltungen und Entscheidungen sind in AT 5 und AT 6 MaRisk verankert. 136

Das Frühwarnverfahren bzw. dessen Ausgestaltung ist zu dokumentieren. Damit sind insbesondere 137

- die gewählten Indikatoren mit Begründung,
- das Überwachungsverfahren,
- die jeweiligen Zuständigkeiten für die Überwachung (Identifizierung) sowie der weiterführende Prozess nach der Identifizierung eines Engagements und
- die möglichen Maßnahmen

in Organisationsrichtlinien, Kompetenzordnungen oder Prozessbeschreibungen schriftlich zu fixieren.

Um eine systematische und für sachkundige Dritte nachvollziehbare Dokumentation zu gewährleisten, sind allgemein sämtliche Geschäfts-, Kontroll- und Überwachungsunterlagen zu Engagements sowie getroffene Entscheidungen schriftlich festzuhalten. Dies gilt insbesondere für die mittels Frühwarnverfahren identifizierten Engagements. Zu dokumentierende Sachverhalte nach der Identifizierung können beispielsweise sein: 138

- die Zuordnung zu einer bestimmten Betreuungsform (Normal-, Intensivbetreuung oder Problemkreditbearbeitung), insbesondere wenn aus vertretbaren Gründen von der prozessual vorgesehenen Betreuungsform abgewichen wird,
- die Bestandsaufnahme, v. a. hinsichtlich Sicherheitenansatz bzw. -neubewertung,
- die getroffenen Maßnahmen, v. a. bei Problemkrediten,
- Sanierungspläne, insbesondere die Plausibilisierung und Genehmigung externer Gutachten,
- die rechtliche Prüfung nicht standardisierter Verträge bei Sanierungsfällen sowie

- eventuell getroffene Absprachen mit dem Kreditnehmer oder Umschuldungsvereinbarungen.

139 Des Weiteren haben derartige Dokumentationsanforderungen für den einzelnen Mitarbeiter auch einen gewissen »Verantwortungscharakter«. Weicht beispielsweise ein Mitarbeiter trotz Vorliegen eines Indikators von der eigentlichen prozessualen Folge der Zuordnung des Engagements in die Intensivbetreuung ab und belässt das Engagement in der Normalbetreuung, muss er diese Entscheidung unterschriftlich dokumentieren und trägt letztendlich dafür die Verantwortung.

4. Schnittstellen Frühwarnverfahren und Rating

Die allgemeine Problematik, die bei einer Verknüpfung von Frühwarn- und Ratingverfahren besteht, ist die zeitliche Divergenz, die zwischen der Zielsetzung eines Frühwarnverfahrens, d. h. einer zeitnahen Identifikation von krisenbehafteten Engagements, und der Zielsetzung eines Ratingverfahrens, nämlich die einer jährlichen Beurteilung der Bonität eines Kreditnehmers, besteht.

140

Trotzdem können Ratingverfahren oder deren Teilkomponenten unter bestimmten Voraussetzungen zur Früherkennung von Risiken herangezogen werden, da gewisse Bestandteile – wie Indikatoren – zumeist auch als Kriterien bei der Bonitätseinschätzung dienen. Welche Teile des Ratings bzw. welche im Rating implementierten Indikatoren geeignet sind, frühzeitig die Erhöhung eines Risikos eines Engagements zu erkennen, muss vom Institut im Rahmen eines Analyseprozesses beurteilt und regelmäßig kritisch überprüft werden. So ist z. B. ein Kontoverhaltensscoring durch die implizite Zeitnähe eher als Frühwarnindikator geeignet als ein jährlich durchgeführtes Standardrating, dass aus Aktualitätsgründen nur unter gewissen Voraussetzungen eingesetzt werden kann.

141

Ein Risikoklassifizierungsverfahren hat unter Berücksichtigung betriebswirtschaftlicher Aspekte insbesondere folgende Komponenten zu enthalten, um gleichzeitig als Verfahren zur Früherkennung von Risiken dienen zu können (vgl. Erläuterungen zu BTO 1.3 Tz. 3 MaRisk):

142

- **Indikatorenbezogene Komponente:**
  Die dem Verfahren zugrunde liegenden Indikatoren (Kontoumsätze, Lastschrift- oder Scheckrückgaben, etc.) sollten dazu in der Lage sein, dass sich abzeichnende Risiken erkannt werden können.

- **Zeitraumbezogenen Komponente:**
  Auf der Grundlage der Indikatoren sollte eine laufende Identifizierung von sich abzuzeichnenden Risiken möglich sein.

- **Prozessbezogene Komponente:**
  Signale des Verfahrens zur Früherkennung von Risiken sollen ferner zeitnah zu geeigneten Maßnahmen des Kreditinstitutes führen, d. h. beispielsweise zu einer Intensivierung des Kundenkontaktes, Hereinnahme neuer Sicherheiten, Tilgungsaussetzungen, etc., sodass keine oder möglichst geringe Verluste entstehen.

5. Beitrag zur Kreditportfoliosteuerung

143 Ein effizientes Frühwarnverfahren kann bei konsequenter Anwendung Beiträge zur Kreditportfoliosteuerung leisten. Diese Beiträge gestalten sich wie folgt:

Abbildung 8: Beitrag zur Kreditportfoliosteuerung im Prozessablauf

Ablehnung schlechter Kreditnehmer:

144 Durch ausgewählte trennscharfe Indikatoren und deren Implementierung im Antragsscoring als Scoringkriterium können bereits bei Kreditantragstellung schlechte Kreditnehmer identifiziert werden. Der Kreditantrag wird von vornherein abgelehnt und ein eventuelles späteres Risiko damit kategorisch ausgeschlossen.

Frühzeitige Identifizierung von Risiken und Zuordnung zu Betreuungsformen:

145 Werden die Indikatoren systematisch angewendet und die seitens des Instituts festgelegten Maßnahmen konsequent umgesetzt, können wirtschaftliche Schäden vom Kreditinstitut in der Art und Weise abgewendet werden, dass vor einem eventuellen Ausfall der Kunde durch eine Intensivbetreuung und die damit verbundenen Gespräche auf seine (ihm möglicherweise nicht oder nicht im tatsächlichen Ausmaß bekannte) marode Verfassung aufmerksam gemacht wird und gemeinsam an möglichen Auswegen gearbeitet werden kann. Im Falle eines Problemkredits kann durch schnelles Handeln über eine Umstrukturierung bzw. Sanierung ein Ausfall des Kreditnehmers und damit auch eine Abschreibung abgewendet werden oder es können höhere Erlösquoten durch eine zeitnahe Abwicklung erzielt werden.

Rückschlüsse auf Rating bzw. Ratingkriterien:

Auch bei der Validierung von Ratingverfahren, v. a. hinsichtlich der Trennschärfe einzelner Kriterien/Indikatoren, kann seitens des Kreditinstitutes auf identifizierte Frühwarnindikatoren zur besseren Bewertung der Kreditnehmer zurückgegriffen werden. Dies könnte letztendlich wieder ins Antragsscoring einfließen und der Kreis schließt sich.

6. Ausblick und Arbeitshilfen

147 Die Auswahl an Literatur zu Frühwarnverfahren ist, im Gegensatz zu den Ratingverfahren, zum aktuellen Zeitpunkt überschaubar. Neben einzelnen Passagen in Werken, welche die Erläuterungen der Anforderungen der MaRisk zum Inhalt haben, existiert tiefergehende Literatur hauptsächlich in den Bereichen Kontendatenanalyse und Bilanzanalyse, also zu quantitativen Indikatoren. Die Bankenaufsicht hat mit der Aufnahme der Frühwarnverfahren in die MaK bzw. MaRisk quasi einen ersten Aufschlag gemacht, um die Entwicklung aussagekräftiger Verfahren zu fördern. Damit verbunden ist die Hoffnung, dass zukünftig auch für qualitative Indikatoren sowie Systeme aus qualitativen und quantitativen Indikatoren vermehrt Literatur erscheint, um die vielfältigen Facetten von Frühwarnverfahren weiter auszuleuchten.

Kursorische Analysefragen:

Nr.	Gegenstand
2	**Mindestanforderungen und Auslegungshinweise der Aufsicht**
2.1	**BTO 1.3 Tz. 1 MaRisk – Rechtzeitige Identifizierung; Gegenmaßnahmen** 1. Ist das Frühwarnverfahren in der Lage, die einem Ausfall vorausgehenden Krisensignale zu identifizieren? 2. Sind die diesbezüglich trennscharfen Indikatoren ausgewählt und im Verfahren integriert worden? 3. Wurden für identifizierte Engagements prozessuale Vorgaben hinsichtlich des weiteren Prozessablaufes nach Identifikation bzw. mögliche Gegenmaßnahmen definiert?
2.2	**BTO 1.3 Tz. 2 MaRisk – Quantitative und qualitative Indikatoren** 1. Wurden für das Verfahren zu Früherkennung von Risiken sowohl quantitative als auch qualitative Indikatoren herangezogen? 2. Hat das Institut die Indikatoren hinsichtlich der institutsspezifischen Anwendbarkeit untersucht und ggf. an die Verhältnisse der Bank angepasst? 3. Ist die Verantwortung für die Entwicklung und Qualität dieser Indikatoren sowie deren regelmäßige Überprüfung außerhalb des Bereiches Markt angesiedelt?

2.3	**BTO 1.3 Tz. 3 MaRisk – Öffnungsklausel; Risikoklassifizierungsverfahren** 1. Sollen bestimmte Kreditarten oder Größenklassen vom Frühwarnverfahren ausgenommen werden? 2. Erfolgte die Ausnahme auf Basis einer individuellen Analyse des Risikogehaltes der auszunehmenden Geschäfte? 3. Wurde diese Ausnahmen aufgrund der unwesentlichen Bedeutung von der Geschäftsleitung beschlossen? 4. Orientiert sich das Institut bei der Risikofrüherkennung für bestimmte Kreditarten an den Festlegungen zur Verwendung eines Risikoklassifizierungsverfahrens? 5. Wenn ja – erfüllt das Risikoklassifizierungsverfahren die geforderten Voraussetzungen nach Abschnitt 4?
3	**Praxisnahe Umsetzung eines Frühwarnverfahrens**

3.1	**Entwicklung und Validierung eines Frühwarnverfahrens**
	Kreislaufmodell:
	1. Sind die Indikatoren hinsichtlich der Fähigkeit zur Risikofrüherkennung geeignet?
	Können folgende Unzulänglichkeiten ausgeschlossen werden:
	  a. Der Indikator ermöglicht keine rechtzeitige Identifizierung – Risiken werden nur ex post aufgezeigt.
	  b. Es besteht keine Möglichkeit, den Indikator zu überwachen.
	2. Ist der Indikator hinreichend konkretisiert?
	Hinsichtlich seiner Ausgestaltung und der institutsspezifischen Definition darf er folgende Merkmale nicht aufweisen:
	  a. Zu großer Handlungs- bzw. Auslegungsspielraum.
	  b. Unrealistischer Umfang aufgrund mangelnder Quantifizierung.
	3. Kann der Indikator systematisch überwacht werden?
	Können nachfolgende Aussagen verneint werden:
	  a. Einzelne Indikatoren können mangels Umsetzung eines Prozesses praktisch nicht überwacht werden.
	  b. Die vorgesehene Überwachung wird nicht durchgeführt oder führt bei Auftreten des Indikators nicht zu den vorgesehenen Bearbeitungsschritten.

c. Frühwarnrelevante Informationen werden nicht oder nur verzögert an die zuständigen Stellen weitergegeben.
4. Ist klar geregelt, WER bei Auftreten eines Indikators WELCHE Arbeitsschritte auszuführen hat?
5. Wird regelmäßig durch eine prozessunabhängige Einheit überprüft, ob die schriftlich fixierten Maßnahmen für identifizierte Engagements durchgeführt wurden?
6. Ist das Verfahren insgesamt funktionsfähig oder systematisch?
   a. Ermöglichen die gewählten Indikatoren eine wirkungsvolle Früherkennung von Risiken?
   b. Sind alle risikobehafteten (Teil-)Portfolien in das Verfahren einbezogen?
7. Hat das Institut die für seine Situation spezifischen Indikatoren gewählt?
8. Ist der systematische Ablauf abgegrenzt?
9. Sind die zugehörigen Schritte schriftlich in Form von Organisationsrichtlinien dokumentiert?

Validierung:
1. Sind die gewählten Indikatoren noch adäquat?
2. Ergaben sich Fragen bzgl. der Auslegung von Indikatoren? Sind weitere Konkretisierungen notwendig?
3. Ist die systematische Überwachung noch angemessen oder kann sie evtl. verbessert werden?
4. Sind die festgelegten Zuständigkeiten/Prozesse noch dem aktuellen Geschäftsbetrieb angemessen?

3.3	**Prozessuale Anforderungen an identifizierte Engagements – Engagementüberprüfung/Bestandsaufnahme**
	1. Erfolgt nach Auftreten von Indikatoren eine Zuordnung der identifizierten Engagements zur Intensivbetreuung?
	2. Wurde in diesem Zuge eine Bestandsaufnahme des Engagements durchgeführt?
	Wurden dabei folgende Maßnahmen durchgeführt:
	  a. Neubewertung der Sicherheiten
	  b. Überprüfung der Bonität

c. Kontodatenanalyse
3. Wird die Zuordnung des Engagements zur Intensivbetreuung regelmäßig überprüft?
   a. Wurden wiedergesundete Engagements in die Normalbetreuung zurückgegeben?
   b. Wurden Engagements, bei denen eine Verschlechterung der Verhältnisse eintrat, in die Problemkreditbearbeitung übergeleitet?

3.4 Überleitung Problemkreditbearbeitung

1. Hat das Kreditinstitut auf individueller Basis Kriterien für die Abgabe eines Engagements in die Problemkreditbearbeitung festgelegt?
2. Ist die Verantwortung für die Entwicklung und Qualität dieser Kriterien sowie deren regelmäßige Überprüfung außerhalb des Bereiches Markt angesiedelt?
3. Findet nach der Entscheidung der Abgabe an die Problemkreditbearbeitung eine Zuordnung der Engagements zur Sanierung oder Abwicklung statt?
4. Geschieht diese Zuordnung in Form einer Negativabgrenzung, d. h. werden Engagements, für die weder die Sanierungswürdigkeit noch die Sanierungsfähigkeit gegeben ist, der Abwicklung übergeben?
   a. Sanierungswürdigkeitsprüfung:
   Ist eine Sanierung unter wirtschaftlichen Aspekten vertretbar und sinnvoll?
   b. Sanierungsfähigkeitsprüfung:
   Besteht die Eignung des Kreditnehmers, mit Hilfe festgelegter Maßnahmen wieder eine beständige Existenzbasis zu erreichen und zu bewahren? Findet eine Überprüfung der Angaben des Sanierungskonzeptes statt?

3.5 Dokumentationsanforderungen

1. Ist das Frühwarnverfahren bzw. dessen Ausgestaltung vollständig in Form von Organisationsrichtlinien, Kompetenzordnungen oder Prozessbeschreibungen dokumentiert?

	Werden dabei die nachfolgenden Punkte berückschtigt: a. Gewählte Indikatoren mit Begründung b. Überwachungsverfahren c. Die jeweiligen Zuständigkeiten für die Überwachung/Identifizierung sowie der weiterführende Prozess nach der Identifizierung des Engagements d. Maßnahmen 2. Sind folgende Entscheidungen bzw. Sachverhalte der identifizierten Engagements dokumentiert: a. Zuordnung zu einer bestimmten Betreuungsform – v. a. bei Abweichungen b. Bestandsaufnahme c. Getroffene Maßnahmen d. Sanierungspläne – insbesondere die Plausibilisierung und Genehmigung externer Gutachten e. Rechtliche Prüfung nicht standardisierter Verträge f. Getroffene Absprachen mit dem Kreditnehmer
4	**Schnittstellen Frühwarnverfahren und Rating**
	Erfüllt das Risikoklassifizierungsverfahren über die nachfolgenden Voraussetzungen, um als Verfahren zur Früherkennung von Risiken dienen zu können: 1. Indikatorenbezogene Komponente: Sind die dem Risikoklassifizierungsverfahren zu Grunde liegenden Indikatoren in der Lage, sich abzeichnende Risiken zu erkennen? 2. Zeitraumbezogene Komponente: Ist auf Grundlage der Indikatoren eine laufende Identifizierung der sich abzeichnenden Risiken möglich? 3. Prozessbezogene Komponente: Führen die Signale des Verfahrens zeitnah zu geeigneten Maßnahmen?

7. Literaturhinweise

Deutsches Institut für Interne Revision e. V., Arbeitskreis »Revision des Kreditgeschäftes«; Fachbeiträge zur Revision des Kreditgeschäftes; Berlin, 2002

Häger, Michael; Checkbuch Überschuldung und Sanierung; Köln, 2002

Hannemann, Ralf/ Schneider, Andreas/ Hanenberg, Ludger; Mindestanforderungen an das Risikomanagement (MaRisk); Stuttgart, 2006

Lützenrath, Christian/ Peppmaier, Kai/ Schuppener, Jörg; Bankstrategien für Unternehmenssanierungen; Köln, 2003

Dr. Martin, Marcus; Regulatorische Aspekte der Prüfung von Risikoklassifizierungsverfahren in: Becker, Förschler, Klein (Hrsg.); Ratingsysteme und -Prozesse: Praxis- und Projekterfahrung aus Implementierung und Prüfung; Heidelberg, 2007

Reuse, Svend; Früherkennung von Kreditrisiken nach MaK in einer Sparkasse in: Betriebswirtschaftliche Blätter 12/2004

Schmidt, Carsten/ Uhlenbruck, Wilhelm; Die GmbH in Krise, Sanierung und Insolvenz; Köln, 2002

II.

Konzeption, Projektbegleitung und Self Assessment eines innovativen Frühwarnverfahrens im Kreditgeschäft – RiskMiner

II. Konzeption, Projektbegleitung und Self Assessment eines innovativen Frühwarnverfahrens im Kreditgeschäft – RiskMiner

1. Einleitung

Dumpfes metallisches Krachen, Schleifgeräusche, Glas zerspringt – Ruhe.

Wer erinnert sich nicht an die spektakuläre Markteinführung der neuen A-Klasse von Mercedes. Vor gut 10 Jahren – mit viel Vorschusslorbeeren ausgestattet – wurde der Wagen völlig unerwartet aus der Bahn geworfen. Auslöser war der bis dahin nur in Skandinavien bekannte »Elchtest«. Für Mercedes sollte es Monate dauern, bis der Wagen tatsächlich marktreif war und Jahre, bis das Vertrauen und die Akzeptanz der Verbraucher zurückgewonnen wurde. Heute ist der Elchtest eine Selbstverständlichkeit und wird standardmäßig bei jedem Neufahrzeug durchgeführt.

Liebe Leserinnen und Leser, dieses Beispiel ist wunderbar auf unsere Welt der Kredite übertragbar. Genauso wie Fahrzeuge in Extremsituationen gebracht werden, ist es Aufgabe von Risikofrühwarnsystemen, das Portfolio mit einem »virtuellen Elchtest« zu scannen, um Gefahrenpotenziale frühzeitig zu erkennen und daraus für die Zukunft zu lernen, die erforderlichen Instrumente weiter zu entwickeln und im Gesamtspiel zu optimieren.

Im Automobilbau hat dies in der Folge zu einer ganzen Reihe von neuen technischen Innovationen geführt, welche mittlerweile als Fahrassistenzsysteme (z. B. ABS, ESP, Spurwarner und Abstandsradar) den breiten Markt erobert haben. Im Bankenmarkt etablieren sich vergleichbare »Kreditassistenzsysteme«. Deren Ziel ist es, zu unterstützen, nah am Kunden zu sein und ihm Produkte anzubieten, die ihm den finanziellen Freiraum bieten, um seine Vorhaben und Wünsche umzusetzen. Gleichzeitig soll die Bank in die Lage versetzt werden, langfristig und nachhaltig Geld zu verdienen und nicht zu verlieren. Solche Systeme existieren entlang der gesamten Wertschöpfungskette und umfassen Workflowtools zur automatisierten Genehmigung und Dokumentation, Rating- und Scoringmodelle sowie Methoden zur pauschalisierten Wertberichtigungsbildung.

151 Eine besondere Bedeutung haben in diesem Zusammenhang Risikofrühwarnsysteme, die den gesamten Lebenszyklus des Kredits begleiten und über alle »Kreditassistenzsysteme« hinweg eine Klammerfunktion bilden. Ihre Aufgabe ist es, frühzeitig Alarm zu geben, wenn ein Kredit sich der Leitplanke hin zum unerwarteten Ausfall nähert oder droht, diese zu überschreiten, gleichgültig in welcher Phase sich der Kredit befindet.

152 Die vorliegende Ausarbeitung beabsichtigt, den RiskMiner als indikatorbasiertes Frühwarnsystem näher zu erläutern und zu bewerten. Zu Beginn ordnen wir das Kreditrisiko in den Kreditprozess ein und verweisen auf verschiedene gesetzliche und aufsichtsrechtliche Anforderungen zum Thema Risikofrüherkennung. In dem folgenden Kapitel präsentieren wir Ihnen Ansätze und möchten hilfreiche Anregungen zur Konzeption, Ausgestaltung und Validierung eines Frühwarnsystems zur rechtzeitigen Erkennung von Kreditrisiken geben. Anregung deshalb, da Risikofrüherkennung keine allgemeingültige Formel ist. Danach folgt die Erläuterung des RiskMiner's als Risikofrühwarnsystem hinsichtlich seiner Konzeption, technischen Umsetzung sowie Erfahrungsberichte aus der Praxis. Abschließend gehen wir auf Trends und zukünftige Entwicklungen und Ausgestaltungen zum Thema Risikofrühwarnverfahren ein.

153 Bei der Implementierung eines Verfahrens zur frühzeitigen Identifizierung von Kreditausfällen geht es um die modellhafte Vorwegnahme der Zukunft. Diese kann im Einzelfall ganz anders sein und ist abhängig vom individuellen Geschäftsmodell. So ist auch die Intention dieses Buchabschnittes. Er ist inspiriert aus der praktischen Erfahrung und der Erkenntnis, dass ein Risikofrüherkennungssystem gut aber nie perfekt sein kann und doch immer anders ist. Aus der Auseinandersetzung mit dem Kreditportfolio, den sich weiterentwickelnden technischen Möglichkeiten sowie den individuellen Erfahrungen ergeben sich fortlaufend Optimierungs- und Weiterentwicklungspotenziale.

154 Im Übrigen möchten wir darauf hinweisen, dass die Inhalte dieses Abschnittes die persönliche Meinung der Autoren darstellen.

155 Bedanken möchten wir uns ganz besonders bei Stefan Fragen für seine operative Unterstützung bei der Ausarbeitung des vorliegenden Beitrages sowie bei Burkhard Reitermann, Bernd Morgenschweis und Thomas Zacharias für deren Sponsoring und die hilfreiche Unterstützung in den vergangenen Jahren.

2. Kreditgeschäft und Kreditrisiko

Kreditgeschäft und Kreditrisiko sind untrennbar miteinander verbunden. Risiken identifizieren zu können, ihre Quellen und deren Wirkungsweise zu kennen und zu verstehen, bedeutet Handlungsfähigkeit zu gewährleisten. Aus der praktischen Erfahrung heraus ist es im Rahmen der Etablierung sowie zur Schaffung der notwendigen Akzeptanz eines Risikofrühwarnsystems zu Beginn erforderlich, Klarheit über die Rahmenbedingungen zu schaffen. Hierzu zählen insbesondere:

- die überschneidungsfreie Definition des zugrunde liegenden Risikobegriffs,
- die einzuhaltenden externen Rahmenbedingungen sowie
- der institutsspezifische Kreditprozess.

2.1. Definition des Kreditrisiko

Der Begriff »**Risiko**« wird in Kreditinstituten in vielfältiger Form und Bestimmung verwendet. Elementare Risiken der bankbetrieblichen Geschäftstätigkeit umfassen Marktpreisrisiken, Liquiditätsrisiken, Operationale Risiken, Rechtliche Risiken und Kreditrisiken.

Markt(preis)risiken existieren aufgrund der Wettbewerbsposition des Kreditinstitutes als Anbieter und Nachfrager von Devisen oder Wertpapieren an den Kapitalmärkten.[1] Dementsprechend realisieren Banken Erträge mit dem Handel von Wertpapieren und Devisen auf den Finanzmärkten. Unter Markt(preis)risiken lassen sich folglich Zinsänderungsrisiken von Anleihen, Kursrisiken bei Aktien sowie Anleihen und Wechselkursrisiken von Währungen subsumieren.

Liquiditätsrisiken bezeichnen die Wahrscheinlichkeit, dass ein Kreditinstitut seine Depositen an ihre Kundschaft aufgrund liquider Schwierigkeiten nicht fristgerecht zurückzahlen kann.[2] Unter den Begriff Liquiditätsrisiko lassen sich Abrufrisiken unterordnen, falls Kredite unerwartet in Anspruch genommen werden bzw. Einlagen ebenso ohne Vorwarnung in übergroßen Beträgen abgezogen werden. Terminrisiken entstehen dann, wenn bspw. mittel- oder langfristige Kredite unplanmäßig kurzfristig getilgt werden können.

---

1 Vgl. *Lück, Wolfgang* (2003), S. 7.
2 Vgl. *Lagger, Andre* (1998), S. 16.

160 **Operationelle Risiken:** Fehler im Management (menschliches Versagen) verursachen Risiken ebenso wie beispielsweise Störungen und Ausfälle in der EDV einer Bank, so dass es zu Sicherheitsgefährdungen kommen kann.[3] Abschließend seien die **rechtlichen Risiken** erwähnt. Diese können bei Verträgen oder Geschäften auftreten, die gegen gesetzliche Bestimmungen verstoßen.

161 Eine einheitliche, allgemeingültige Definition des **Kreditrisikos** für den Bankenbereich existiert nicht. Auch vom Gesetzgeber existiert keine eindeutig vorgegebene Begriffsbestimmung, sondern verschiedenartige Auslegungen, welche sich bezüglich Klarheit und Definitionstiefe voneinander unterscheiden können. Hieraus ergeben sich Unterschiede im Verständnis und der Interpretation, die nicht selten in der Praxis zu Missverständnissen führen. Von daher ist eine Harmonisierung und Abgrenzung hinsichtlich des verwendeten Risikobegriffs erforderlich. Hierüber wird sichergestellt, dass innerhalb des gesamten Kreditprozesses mit einem einheitlichen Begriff und Verständnis gearbeitet werden kann.

162 In der bankwirtschaftlichen Praxis wird das Kreditrisiko durch verschiedene Termini inhaltlich belegt. In den MaRisk existiert der Begriff der Adressenausfallrisiken (einschließlich Länderrisiken). Deutsche Bank, Commerzbank und HVB nutzen diesbezüglich den Begriff »Adressenrisiko«, während in der Dresdner Bank »Kreditrisiko« verwendet wird. Zudem finden neben Adressenrisiko und Kreditrisiko noch die Synonymbegriffe **Bonitätsrisiko** und **Ausfallrisiko** Verwendung.

163 Im Weiteren wird hier stellvertretend der Begriff **Kreditrisiko** verwendet. Hierunter verstehen wir, dass ein Schuldner seine Kreditverbindlichkeiten teilweise nicht oder vollständig nicht betrags- und termingerecht bedienen kann oder hierzu nicht mehr willens ist.

164 **Bonitätsrisiken** beschreiben darüber hinaus eine negative Veränderung der wirtschaftlichen Situation des Kreditnehmers. Hierbei besteht die Wahrscheinlichkeit, dass im Falle einer Verschlechterung der Vermögenssituation des Schuldners die Zins- und Tilgungsleistungen uneinbringlich werden.

---

3 Vgl. *Lück, Wolfgang* (2003), S. 7.

2.2. Die Einordnung des Kreditrisikos in den Kreditprozess unter Berücksichtigung der Existenz von Informationsasymmetrien

Die Vergabe von Krediten ist unweigerlich mit dem Eingehen von Risiken verbunden. Die Entscheidung zur Genehmigung eines Kredites ist fortlaufend eine **Entscheidung unter Unsicherheit**, denn auch nach einer erfolgten Kreditprüfung ist es nicht vollkommen sicher, ob der Schuldner in der Zukunft liegende Zins- und Tilgungsleistungen erbringen kann.

Innerhalb der Kreditentscheidung existieren dabei diverse Prozesse der unmittelbaren und mittelbaren Informationsbeschaffung und -verarbeitung, die in erster Linie wesentlich zur Entscheidungsfindung beitragen, ob ein Kreditantrag genehmigt oder abgelehnt wird. Die **Problematik der Kreditentscheidung** begründet sich darin, dass gewisse Informationen des Kreditantragstellers unvollständig, Daten und Fakten unschlüssig bzw. unpräzise sein können, sich vermeintlich aussagekräftige Kenntnisse über den Schuldner nach der Kreditgenehmigung als falsch herausstellen oder zukünftig obsolet sind. Der in diesem Zusammenhang wichtigste Grund für die Unsicherheit in der Kreditentscheidung liegt in der **asymmetrischen Informationsverteilung**.[4] Darunter wird ein ungleicher Wissensstand zwischen Kreditantragsteller und Kreditgeber verstanden. Das Kreditinstitut als Kreditgeber ist nicht vollkommen in der Lage, die Fähigkeit und den Willen des Antragstellers zur fristgerechten und betragsmäßig vollständigen Rückzahlung der Forderung beurteilen zu können. Die sich daraus ergebenden Risiken sind somit immanenter Bestandteil des Prozesses und in der Gesamtbetrachtung von vornherein einzubeziehen.

Aus der Konsequenz unvollkommener Informationen und unsicherer, zukünftiger Entwicklungen des Schuldners ergibt sich die Erfordernis eine **risikoorientierten Kreditentscheidung** und einer fortlaufenden Bewertung des Kreditrisikos. Hierzu wird die wirtschaftliche Situation und Entwicklung des Schuldners nach der Kreditvergabe beobachtet, um frühzeitig negativen Entwicklungen, welche die Existenz des Kreditnehmers und in letzter Konsequenz die Tilgung der Forderung bedrohen können, entgegenzutreten.

Aus dieser Anforderung heraus lassen sich folgende allgemeine Phasen im Kreditprozess ableiten.

---

4 Vgl. *Machauer, Achim* (1999), S. 9.

KONZEPTION, PROJEKTBEGLEITUNG UND SELF ASSESSMENT

Abbildung 1: Schematische Darstellung Kreditprozess

169 Der Kreditprozess beginnt mit der **Antragsphase**, d. h. der Kreditanfrage des potentiellen Kreditnehmers. In dieser Phase steht das Produkt, die Laufzeit, die Konditionen und mögliche Kreditsicherheiten im Mittelpunkt. Zur Beurteilung der Kreditwürdigkeit und -fähigkeit werden die erforderlichen Informationen durch den Kreditnehmer zusammengetragen und anschließend von der Bank aufbereitet.

170 Im Rahmen der sich anschließenden Kreditprüfung erfolgt die Auswertung der beschafften Daten und Fakten des Kreditantragstellers. Ziel der Kreditprüfung ist die Identifikation und Kalkulation der Kreditrisiken vor der Kreditentscheidung. Konkret geprüft wird zum einen die **Kreditfähigkeit**, d. h., ob der Antragsteller rechtlich in der Lage ist, einen Kreditvertrag einzugehen. Zum anderen wird im Rahmen der Kreditprüfung die **Kreditwürdigkeit** beurteilt[5]. Die materielle Kreditwürdigkeit bedeutet dabei, dass u. a. anhand von Einkommensunterlagen (Privatkunden) oder Bilanzen (Firmenkunden) die wirtschaftliche Situation des Antragsstellers beurteilt wird. Besonders bei Unternehmenskunden wird die Bonitätsprüfung durch eine Analyse der Branche und des Wettbewerbs ergänzt.[6] Unter der Prüfung der persönlichen Kreditwürdigkeit wird die Einschätzung individueller Fähigkeiten und Fertigkeiten des potentiellen Kreditnehmers verstanden, wie beispielsweise bei Firmenkunden die Einschätzung von Managementqualitäten, Seriosität, Fachkompetenz, Führungsqualitäten, Auftreten etc.

171 Die Antragsphase wird finalisiert durch die Erstellung eines Ratings, welches aufgrund der aufsichtsrechtlichen Anforderungen mittlerweile obligatorisch ist. Die gesammelten und aufbereiteten Informationen zum Kreditantragsteller werden dabei EDV-mäßig erfasst. Aufgrund mathematisch-statistischer Algorithmen wird ein Punktwert errechnet, der anhand der Einordnung des Wertes in einer Ergebnisskala zur entscheidungsorientierten Unterstützung bei der Bonitätsbeurteilung dienen soll. Die abschließende Einschätzung der Kre-

---

5 Vielfach wird auch synonym der Terminus Bonitätsprüfung verwendet.
6 Vgl. *Wiedemeier, Ingo* (2001), S. 346-350.

ditwürdigkeit obliegt dem Marktfolgebereich der Bank und kann, abhängig vom Prozess, durch Kreditentscheider oder automatisierte Bonitätsbewertungssysteme erfolgen. Letztere haben sich mittlerweile im standardisierten Massengeschäft als Benchmark etabliert.

Nach der Antragsphase erfolgt die **Kreditentscheidung**. Aufgrund des Ergebnisses der Kreditprüfung wird der Kreditantrag genehmigt oder abgelehnt.

Mit der Auszahlung des vereinbarten Kreditbetrages wird der Kredit in die Bestandsdatenbanken eingepflegt. Hier beginnt die **Kontrollphase**, die sich wiederum in zwei Teilbereiche aufteilen lässt.[7]

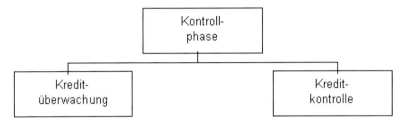

Abbildung 2: Unterteilung der Kontrollphase (Quelle: Karl, Eginhard W. (1995), S. 15f.)

Aufgabe der **Kreditüberwachung** ist es, sowohl die vereinbarten Vertragsbestandteile und ordnungsgemäße Zins- und Tilgungsleistung als auch die wirtschaftliche Situation des Schuldners während der Kreditlaufzeit durch laufende oder anlassbezogene Prüfungen zu kontrollieren. Dabei ist es notwendig, negative Veränderungen in der Bonität frühzeitig zu erkennen, um geeignete Gegenmaßnahmen einzuleiten, die das Risiko des Forderungsausfalles einschränken sollen.

Die **Kreditkontrolle** bezieht sich dagegen vornehmlich auf die bankinterne, stichprobenartige Prüfung des Kreditbearbeitungsprozesses durch die Interne Revision. Dabei werden Arbeitsabläufe auf Konformität mit Arbeitsanweisungen, Richtlinien und Kompetenzzuordnungen überprüft. Ziel ist es, die formale und rechtliche Ordnungsmäßigkeit bei der Kreditbearbeitung zu gewährleisten.

---

[7] Vgl. *Karl, Eginhard W.* (1995), S. 15 f.; *Schmoll, Anton* (1994), S. 40-44.

2.3. Aufsichtsrechtliche Rahmenbedingungen für die Implementierung von Frühwarnsystemen

176 Frühwarnsysteme unterliegen – in Abhängigkeit der Institutsgröße – **gesetzlichen und aufsichtsrechtlichen Anforderungen**. Hier sind den Banken Rahmenbedingungen für die Konzeption und Integration von Risikofrüherkennungssystemen durch Aufsichtsbehörden vorgegeben.[8] Der Ursprung dieser Vorgaben und Regelungen liegt im wesentlichen in den hohen Abschreibungen durch Kreditausfälle im Bankensektor der vergangenen Jahre begründet. Sowohl die Bankenkrisen Mitte der neunziger Jahre des letzten Jahrhunderts als auch die Gefährdungen nationaler Kreditinstitute durch Kreditausfälle in den letzten Jahren veranlassten den Gesetzgeber und die Aufsichtsgremien, zur Stabilität des Finanzsystems in Form von Gesetzen bzw. Regelwerken und Mindestanforderungen beizutragen.[9]

177 Die folgenden Ausführungen sollen einen kurzen Überblick über die in diesem Zusammenhang relevanten gesetzlichen und aufsichtsrechtlichen Anforderungen vermitteln. Darüber hinaus kann es weitere institutsspezifisch relevante Anforderungen (z. B. US GAAP) geben.

Tipp:

178 Die aufsichtsrechtlichen Anforderungen sind individuell zu analysieren und harmonisierte Anforderungen an das Risikofrüherkennungssystem abzuleiten, die zum einen den Kreditprozess effizient unterstützen und zum anderen die externen Mindestanforderungen erfüllen. Sich widersprechende Ergebnisse zum selben Sachverhalt machen im Zweifel eine Risikosteuerung des Portfolios unmöglich.

2.3.1. Gesetzliche Anforderungen durch das Gesetz zur Kontrolle und Transparenz im Unternehmensbereich (KonTraG) und Aktiengesetz (AktG)

179 Das **Gesetz zur Kontrolle und Transparenz im Unternehmensbereich** wurde im Jahr 1998 beschlossen. Die Ursache für die Entstehung des Gesetzes ist in den vermehrten Unternehmenskrisen börsennotierter Gesellschaften zu suchen. Der Geltungsbereich des KonTraG bezieht sich nicht nur auf Aktiengesellschaften, sondern auf Kapitalgesellschaften im Allgemeinen.

---

8 Vgl. *Morgenschweis, Bernd/Boehme, Torsten/Ebersbach, Karsten* (2003), S. 152.
9 Vgl. *Rehbein, Ronny* (2004), S. 1.

Ziel des KonTraG ist es, die Interessen vor allem der Anteilsinhaber von Gesellschaften durch eine nachhaltige Sicherung der Unternehmung zu schützen.[10] Des Weiteren wurde mit der Einführung des KonTraG eine Angleichung des deutschen Aktienrechts an internationale Standards beabsichtigt.[11] Die formulierten gesetzlichen Anforderungen haben allgemeingültigen Charakter und beziehen sich dabei auf Unternehmungen aller Branchen.[12]

Bezüglich der **Regelungen zur Einrichtung von Frühwarnsystemen** wurde das AktG gemäß dem Inhalt des KonTraG geändert.[13] Durch das KonTraG und das AktG wird von der Legislative in Deutschland neben der Einrichtung eines Risikomanagementsystem und eines Controlling-Systems ein Instrument zur Früherkennung von Risiken verlangt.[14] **§ 91 (2) AktG** fordert konkret, dass die Aufgabe der Existenzsicherung dem Vorstand einer Gesellschaft obliegt, der für die Implementierung eines Überwachungssystems zuständig ist, welches frühzeitig auf unternehmensgefährdete Entwicklungen hinweisen soll.[15] In diesem Zusammenhang haftet der Vorstand für ein nicht gesetzeskonformes Frühwarnsystem, dessen Existenz und Wirkungsweise gem. **§ 317 (4) Handelsgesetzbuch (HGB)** von Wirtschaftsprüfern geprüft wird.[16] Besonders der Aspekt der frühzeitigen Identifikation kritischer Situationen wird bei den Interpretationen der Gesetzestexte in den verwendeten wissenschaftlichen Quellen hervorgehoben.[17]

Bezogen auf das Kreditwesen und den damit verbundenen spezifischen Risiken des Bankensektors trägt das Kreditwesengesetz (KWG) gemäß **§ 25a (1) Nr. 1 KWG** den Vorgaben des KonTraG zur Integration eines Risikoüberwachungssystems Rechnung. An dieser Stelle des KWG wird darauf hingewiesen, dass ein Kreditinstitut über »geeignete Regelungen zur Steuerung, Überwachung und Kontrolle der Risiken [...] verfügen muss.«[18] Infolgedessen kön-

---

10   Vgl. *Hornung, Karlheinz/Reichmann, Thomas/Diederichs, Marc* (1999), S. 317.
11   Vgl. *Runzheimer, Bodo/Wolf, Klaus* (2000), S. 21.
12   Vgl. *Runzheimer, Bodo/Wolf, Klaus* (2000), S. 19.
13   Vgl. *Brebeck, Frank/Klunk, Thomas* (2003), S. 85.
14   Vgl. *Lück, Wolfgang* (2003), S. 3.
15   Vgl. *Runzheimer, Bodo/Wolf, Klaus* (2000), S. 19.
16   Vgl. *Hornung, Karlheinz/Reichmann, Thomas/Diederichs, Marc* (1999), S. 318.
17   Vgl. *Lück, Wolfgang* (2003), S. 2; *Runzheimer, Bodo/Wolf, Klaus* (2000), S. 19; *Morgenschweis, Bernd/Boehme, Torsten/Ebersbach, Karsten* (2003), S. 152.
18   Vgl. *Kütter, Georg* (2001), S. 91; *Hübl, Gerlinde* (2004), S. 707.

nen die genannten Regelungen des KonTraG und AktG auf die Anforderung zur Implementierung eines Frühwarnsystems für Kreditrisiken im Bankensektor, welche die Existenz des Institutes sichern soll, übertragen werden.[19]

2.3.2. Anforderungen an ein Frühwarnsystem durch die MaRisk

183   In den **Mindestanforderungen an das Risikomanagement** (MaRisk) sind die verbindlichen Vorgaben der Aufsichtsbehörde für die Ausgestaltung des Risikomanagements in deutschen Kreditinstituten enthalten.[20]

184   Die **rechtliche Grundlage** für die MaRisk bildet das KWG. In § **25a (1) KWG** werden die aufsichtrechtlichen Anforderungen an eine systematische **Organisation des Kreditgeschäfts**, wonach »geeignete Regelungen zur Steuerung, Überwachung und Kontrolle der Risiken vorhanden sein müssen,« gesetzlich kodifiziert.[21] Die regulatorischen Anforderungen gelten für alle Kreditinstitute, die Kreditgeschäfte gemäß § 19 (1) KWG durchführen.[22]

185   Mit den MaRisk hat die BaFin in 2005 die bis dahin gültigen

- Mindestanforderungen an das betreiben von Handelsgeschäften (MaH),
- Mindestanforderungen an die Ausgestaltung der internen Revision (MaIR) und
- Mindestanforderungen an das Kreditgeschäft (MaK)

zusammengefasst, aktualisiert und mit Blick auf die Einführung von Basel II erweitert.

186   Das Handling von Risiken sowie die Risikofrüherkennung und die Einleitung von geeigneten Maßnahmen im Gesamtprozess ist wesentlicher Bestandteil der MaRisk.

187   Im **allgemeinen Teil** – AT 4.3.2 Risikosteuerungs- und Controllingprozesse – werden die Kreditinstitute aufgefordert, angemessene Prozesse einzurichten. Diese Risikosteuerungs- und Controllingprozesse müssen gewährleisten, dass alle wesentlichen Risiken frühzeitig erkannt, vollständig erfasst und in angemessener Weise dargestellt werden können.

---

19   Vgl. *Morgenschweis, Bernd/Boehme, Torsten/Ebersbach, Karsten* (2003), S. 152; *Rehbein, Ronny* (2004), S. 3.
20   Vgl. *Deutsche Bundesbank* (2005), S. 1 ff.
21   Vgl. *BaFin* (2002), S. 3.
22   Vgl. *Becker, Axel/Gruber, Walter* (2002), S. 862.

Darüber hinaus wird im **besonderen Teil** – BTO 1.3 Verfahren zur Früherkennung von Risiken – auf die spezifischen Anforderungen für das Management von Adressausfallrisiken eingegangen:

- Kreditinstitute sollen Verfahren zur Früherkennung von Kreditrisiken einsetzen, um Kreditnehmer zu identifizieren, bei denen sich erhöhte Risiken anzuzeichnen beginnen.
- Diese Verfahren basieren auf quantitativen und qualitativen Merkmalen, zu welchen durch die Kreditinstitute geeignete Risikoindikatoren zu entwickeln sind.
- In Abhängigkeit von der Art und der Größe der Kreditgeschäfte existieren verschiedene Erleichterungsregelungen.

Wesentliche Komponenten des Verfahrens zur Früherkennung von Risiken oder bei der Nutzung eines Risikoklassifizierungsverfahrens sind:

- **indikatoren-bezogene Komponente** zur frühzeitigen Erkennung latenter Risiken durch geeignete Indikatoren,
- **zeitraumbezogene Komponente** zur fortlaufenden Identifizierung der Risiken im Rahmen eines Prozesses,
- **prozessbezogene Komponenten** zur Integration der Risikofrüherkennung in den Kreditprozess, mit dem Ziel, geeignete Gegenmaßnahmen einzuleiten und zu verhindern, dass sich die Risiken in Form von Verlusten materialisieren.

2.3.3. Anforderungen von Basel II

Grundsätzlich ist festzuhalten, dass die Regelungen des Baseler Ausschuss für Bankenaufsicht (**Basel II**) direkt keine Anforderungen an eine Integration von Frühwarnsystemen stellen. Die Ausführungen konzentrieren sich insbesondere auf interne Ratingsysteme in Bezug auf diejenigen Banken, die IRB-Ansätze zur Ermittlung des regulatorischen Eigenkapitals anwenden.

Mit der Auswertung der **Anforderungen für interne Ratingsysteme** sollen jedoch vier Punkte herausstellt werden, aus denen sich die Existenz weiterer Instrumentarien ableiten lässt, um den Anforderungen von Basel II zu entsprechen. Die geforderten Aspekte der **Mindestkapitalanforderungen** (Säule I) sollen nachfolgend erläutert werden:[23]

---

23 Vgl. *Baseler Ausschuss für Bankenaufsicht* (2004), S. 103-110.

KONZEPTION, PROJEKTBEGLEITUNG UND SELF ASSESSMENT

192 Kreditinstitute, die interne Ratings zur Überprüfung der Kundenbonität nutzen, müssen die Existenz geeigneter **»Kreditrisikoüberwachungseinheiten«** zur Kontrolle und Überwachung der internen Ratingsysteme gewährleisten. Erstellte Risikoreports, deren Daten ihren Ursprung in internen Ratings finden, sind zu überprüfen. Dabei sollen sich die zu prüfenden Inhalte auf folgende Bereiche konzentrieren: »Historische Ausfalldaten, Wanderungsanalysen (zwischen den einzelnen Ratingklassen) und Trends hinsichtlich der Ratingkriterien.« Zudem soll die Überwachungseinheit sicherstellen, dass die in den internen Ratings integrierten Kriterien, die für die Bonitätsbewertung verantwortlich sind, jederzeit repräsentativ sind.

193 Ein indikatorgestütztes Frühwarnsystem ist in der Lage, durch die fortlaufende Ermittlung des Risikos auf Kundenebene eine Aussage über die Bonitätseinschätzung zu treffen und diese auf Plausibilität mit der Ratingeinstufung des internen Ratingsystems zu prüfen. Zudem können Wanderungsbewegungen von Kundenengagements sowie Historien von Ausfalldaten mit dem Analyseinstrumentarium erstellt werden. Somit ist das Frühwarninstrument als Kreditrisikoüberwachungseinheit fähig, das interne Ratingsystem zu kontrollieren.

194 Des Weiteren fordert Basel II, **jede Überziehung des Kreditlimits bzw. Kontoüberziehung ohne vereinbartes Limit** zu erfassen und zu identifizieren sowie bei ausbleibender Rückführung innerhalb des Limits den Kredit als ausgefallen zu deklarieren.

195 Die Intention interner Ratings liegt in der Ermittlung der Kundenbonität im jährlichen Rhythmus. Die Anforderung, unterjährig jederzeit Überziehungen zu lokalisieren, wird nicht von einem Rating übernommen. Ein Frühwarnsystem ist in der Lage, diese konkrete Vorgabe zu erfüllen.

196 In einem weiteren Punkt werden von Basel II **Methoden zur Überwachung von Kontoführung und Zahlungsverkehr** im Hinblick auf die Schätzung der erwarteten Inanspruchnahme zum Zeitpunkt des Kreditausfalls (Exposure at Default – EAD) vorgegeben. Diesbezüglich wird von einem Kreditinstitut verlangt, »weitere Kreditinanspruchnahmen kurz vor dem Ausfallereignis zu verhindern.«

197 Auch in diesem Fall kann die Implementierung eines Frühwarnsystems als Antwort auf die von Basel II geforderten Strategien und Verfahren herangezogen werden.

Neben den Mindestkapitalanforderungen lässt sich die notwendige Existenz eines Frühwarnsystems aus dem **aufsichtrechtlichen Überprüfungsverfahren** (Säule II) ableiten.

In diesem Abschnitt werden vier Grundsätze zur aufsichtsrechtlichen Überprüfung in den Vordergrund gestellt.[24] Innerhalb des ersten Grundsatzes werden **Anforderungen an adäquate Verfahren zur »Überwachung und Berichterstattung** über die Risikopositionen sowie eine Einschätzung der Auswirkungen eines sich ändernden Risikoprofils der Bank auf den Kapitalbedarf« gestellt. Zudem sollten in turnusmäßigen Intervallen Berichte zur Risikosituation an die Geschäftsleitung erfolgen.

Insofern kann aus den regulatorischen Anforderungen an interne Ratings die Notwendigkeit von Methoden abgeleitet werden, die der Konzeption von Frühwarnsystemen entsprechen, um die Vorgaben von Basel II zu erfüllen.

2.4. Checkliste

Inhalt	Hinweise
Begriffsbestimmung Kreditrisiko	• Welche Risikobegriffe werden im Kreditprozess verwendet?
	• Sind diese Risikobegriffe in ihrer Verwendung widerspruchsfrei?
	• Deckt der verwendete Risikobegriff die internen und externen Anforderungen ab?
	• Wird diese Definition konsistent im gesamten Kreditprozess angewandt?
Prozess Frühwarnverfahren	• Wie sieht der Prozess der Kreditgenehmigung aus?
	• Werden Erkenntnisse aus Frühwarnkennziffern bereits im Kreditgenehmigungsprozess berücksichtigt?
	• In welcher Form sind die Frühwarnerfordernisse in der Kreditweiterbearbeitung und der Intensivbetreuung integriert?
	• An welchen Stellen im Prozess gibt es Ansatzpunkte eine Risikofrüherkennung zu etablieren?

---

24 Vgl. *Baseler Ausschuss für Bankenaufsicht* (2004), S. 184.

KONZEPTION, PROJEKTBEGLEITUNG UND SELF ASSESSMENT

	• Werden auch Erkenntnisse aus der Früherkennung bei der Ausgestaltung des Kompetenzsystems im Kreditgeschäft berücksichtigt?
	• Ist sichergestellt, dass das Instrument Frühwarnverfahren in allen innerbetrieblichen Prozessabläufen konsequent integriert und berücksichtigt wurde?
	• Welche aufsichtsrechtlichen Anforderungen sind zu beachten?
	• Werden dabei die Erfordernisse an eine indikatorenbezogene, zeitraumbezogene und prozessbezogene Komponente berücksichtigt?
	• Welche innerbetrieblichen Anforderungen werden an die Frühwarnsysteme und -prozesse gestellt?
	• Werden auch Erkenntnisse aus den Prüfungen der externen Prüfer (Jahresabschlussprüfer, Sonderprüfer) im Rahmen der Risikofrüherkennung genutzt?
	• Ist sichergestellt, dass auch Prüfungsergebnisse der Internen Revision zur Verbesserung der Frühwarnverfahren im Unternehmen berücksichtigt werden?
	• Welcher Harmonisierungsbedarf ergibt sich aus den verschiedenen aufsichtsrechtlichen Anforderungen?

3. Früherkennung von Kreditrisiken

3.1. Motivation zur Implementierung von Frühwarnsystemen

Das Thema der Risikofrüherkennung von Kreditrisiken als Aufgabengebiet des Kreditrisikomanagements genießt aufgrund erhöhter Kreditausfälle und der damit einhergehenden, ausgewiesenen Risikovorsorge der vergangenen Jahre in der Gewinn- und Verlustrechnung (GuV) der Banken innerhalb des Bankensektors mittlerweile eine angemessene Aufmerksamkeit. Zugleich ist das Kreditgeschäft ein Kerngeschäft der Banken, auf welches sich die Institute – auch vor dem Hintergrund der aktuellen Krise im Bankenmarkt – zurückbesinnen. Mit risikoadjustiertem Kreditgeschäft sind zwar keine überdurchschnittlichen, jedoch stetige Erträge zu erzielen. Entscheidend für die langfristige Profitabilität des Kreditgeschäftes sind adäquate und effiziente Prozesse sowie angemessene Marktanteile.

Banken haben in der Praxis Wege und Methoden entwickelt, um der vermehrten Anzahl von Kreditausfällen entgegentreten zu können. Ziel ist es, durch die Implementierung geeigneter Instrumentarien zur Konsolidierung der Risikovorsorge und in letzter Konsequenz zur Stabilisierung der Ertragssituation im Kreditgeschäft beizutragen.

»Wissen ist Macht«.[25] Dieses Zitat gilt mehr denn je für Haushalte wie für Unternehmungen in Zeiten zunehmender Globalisierung und der rasanten Entwicklung der Kommunikationstechnologien gleichermaßen. Der Vorteil liegt jedoch eher darin, Informationen schnellstmöglich zu erhalten und zu generieren als diese lediglich zu besitzen, denn Wissen veraltet schnell in Zeiten global umspannender Informationsnetzwerke und -technologien.

Folglich wird bestehendes Wissen zunehmend obsolet und durch neues substituiert. Mit dem **Verlust der Aktualität erworbener Informationen** geht demnach ein sinkender Wert von Informationen einher. Gleichzeitig jedoch steigt die Quantität zu verarbeitender Daten und Fakten. In diesem Zusammenhang stellt die Informationstechnologie heute nicht mehr den limitierenden Faktor da. Data Warehouses und Business Intelligence Software bilden eine Plattform, um Daten zu sammeln, speichern, aufzubereiten und für Reporting und Analysen in angemessener Zeit und Transparenz darzustellen.

---

25 Vgl. *Kemper, Oliver/Sachse, Dirk* (1999), S. 51.

KONZEPTION, PROJEKTBEGLEITUNG UND SELF ASSESSMENT

Entscheidend ist die Nachhaltigkeit und Verlässlichkeit der Prozesse. Datenqualität und Geschwindigkeit von zu verarbeitenden Daten sind in diesem Zusammenhang wettbewerbsrelevant.

205 Mit Blick auf die frühzeitige Gewinnung von Informationen zur Identifikation von Kreditrisiken ist das Risikomanagement in Banken von dieser Entwicklung besonders betroffen. Kreditinstituten ist es ein hohes Anliegen, kritische Veränderungen in einem Kreditengagement rechtzeitig zu erkennen. Die umfangreichen Verluste im Kreditgeschäft der vergangenen Jahre unterstreichen das Interesse, geeignete Methoden und Instrumente zu implementieren.[26] Je früher inhärente Probleme offensichtlich werden, desto mehr Zeit verbleibt, potentielle Kreditausfälle abzuwenden bzw. zu minimieren.

206 Die **Problematik der Wahrnehmung latent vorhandener Kreditrisiken** liegt darin, dass Kreditinstitute innerhalb des Kreditverlaufes Forderungsausfälle zumeist zu spät erkennen und erst dann, wenn die kritische Situation des Schuldners bereits eingetreten ist. Zu diesem Zeitpunkt werden die Risiken bereits schlagend. Traditionell gehen Banken davon aus, dass, sofern keine kritischen Signale erkannt werden, der Kredit ordnungsgemäß zurückgezahlt wird. Auch in diesem Zusammenhang sei wie bereits in Kapitel 2 auf die Problematik **asymmetrischer Informationsverteilung** hingewiesen. Bis die Bank die kritische Situation des Kreditnehmers bemerkt bzw. hierüber verlässliche Informationen vorliegen, kann vielfach ein großer Zeitraum vergehen und damit wertvolle Zeit, bis adäquate Maßnahmen zur Abwendung des Forderungsausfalles eingeleitet werden. Jedoch erfolgen die Gegenmaßnahmen meist zu spät, so dass die Kreditforderung droht, uneinbringlich zu werden.[27]

207 Die Erfahrungen im Kreditgeschäft verdeutlichen, dass mit fortschreitender Zeit nach dem Eintreten der bedrohlichen Situation des Schuldners die **Rückerstattungsquote** der Kreditforderung erheblich abnimmt.[28] Die folgende Graphik skizziert den Prozess der Rückerstattung nach einem Schadensfall.

---

26 Vgl. *Morgenschweis, Bernd/Boehme, Torsten/Ebersbach, Karsten* (2003), S. 150-152.
27 Vgl. *Morgenschweis, Bernd* (2004), S. 146 f.
28 Vgl. *Accenture* (2002).

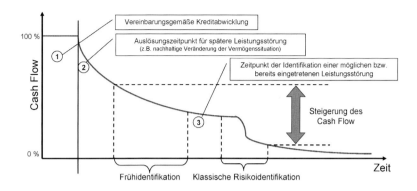

Abbildung 3: Barwertentwicklung der Rückerstattung im Schadensfall

Aus der Graphik ist zu erkennen, dass, je später die Erfassung der kritischen Situation und die Reaktion auf den sich abzeichnenden Ausfall ist, desto geringer wird der Betrag sein, den die Bank bei einer drohenden Insolvenz einbringen kann, und desto höher ist der Abschreibungsbedarf auf den uneinbringlichen Kredit.[29]

Die **Motivation** zur Implementierung von Instrumenten zur Früherkennung von Kreditrisiken begründet sich folglich aus der oben dargestellten Abbildung. Das Auftreten latenter Gefahren beim Kreditnehmer erfolgt in der Regel nicht unerwartet und unvorgesehen, sondern es handelt sich um eine Entwicklung, die es so früh wie möglich zu identifizieren gilt.[30]

Bereits in einem frühzeitigen Stadium können adäquate Methoden und Modelle rechtzeitig auf sich abzeichnende Krisensituationen des Kreditkunden aufmerksam machen. Ohne dass es bereits in absoluten Zahlen offensichtlich ist, können latente Vermögensveränderungen eine kritische Entwicklung des Kreditengagements prognostizieren und kennzeichnen, infolgedessen ein erhöhtes Risiko für die kreditgebende Bank nach sich ziehen.[31] Die nachfolgende Graphik skizziert am Beispiel eines Unternehmenskunden den modellhaften Verlauf einer sich abzeichnenden Bonitätsverschlechterung.

---

29 Vgl. *Rehbein, Ronny* (2004), S. 2.
30 Vgl. *Morgenschweis, Bernd/Boehme, Torsten/Ebersbach, Karsten* (2003), S. 152.
31 Vgl. *Brebeck, Frank/Klunk, Thomas* (2003), S. 89.

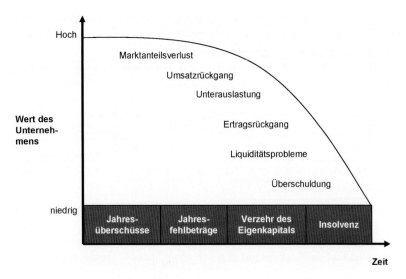

Abbildung 4: Modellhafter Verlauf einer Bonitätsverschlechterung bei Firmenkunden (Quelle: Brebeck, Frank/Klunk, Thomas (2003), S. 89)

211 Die **Aufgabe geeigneter Frühwarninstrumente** ist somit die frühzeitige Erkennung von Veränderungen in der Vermögenssituation, um das Kreditrisiko für die Bank zu reduzieren.[32] Gleichzeitig können adäquate Frühwarninstrumente helfen, den Kreditkunden durch gezielte und frühzeitige Ansprache vor einer potentiellen Insolvenz zu bewahren.

212 Der Anwendung von Frühwarnsystemen sind jedoch auch **Grenzen** gesetzt. Es muss darauf hingewiesen werden, dass mögliche Gefahren aus kritischen Situationen der Kreditnehmer nicht immer rechtzeitig identifiziert werden können. Diese Grenzen werden insbesondere durch die **Verfügbarkeit aller erforderlichen Daten** gesetzt. Mittels eines Risikofrühwarnsystems wird der Versuch unternommen, aus vorhandenen Informationen und Ableitungen auf Risiken und Trends zu schließen. Somit verbleibt ein unkalkulierbares Restrisiko; ein Forderungsausfall kann nicht ausgeschlossen werden. Des Weiteren besteht die **Gefahr der Fehlprognose** von vermeintlich ausfallgefährdeten Kunden, deren Situation erhöhte Risikosignale aufweisen.[33] Zudem sollte der

---

32 Vgl. *Rehbein, Ronny* (2004), S. 1.
33 Vgl. *Baxmann, Ulf* (2001), S. 26.

Aufbau des Systems sowie die Kosten der Informationsbeschaffung und
-verarbeitung nicht höher sein als der Wert der Risikovorsorge, der durch die
verhinderten Kreditausfälle eingespart werden kann.[34]

3.2. Anforderungen an ein Frühwarnsystem

Die Basis für die Anwendung von Frühwarnsystemen bildet die **Beschaffung
und Gewinnung von geeigneten Informationen.**[35] Daher gilt der Qualität
und Aktualität relevanter Daten erhöhte Aufmerksamkeit.[36]

Die grundlegenden Anforderungen können aus den MaRisk (BTO 1.3, siehe
auch Kapitel 2.3.2) abgeleitet werden.

Maderbacher formuliert eine Reihe von **Anforderungen an die Methodik von
Frühwarnsystemen** im Kreditwesen, die als Voraussetzung für einen effizienten Einsatz in der Früherkennung von Kreditrisiken gelten:[37]

- Das Frühwarnsystem soll **EDV-technisch** implementiert werden, so dass die Menge zu kontrollierender Kreditnehmer selektiert werden kann und Prüfungen sich auf kritische Engagements konzentrieren können.

- Die Anwendung EDV-technisch verankerter Frühwarnsysteme soll **einfach** und **unkompliziert** gestaltet sein, so dass nicht nur Spezialisten der Informationstechnologie die Analysen erstellen können.

- Analyseergebnisse sollen **historisiert** werden, um für zukünftige Evaluierungen frühere Ergebnisse als Erfahrungsgrundlage nutzen zu können.

- Die Intention von Frühwarnsystemen soll nicht nur in der Identifikation von Risiken einzelner Kreditengagements liegen, sondern auch in der **Bewertung** umfangreicher Portfolios. Die **Modellierung** des Systems für unterschiedliche Analyseebenen sollte somit gewährleistet sein.

Die Erfassung und Analyse kritischer Engagements durch ein Frühwarnsystem kann zu einer **höheren Rückerstattungsquote** führen und ist somit als insgesamt positiv zu bewerten.[38] Die frühzeitige Identifikation von kritischen Situationen beim Kunden bewirkt, dass die kreditgebende Bank den Kreditnehmer in seiner bedrohlichen Lage erkennt und Gegenmaßnahmen einleitet,

---

34 Vgl. *Schmid, Wolfgang* (2003), S. 37.
35 Vgl. *Runzheimer, Bodo/Wolf, Klaus* (2000), S. 87.
36 Vgl. *Karl, Eginhard W.* (1995), S. 59.
37 Vgl. *Maderbacher, Michael* (1999), S. 64-66.
38 Vgl. *Morgenschweis, Bernd* (2004), S. 146.

um das Ausfallrisiko des Engagements zu reduzieren. Anderenfalls besteht für die Bank die Möglichkeit, durch die frühzeitige Risikoidentifikation das Kreditverhältnis zu beenden und das Engagement abzuwickeln.

217 Ein weiterer Vorteil der Anwendung von Frühwarnsystemen existiert in der **Zeitersparnis für die Überprüfung von umfangreichen Kreditportfolios.** Frühwarnsysteme sind in der Lage, kritische Einzelengagements herauszufiltern, um diese einer detaillierteren Prüfung zu unterziehen. Die Kreditüberwachung spart dadurch Zeit und Personalressourcen, da sie eine Analyse umfangreicher Portfolios durch die Filterung kritischer Kreditnehmer vermeiden kann.[39]

218 Hierzu ist es erforderlich, dass die **Informationen** für das Risikofrühwarnsystem fortlaufend verfügbar sind und die Risikofrüherkennung selbst Bestandteil des Kreditprozesses ist.

3.3. Informationsbereiche

219 Nachfolgend soll aufgezeigt werden, welche Daten und Informationen für die Risikofrüherkennung grundsätzlich geeignet sind und in welcher Güte und Aktualität diese verfügbar sein müssen.

3.3.1. Kontoinformationen

220 Bankinterne Quellen wie Kontoinformationen erfüllen die Anforderungen als Datengrundgrundlage für Frühwarnsysteme, da diese den Vorteil bieten, dass die wirtschaftliche Entwicklung des Kreditnehmers durch die Möglichkeit der Einsichtnahme und Auswertung von Kontodaten ohne Zeitverzögerung analysiert werden kann.[40] Insbesondere in Bezug auf das Zahlungsverhalten, die Umsatzentwicklung und die Liquiditätssituation des Kreditnehmers können Frühwarnindizien durch die Konteneinsicht abgeleitet werden.[41] Infolgedessen sind die Ergebnisse aus der Analyse der Kontodaten einer der wichtigsten Bestandteile zu konzipierender Frühwarnsysteme.[42] Dementsprechend definiert *Maderbacher* die Kontodatenanalyse als »ein operatives Verfahren, mit dem die Risiken durch Frühwarninformationen auf einen relativ kurzen Zeithorizont anhand ausgewählter Indikatoren in Kennzahlenform zu erkennen sind.« Vor allem der Zeitaspekt und die Verfügbarkeit gestalten die Kontoda-

---

39 Vgl. *Rehbein, Ronny* (2004), S. 2.
40 Vgl. *Schmoll, Anton* (1994), S. 95.
41 Vgl. *Karl, Eginhard W.* (1995), S. 23.
42 Vgl. *Maderbacher, Michael* (1999), S. 33 f..

tenanalyse wesentlich effizienter als die Jahreabschlussanalyse, da die zu verarbeitenden Daten aktuell, unmittelbar und direkt in elektronischer Form vorliegen.[43]

Voraussetzung für den Einsatz der Kontodaten als Informationsquelle ist allerdings die Notwendigkeit, dass der zu beobachtende Kreditnehmer alle Zahlungen und Buchungen bzw. den überwiegenden Teil des Zahlungsverkehrs über die Konten bei der kreditgebenden Bank vollzieht, demnach die kreditgebende Bank als **»Hauptbank«** fungiert. Ansonsten ist eine umfassende Analyse des Kreditnehmers kaum zu gewährleisten.[44]

Beispielhafte Kontoinformationen:

Zahlungsverkehrsinformationen

- Umsatzerlöse
- Einnahmen
- Ausgaben

...

Kreditdaten:

- Kreditlimit
- aktueller Kontosaldo
- Abschlusstermine/Fälligkeitstermine

...

Überziehungsdaten:

- Überziehungsrahmen
- aktuelle Inanspruchnahme
- Beginn der Überziehung

...

3.3.2. Daten zur wirtschaftlichen Leistungsfähigkeit

Informationen über die Leistungsfähigkeit von Kreditnehmern können über die Analyse der Vermögens- und Einkommensverhältnisse generiert werden. Gerade die Informationen aus der **Jahresabschlussanalyse** – im Falle von Unternehmenskunden – dienen dazu, einen Überblick über die Ertrags- und

---

43   Vgl. *Karl, Eginhard W.*, (1995), S. 29 f..
44   Vgl. *Maderbacher, Michael* (1999), S. 49 f.; *Karl, Eginhard W.* (1995), S. 31 f.

Liquiditätssituation des Unternehmens zu gewinnen.[45] Kennzahlen bilden die Grundlage der Jahresabschlussanalyse. Dabei werden in der Regel Verhältniszahlen gewählt, um die Ergebnisse der Analyse mit anderen Mitbewerbern oder Branchen vergleichen zu können.[46]

223 Durch diese Analyse ergibt sich ein umfassender Einblick in die Vermögens- und Ertragslage sowie deren Entwicklung im Zeitverlauf.

224 Die Ergebnisse der Analyse sind als Bestandteil der Frühwarnindikatoren geeignet.

3.3.3. Soziodemografische Daten

225 Neben quantitativen Informationen, die vornehmlich aus Kennzahlen bestehen, sind sog. »weiche« Daten und Fakten erforderlich, um ein insgesamt umfassendes Bild über die aktuelle Situation des Kunden zu bekommen. Grundlage hierfür sind zunehmend soziodemographische Daten, die u. a. in der Kundendatenbank des kontoführenden Kreditinstituts vorliegen. Hier sind in der Regel wesentliche Daten des Kunden vorhanden, welche im Zusammenhang mit der gesamten Geschäftsbeziehung gespeichert werden. In dieser Datei werden neben den Stammdaten (Name, Anschrift, Legitimation, Branche, Beteiligungen, Vertretungsregelungen, Eigentümerverhältnisse, etc.) alle Konten des Kunden erfasst.[47] Die folgende Aufstellung stellt nach *Schmoll* beispielhaft Inhalte von Kundendateien dar.

Technisch-organisatorische Daten:
- Kundennummer
- Datum der ersten Kontoeröffnung
- ...

Strukturdaten des Unternehmens:
- Name/Firmenbezeichnung
- Anschrift
- Branche
- Töchtergesellschaften/Holding

---

45 Vgl. *Maderbacher, Michael* (1999), S. 26.
46 Vgl. *Krakl, Johann/Herwig, Leins/Nolte-Hellwig, Ulf K.* (1991), S. 93.
47 Vgl. *Schmoll, Anton* (1994), S. 99 f.

- Gründungsjahr
- Registereintrag
...

Wirtschaftliche Daten:

- Anzahl der Beschäftigten
- Firmenumsatz
- Steuernummer
- Bonitätsklasse
...

Kunden- bzw. Kontenbeziehungen:

- Beziehungen zwischen Personen und Unternehmungen
- Beziehungen zwischen Personen und Konten in den Rollen als Inhaber, Mitschuldner, Bürge
...

Geschäftsbeziehungen:

- Übersicht über die Produktnutzungen Kredite, Anlage, Versicherungen, Zahlungsverkehr
...

Kundenbetreuung/Überwachung:

- kontoführende Stelle
- Kundenbetreuer
- Kundenwarnvermerke
...

3.4. Informationsquellen

Die zeitnahe Verfügbarkeit von breiten und verlässlichen Informationen ist die wesentliche Basis für Risikoerkennungssysteme. Diese sollen eine geeignete Grundlage sein, mittels derer eine Projektion in die Zukunft – und nichts anderes ist Risikofrüherkennung – gemacht wird. Insofern entscheidet bereits die Datengewinnung über die Qualität der Vorhersagen. 226

3.4.1. Interne Daten

227 Die internen Quellen sind scheinbar leicht verfügbar, liegen die Informationen doch bereits in der Bank vor. Doch auch hier lohnt es sich, sich intensiv mit der Struktur und dem Aussagegehalt der Informationen auseinander zu setzen. Letztlich vermitteln diese Daten ein Selbstbild der Bank vom Kunden, welches insbesondere durch die zugrunde liegenden Prozesse geprägt ist. In der Praxis werden in erster Linie Informationen erfasst, welche den Antragsprozess unterstützen. Weitere, laufende Datenerhebungen der Bank beschränken sich in der Regel auf Umsatz- und Bestandsinformationen. Insofern vermitteln die Daten ein durchaus aktuelles aber eingeschränktes Bild, welches weniger auf die Folgeprozesse optimiert ist.

228 Darüber hinaus werden die Daten aus dem laufenden Geschäft in den juristisch relevanten Systemen (z. B. Bestandsverwaltung) nur eingeschränkt historisiert, was die nachträgliche Verfügbarkeit begrenzt.

Checkliste

Inhalt	Hinweise
Bewertung interner Daten	▪ Welche Qualität haben die Daten hinsichtlich der Aktualität?
	▪ Können Sie ihren Daten vertrauen?
	▪ Welche Zuverlässigkeit und Gültigkeit haben die Daten?
	▪ Sind die Daten hinreichend und eindeutig fachlich beschrieben (Metadaten)?
	▪ Wie lassen sich die Daten auf eine Betrachtungsebene normalisieren?
	▪ Besteht ein ausreichendes Internes Kontrollsystem zur Sicherung der Datenqualität?
	▪ Welche Maßnahmen treffen die betroffenen Fachbereiche zur regelmäßigen Überprüfung der Datenqualität?
	▪ Verfügt das Unternehmen über einen Datenschutzbeauftragten?
	▪ Nimmt dieser seine Aufgabe gewissenhaft und ordnungsgemäß wahr?

3.4.2. Externe Daten

Externe Daten sind eine Ergänzung zu den internen Erkenntnissen und vermitteln ein **Fremdbild** auf den Kunden. Insbesondere verfügen externe Provider über weitere Quellen, um Informationen über das allgemeine Zahlungsverhalten der Kunden zu gewinnen. Dies umfasst Daten aus Zahlungsverhalten sowie Leistungsstörungen aus Bereichen, in denen es auch um Kleinstbeträge geht und die normalerweise der Bank verborgen bleiben bzw. erst ersichtlich werden, wenn die Situation bereits eskaliert ist. Gleichwohl kann diese Informationen in der Regel noch keine Aussage darüber zulassen, ob ein Kreditnehmer bereits wirtschaftlich ausgefallen ist, zeigen sie doch mögliche Trends frühzeitiger auf. Teilweise kann dadurch die bestehende Informationsasymmetrie zwischen Bank und Kunde (vgl. dazu Kapitel 2.2) weiter aufgelöst werden. 229

Die alleinige Fixierung auf externe Daten kann jedoch auch dazu führen, dass letztendlich die Kompetenz für das frühzeitige Erkennen von Risiken nicht mehr in der Hand der Bank liegt. Zudem nutzen heute fast alle Kreditinstitute im Rahmen der Kreditentscheidungsprozesse die gleichen externen Informationsquellen. Dies ist bei normalem Geschäftsverlauf hoch effizient, führt in Krisensituationen aber dazu, dass nur noch auf eingetretene Entwicklungen reagiert werden kann. Ein Vorteil gegenüber Mitwettbewerbern existiert nicht mehr. 230

Tipp:

Es empfiehlt sich in diesem Zusammenhang, eine produkt- und prozessabhängige Quantifizierung der Auswirkungen der Einbeziehung externer Daten hinsichtlich Informationsgehalt und Kosten zu prüfen. 231

3.5. Checkliste Daten

Inhalt	Hinweise
Anforderungen	• Welche Informationsquellen stehen zur Verfügung?
	• Ist die Aktualität und die Qualität der Daten ausreichend, um eine ordnungsgemäße Risikofrüherkennung zu gewährleisten?
	• Sind die externen Informationsquellen seriös und objektiv?

	▪ Sind die relevanten Daten fortlaufend verfügbar?
	▪ Ist eine ausreichende Datensicherheit gewährleistet?
	▪ Verfügt das Unternehmen über eine ausreichende Datenqualität zur Auswertung von Indikatoren bezogenen Informationen (Risikoindikatoren)?
	▪ Bestehen die entsprechenden fachlichen und EDV-technischen Voraussetzungen bezüglich der Beurteilung der Datenqualität?
	▪ Welche quantitativen und qualitativen (soziodemographischen) Informationen sind nutzbar?
	▪ Kann auf eine vorhandene Plattform zur Generierung, Speicherung, Aufbereitung von relevanten Daten für Reporting und Analysezwecke zurückgegriffen werden?
	▪ Erlaubt die Aufbau- und Ablauforganisation des Kreditinstitutes die Implementierung eines Risikofrühwarnsystems?
	▪ Enthält das Frühwarnverfahren ausreichende interne Kontrollen?

4. RiskMiner – eine innovative Früherkennung

4.1. Einleitung

Die Dresdner Bank AG hat im Jahr 2002 in Kooperation mit der Unternehmensberatung Accenture den **RiskMiner** als indikatorbasiertes System zur frühzeitigen Erkennung von Kreditrisiken entwickelt und umgesetzt. Der RiskMiner ermittelt auf monatlicher Basis eine statistische Kennzahl, den **RiskMiner Portfolio Indikator (RPI),** der als erwarteter Verlust (risikogewichtetes Exposure) interpretiert werden kann und eine stichtagsbezogene Auswertung ermöglicht.

Die Integration des Indikators in die Kreditüberwachung zielt darauf ab, kritische Kreditengagements rechtzeitig zu lokalisieren und zu bewerten, um entsprechend der Risikosituation Gegenmaßnahmen einzuleiten.[48] Der RiskMiner erlaubt eine permanente Risikoüberwachung und liefert stichtagsbezogene Informationen über risikobehaftete Kunden.[49]

Ziel ist es, die Filterung tatsächlich gefährdeter Engagements aus dem Gesamtbestand der Kunden zu verbessern. Der RiskMiner ist auf beliebige Betrachtungsebenen aggregierbar und ermöglicht infolgedessen neben der Risikoidentifikation einzelner Kreditengagements auf Kundenebene die Risikobewertung ganzer Kreditportfolios zu einem Zeitpunkt **(Point-in-time-Methode)**.[50] Die Berechnung des RPI erfolgt innerhalb eines Data Warehouses und ermöglicht dadurch eine zeitnahe und unkomplizierte Anwendung zur effizienten Kreditrisikoüberwachung.

Die folgende Abbildung zeigt die grundlegende Konzeption des RiskMiners auf der Ebene der Einzelengagement-Überwachung. Die vier dargestellten Risikokategorien der Risikowahrscheinlichkeit beinhalten wiederum jeweils eine größere Anzahl von Risikoparametern, die flexibel austauschbar bzw. erweiterbar sind.

---

48 Vgl. *o.V.* (2003).
49 Vgl. *Buttler, Michael/Jasic, Teo* (2002), S. 63.
50 Vgl. *Dresdner Bank AG* (2002), S. 4.

KONZEPTION, PROJEKTBEGLEITUNG UND SELF ASSESSMENT

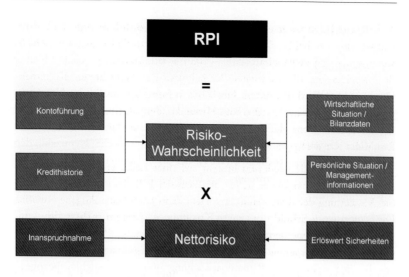

Abbildung 5: Konzeption und Bestandteile des RPI

236 Der dargestellten Konzeption des RiskMiner entsprechend wird zuerst auf den Aggregationsprozess der RPI-Berechnung eingegangen, um im Anschluss daran die einzelnen Komponenten konkret zu erläutern. Danach erfolgt die Präsentation von Analyse- und Anwendungsmöglichkeiten.

4.2. Konzeption des Frühwarnsystems RiskMiner

237 Der RiskMiner wird auf der Ebene der Kundenengagements als das Produkt seiner beiden Komponenten – der **Risikowahrscheinlichkeit** und dem **Nettorisiko** – definiert.[51]

RPI (EUR) = Risikowahrscheinlichkeit x Nettorisiko (EUR)

4.2.1. Aggregationsprozess zur Bestimmung der Risikowahrscheinlichkeit

238 Die **Risikowahrscheinlichkeit** bezeichnet die Wahrscheinlichkeit, mit der das im Rahmen der Kreditüberwachung identifizierte Kreditengagement zum Erfassungszeitpunkt risikobehaftet sein kann.[52] Zur Berechnung dieses statistischen Wertes werden relevante Kreditnehmerinformationen ausgewertet, die sich in **vier Risikokategorien** aufteilen.

---

51 Vgl. *o.V.* (2004).
52 Vgl. *Buttler, Michael/Jasic, Teo* (2002), S. 64.

Neben den Informationen aus den Segmenten »**Kontoführung**« und »**Kredithistorie**« beinhalten die Risikokategorien »**persönliche Situation/Rahmendaten**« und »**wirtschaftliche Situation/Bilanzdaten**« Auskünfte über die individuellen, ökonomischen Verhältnisse des betrachteten Kreditnehmers. Dadurch wird den unterschiedlichen Informationsquellen und Kundengruppen (z. B. private Kunden und Firmenkunden) Rechnung getragen. Ziel der Berücksichtigung der Risikokategorien ist eine umfassende Analyse der Daten des Kreditengagements.

Jede Risikokategorie wiederum besteht aus einer Reihe von **Risikoparametern**.[53] Die Risikoparameter stellen die Basis der RPI-Berechnung dar. Durch die Auswertung der Risikoparameter allein kann noch keine Angabe zur Risikosituation eines Schuldners ermittelt werden. Aus einem mehrstufigen Aggregationsprozess werden die einzelnen Risikoparameter über die Risikokategorie auf das Endergebnis – die Risikowahrscheinlichkeit – verdichtet.

Die folgende Abbildung verdeutlicht den Aggregationsprozess zur Berechnung der Risikowahrscheinlichkeit und demzufolge den Zusammenhang zwischen der Risikowahrscheinlichkeit, den Risikokategorien und Risikoparametern.

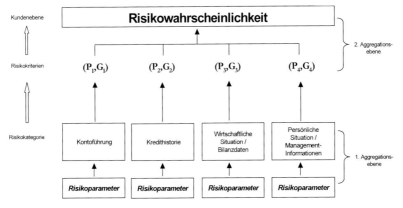

P_i = Teilrisikowahrscheinlichkeit für die Risikokategorie i
G_i = Bedeutungsgewichtung für die Risikokategorie i

Abbildung 6: Ermittlung der Risikowahrscheinlichkeit

---

53 Vgl. *Morgenschweis, Bernd/Boehme, Torsten/Ebersbach, Karsten* (2003), S. 156.

242 Zur Ermittlung der Risikowahrscheinlichkeit werden zunächst die jeweiligen Risikoparameter der Risikokategorien durch eine **Bewertungsfunktion** bewertet. Die Parameter werden dafür als Variable in die Bewertungsfunktion eingesetzt.[54]

243 Die Funktionswerte, die aus der Berechnung der Bewertungsfunktion resultieren, befinden sich, wie in der nachfolgenden Abbildung dargestellt, im Intervall [0, 10]. Je nach Ausprägung des Funktionswertes wird das Ergebnis in einem Ergebnisbereich gemäß der Abbildung klassifiziert.

U	N	K
0 1 2 3 4	5 6	7 8 9 10

Abbildung 7: Bewertung der Risikoparameter in den Ergebnisbereichen

244 Alle Funktionswerte, die sich im unbedenklichen (U = positiv auffällig)) oder kritischen Bereich (K = negativ auffällig) ([0, 4] $\cup$ [5, 10]) befinden, werden dem **Status »auffällig«** zugeordnet. Die Bewertung positiv auffälliger Ausprägungen ist in dem Ansatz der ganzheitlichen Betrachtung eines Kreditengagements begründet. Kritische Werte sollen in diesem Zusammenhang keine alleinige Berücksichtigung für die Ermittlung der Risikowahrscheinlichkeit finden. Vielfach lassen sich verschiedene Parameter aufdecken, die jeweils positiv und negativ auffallen, so dass der unbedenkliche Parameter für eine Reduzierung des kritischen Parameters sorgen kann.[55]

245 Den als auffällig beurteilten Risikoparameter werden nun **Risikodichten** als Funktion zugewiesen. Daran anschließend wird für alle Risikodichten auffälliger Risikoparameter je Risikokategorie eine **gemeinsame Risikodichtefunktion** ermittelt. Das Ergebnis kennzeichnet die gemeinsame Risikodichte aller Risikoparameter einer Risikokategorie. Für die errechnete, gemeinsame Risikodichte wird nun eine **Teilrisikowahrscheinlichkeit** bestimmt.[56]

246 Das Ergebnis dieser Berechnung verdeutlicht die Teilrisikowahrscheinlichkeit (Dezimalzahl aus dem Intervall [0,1]) der jeweiligen Risikokategorie.

---

54 Vgl. *Buttler, Michael/Jasic, Teo* (2002), S. 64.
55 Bspw. kann der Risikoparameter Überziehung negativ auffällig sein jedoch gleichzeitig der Parameter Einkommen dagegen positiv, da der betrachtete Kreditnehmer über annehmbare Einkünfte verfügt.
56 Vgl. *Morgenschweis, Bernd/Boehme, Torsten/Ebersbach, Karsten* (2003), S. 157.

Aus den vier Teilrisikowahrscheinlichkeiten der Risikokategorien zusammen resultiert das Gesamtrisiko. Da die in Abbildung 6 aufgeführten Risikokategorien für die Ermittlung der Risikowahrscheinlichkeit eine unterschiedliche Gewichtung aufweisen, werden den Teilrisikowahrscheinlichkeiten **Bedeutungsgewichtungen** zugewiesen.

Abschließend erfolgt die Berechnung der Risikowahrscheinlichkeit durch Aggregation der vier gewichteten Teilrisikowahrscheinlichkeiten zu einem gewichteten Mittel.

4.2.2. Risikoindikatoren

Die **Risikoparameter** bilden die Grundlage der RiskMiner Berechnung. Die Verwendung von einzelnen Indikatoren als Basis hat den Vorteil, dass eine Vielzahl individueller Ausprägungen gemessen und bewertet werden können. Zugleich besteht die Option, bei Bedarf veränderten Erkenntnissen oder der Verfügbarkeit von neuen Informationen durch Anpassung und/oder Neuentwicklung von Indikatoren Rechnung zu tragen.

Die Auswahl der Risikoparameter basierte in einer ersten Entwicklungsphase zunächst auf Erfahrungswerten von Mitarbeitern der Bank (sogenanntes Expertenwissen). Diese verfügten über langjährige und breite Erfahrung in der Risikobewertung von Kreditengagements. Mit zunehmender Laufzeit des Modells, gestiegenem Erkenntnisstand sowie neuen technischen Möglichkeiten verlagerte sich der Schwerpunkt von einem rein expertenbasierten System hin zu einem Mischsystem mit zunehmender statistischer Unterlegung des Models. Aus der Erfahrung heraus hat sich gezeigt, dass ein expertengetriebenes Design der Indikatoren die beste Basis für derartige Systeme darstellt. Die Anwendung statistischer Methoden ist Ergänzung. Diese wird weniger für das fachliche Design der Indikatoren genutzt, sondern viel mehr für deren Parametrisierung und Gewichtung.

Die konkrete Umsetzung der Indikatoren ist neben dem fachlichen Design von der Verfügbarkeit und der Qualität der Daten abhängig:

- Daten sollen die aktuelle Situation bestmöglich abbilden, d. h. eine für die Analyse erforderliche Aktualität aufweisen. Dies gilt sowohl für interne als auch für externe Daten.
- Daten werden anhand der Aktualität unterschieden. Es wird differenziert zwischen Daten, die fortlaufend vorhanden sind und ein hohes Maß an Aktualität aufweisen. Hierzu zählen insbesondere Kontodaten, welche in der Regel ein sehr zeitnahes Bild vermitteln.

- Daten müssen zum Zwecke der maschinellen Analyse in elektronischer Form vorliegen.
- Die fachliche Beschreibung der Daten (Metadaten) muss eine zweifelsfreie Interpretation zulassen.
- Für Betrachtung von Zeiträumen sind ausreichende Historien aufzubauen.
- Für die Qualität der Daten müssen adäquate Kontrollsysteme innerhalb der Prozesse implementiert sein.

252 Als vorteilhaft erweist sich in diesem Zusammenhang die Umsetzung von Basel II. Hier wurden in den vergangenen Jahren umfangreiche, historische Datenbanken aufgebaut, deren Daten auf konsistenten Prozessen basieren. Die Datenhaltung ist standardisiert und es existieren regelmäßige Prozesse zur Datengewinnung.

253 Der nun folgende Abschnitt zeigt eine Auswahl von wesentlichen Risikoindikatoren. Entsprechend der Systematik des Modells werden die einzelnen Indikatoren den **Teilrisikosegmenten Kontoführung, Kredithistorie, wirtschaftliche Verhältnisse und persönliche Situation** zugeordnet und zusammengefasst betrachtet. Dieses Vorgehen hat verschiedene Vorteile. Zum einen ermöglicht diese Vorgehensweise zunächst eine weitgehend abgeschottete Betrachtung und diversifizierte Gewichtung der o. g. Risikoklassen. Zum anderen kann durch die Gewichtung der Klassen untereinander der unterschiedlichen Aktualität sowie dem Aussagewert Rechnung getragen werden. Darüber hinaus sind während der Analyse des RiskMiners Rückschlüsse auf die zugrunde liegenden Quellen für Risiken und Chancen möglich. Insbesondere bei großen Portfolien lassen sich dadurch allgemeingültige Aussagen ableiten und sachgerechte Maßnahmen initiieren.

Teilrisikowahrscheinlichkeit Kontoführung

Risikoparameter Umsatztätigkeit

254 Messung der absoluten Beträge sowie der Tendenz der Umsatztätigkeit auf umsatzrelevanten (Unter-) Konten. Erkannt werden soll:

- Plötzliche Umsatzlosigkeit
- Signifikante Umsatzveränderungen (Zu- und Abnahmen über verschiedene Betrachtungsperioden)
- Eine signifikante Umsatzveränderung in Bezug auf die eingeräumte Kreditlinie

Meßgrößen (exemplarisch)

- Relative Veränderung des kumulierten Jahresumsatzes im Vergleich zum Vorjahres- und Vorvorjahresumsatz
- Relative Veränderung des kumulierten Monatsumsatzes im Vergleich zum kumulierten Vormonatsumsatz
- Kumulierte Jahresumsätze von mindestens drei Jahren und monatliche Umsätze des letzten Zeitjahres

Risikoparameter: Volatilität

Messung der Beweglichkeit der Kontoführung auf Unterkonten

Meßgrößen

- Höchst- und Niedrigstsalden auf den Unterkonten im Betrachtungsmonat
- Durchschnittsaldo Unterkonto im Betrachtungsmonat

Risikoparameter: Einräumung/Erhöhung von Kreditlinien

Messung von Neukrediten sowie der Anzahl der Erhöhungen der Kreditlinie innerhalb eines Zeitraumes sowie der absoluten Höhe der Veränderung.

Meßgrößen

- Anzahl der Limiterhöhungen innerhalb der letzten 12 Monate
- Aktuelles Gesamtlimit zum Monatsultimo durch das Gesamtlimit des Monatsultimos des Vorjahresmonats
- Betrachtet werden Unterkonten sowie die Gesamtverbindung des Kunden

Risikoparameter: Relative Inanspruchnahme

Messung der Tendenz der relativen Inanspruchnahme über mehrere Monate/Jahre.

Meßgrößen

- Inanspruchnahme (Stichtag/Durchschnitt) pro Unterkonto im Verhältnis zum Limit
- Veränderung der relativen Inanspruchnahme im Vergleich zu verschiedenen Zeitperioden (kurz- und langfristig)

Risikoparameter: Tendenz der Gesamtinanspruchnahme

258 Messung der relativen Veränderung des gleitenden Sollsaldos pro Kunde und Vergleich zum Saldo der vorherigen Periode. Es sollen kurzfristige, signifikante Zu-/Abnahmen der Inanspruchnahmen identifiziert werden.

Messgrößen

- Inanspruchnahme pro Kunde im Verhältnis zum Gesamtlimit
- Gleitender Vierteljahresdurchschnitt von Saldo und Limit sowie der dreimonatigen Vorperiode

Risikoparameter: Überziehungen

259 Messung von Häufigkeit, Höhe und Dauer einer Überziehung eines genehmigten Limits bzw. bei einer ungeregelten Inanspruchnahme.

Messgrößen

- Dauer der Überziehungen
- Absoluter und relativer Überziehungsbetrag
- Überziehungsverhalten im Zeitverlauf (Häufigkeit, Muster)

Tipp:

260 Der Parameter **Überziehung** ist einer der zentralen Indikatoren. Zu diesem Indikator existieren wesentliche aufsichtsrechtliche Anforderungen, welche teilweise verschiedene Interpretationsspielräume lassen. Hier ist zwingend zu definieren, welche Bagatellgrenzen gelten und, ob jedes Unterkonto separat oder die aggregierte Gesamtverbindung betrachtet wird. Darüber hinaus löst dieser Parameter auch direkt eine Reihe von Folgeprozessen aus (z. B. Impairment Measurement im Rahmen US GAAP, Übergabe an Forderungsmanagement, Ausfalltrigger nach Basel II etc.).

Risikoparameter: Dauerschuldner

261 Messung der durchschnittlichen Inanspruchnahme im Verhältnis zum eingeräumten Limit bei umsatzrelevanten Konten über eine Zeitperiode. Hierdurch können u. a. Liquiditätsengpässe oder eine nicht fristkongruente Finanzierung erkannt werden.

Messgrößen

- Durchschnittliche Limitauslastung bei umsatzrelevanten Konten
- Entwicklung der Limitausnutzungsquote im Zeitverlauf

Risikoparameter: Scheck-/Lastschriftrückgaben

Ermittlung von Lastschrift- und Scheckrückgaben seitens der Bank.

Messgrößen

- Anzahl der Rückgaben innerhalb der letzten 12 Monate
- Absolute Höhe der Rückgaben
- Verhältnis zum Limit und zum Umsatz

Risikoparameter: Nichteinlösung von bankseitig eingezogenen Lastschriften

Ermittlung von nicht eingelösten Lastschriften, die dem vertraglich vereinbarten Einzug von Kontoabschlüssen dienen (z. B. bei Baufinanzierungen und Ratenkrediten). Bei sogenannten Einproduktnutzern führt dieser Indikator zu einer sofortigen Eskalation.

Messgrößen

- Anzahl der Nichteinlösungen innerhalb der letzten 12 Monate
- Höhe der nicht eingelösten Beträge seitens des Drittinstitutes

Risikoparameter: Nichteinlösung zur Gutschrift eingereichter Schecks/Lastschriften

Ermittlung der Anzahl und Höhe von nicht eingelösten Schecks und Lastschriften, da durch Verfügung vor abschließender Gutschrift aus Postlaufrisiken »echte« Inanspruchnahmen entstehen können.

Messgrößen

- Anzahl und Höhe der Rückgaben
- Verhältnis zum Umsatz
- Betrachtung der Entwicklung auf Basis verschiedener Betrachtungsperioden (Monat, Quartal, Jahr)

Teilrisikowahrscheinlichkeit Kredithistorie

Betrachtet werden interne und externe Informationen rund um den Kunden, wobei die Betrachtung der Historie von der Vergangenheit bis zur stichtagsbezogenen Gegenwart reicht.

Risikoparameter: Übernahme Kundenverbindung in Restructuring/Recovery

Ermittlung des Zeitpunkts für die Überleitung der gesamten oder Teilen der Kundenverbindung in den Bereich Restructuring/Recovery.

KONZEPTION, PROJEKTBEGLEITUNG UND SELF ASSESSMENT

Messgrößen

- Auswertung der bankinternen Einschlüsselung des Engagements in die entsprechende Prozessstufe

Risikoparameter: Pfändung

267 Ermittlung der Existenz einer vorliegenden Pfändungsverfügung.

Messgrößen

- Auswertung der bankinternen Einschlüsselung
- Datum und Betrag der Pfändung(en)
- Dauer der Pfändungsverfügung

Risikoparameter: Mahnung

268 Ermittlung der Produkte, bei denen ein Mahnstatus vorliegt.

Messgrößen

- Daten, Beträge und Anzahl der Mahnungen je Produkt
- Status der Mahnzähler
- Betrachtung der Entwicklung auf Basis verschiedener Betrachtungsperioden (Monat, Quartal, Jahr)

Risikoparameter: Externe Auskünfte

269 Maschinelle Auswertungen von Informationen von dritter Seite über das Zahlungsverhalten der Kunden.

Messgrößen

- Aktuelle (Veränderungs-) Informationen, insbesondere zum Zahlungsverhalten
- Prüfung auf Vorlage von harten K.O.-Kriterien (z. B. uneinbringliche Forderungen, Zwangsmaßnahmen von dritter Seite)

Risikoparameter: Langfristige Tendenz der Gesamtinanspruchnahme/ Gesamtverschuldung

270 Messung der langfristigen Veränderung der durchschnittlichen Inanspruchnahme. Sofern möglich, Betrachtung der Entwicklung im Verhältnis zur Entwicklung bei weiteren Instituten.

Messgrößen

- Halbjahresdurchschnittsinanspruchnahme und -Limit im Verhältnis zu mehreren Vorperioden

- Veränderung von Limiten und Inanspruchnahmen bei weiteren Instituten (Quellen: Bilanzen, Selbstauskünfte und KWG-Meldungen)

Risikoparameter: Vermögensentwicklung

Eine beständige oder plötzliche Abnahme liquider Vermögenswerte kann bereits ein frühzeitiger Indikator für potenzielle Liquiditätsprobleme sein. Dieser Indikator ermöglicht mitunter bereits eine Trendaussage.

Messgrößen

- Gesamtguthaben und Wertpapierbestand auf Basis von Stichtagen und Durchschnittswerten
- Betrachtung der Entwicklung über verschieden Zeitperioden im Vergleich (Monat, Quartal, Jahr etc.)

Risikoparameter: Einhaltung interner Fristen

Messung der Einhaltung interner Wiedervorlagefristen bzw. Regelungszeitraum bei abgelaufenen Limiten. Verzüge lassen auf Probleme in der Regelung schließen, welche vom Kunden verursacht oder prozessbedingt sein können. Relevant ist bei letzterem Punkt, ob es sich um einen temporären Verstoß gegen die internen Prozesse handelt oder ob ein generelles Prozessproblem besteht. Von besonderem Interesse ist dabei die Beobachtung, ob sich aus den Prozessrisiken mittel- bzw. langfristig Kreditrisiken entwickeln.

Messgrößen

- Anzahl und Dauer von abgelaufenen Kreditfristen
- Anzahl und Dauer von abgelaufenen Wiedervorlagefristen

Teilrisikowahrscheinlichkeit wirtschaftliche Situation

Bei der Betrachtung der wirtschaftlichen Situation existieren auf Grund der Kundenstruktur mehrere Blickrichtungen. Dabei ist zu trennen, ob es sich um einen Privatkunden, Geschäftskunden oder Firmenkunden handelt. Bei all diesen Segmenten werden unterschiedliche Informationen erhoben. Gemeinsam ist aber bei allen, dass diese Informationen in der Regel aus der Vergangenheit stammen und für die Gegenwart nur einen eingeschränkten Aussagewert haben. Trotz der in aller Regel fehlenden Aktualität sind diese Parameter geeignet, Kunden unter anderem bei Negativinformationen in der Folgeperiode unter besondere Beobachtung zu nehmen.

274 Bei den folgenden Indikatoren ist zu beachten, dass die Erhebung und Bewertung für jeden Indikator getrennt erfolgt, eine Aussage über z. B. die nachhaltige Kapitaldienstfähigkeit aber erst durch die Gesamtbetrachtung der Indikatoren in dieser Teilrisikowahrscheinlichkeit sinnvoll ist.

Risikoparameter: Vermögen

275 Messung des Bestandes an liquiden und illiquiden Werten. Die Informationen liegen in der Regel nur bei Privatkunden bzw. natürlichen Personen vor, welche Bürgschaften übernommen haben. Diese Daten werden zumeist nur zu bestimmten Stichtagen erhoben (z. B. Vorlage jährlicher Bonitätsunterlagen durch den Kunden) und verlieren mit der Zeit zunehmend an Aktualität. Vor diesem Hintergrund besteht eine direkte Verbindung auch zu den Kreditprozessen, wo diese Information zu bestimmten Stichtagen vom Kunden/Bürgen einzuholen und zu erfassen sind. Hinsichtlich der Belastbarkeit der Information ist sicherzustellen, dass im Rahmen der individuellen Prüfung der Unterlagen die angegebenen Werte durch Nachweise unterlegt sind.

Messgrößen

- Bestand liquider und illiquider Vermögenswerte innerhalb und außerhalb der Bank
- Stichtag der letzten Erhebung
- Veränderung im Zeitverlauf durch Vergleich mehrerer Perioden

Risikoparameter: Verbindlichkeiten

276 Messung der Gesamtheit der Verbindlichkeiten bei Privatkunden und natürlichen Personen, welche Bürgschaften übernommen haben. Auch diese Informationen werden im Privatkundengeschäft in aller Regel im Rahmen von stichtagsbezogenen Bonitätsprüfungen erhoben.

Messgrößen

- Höhe der Verbindlichkeiten innerhalb und außerhalb der Bank
- Stichtag seit der letzten Erhebung
- Veränderung im Zeitverlauf durch Vergleich mehrerer Perioden

Risikoparameter: Einkommen

277 Gemessen wird die Höhe der Einkommen sowie die zugrunde liegenden Einkommensarten. Hierdurch soll eine Aussage getroffen werden können, ob die Kapitaldienstfähigkeit nachhaltig gewährleistet ist.

Messgrößen

- Höhe des jährlichen Einkommens
- Stichtag der letzten Erhebung
- Veränderung der Höhe im Zeitverlauf

Risikoparameter: Ausgaben

Messung der Ausgabenhöhe. Hierbei werden in der Regel die Angaben des Kunden im Rahmen der Erhebung und Prüfung durch entsprechende Pauschalen für Lebenshaltungskosten ergänzt. Darüber hinaus ist bei diesem Indikator wichtig, dass die Kreditraten (inklusive der zu erbringenden Tilgungsleistungen) sowie ggf. bestehende Mithaftungen für bestehende Verbindlichkeiten des Ehepartners mit erfasst werden. 278

Messgrößen

- Höhe der jährlichen Einkommen
- Stichtag der letzten Erhebung
- Veränderung der Ausgaben im Zeitverlauf

Risikoparameter: Bilanzdaten

Diese Informationen liegen in der Regel bei Geschäfts- und Firmenkunden vor. Aufgrund der unterschiedlichen Erfordernisse hinsichtlich der Berichterstattung des Kunden haben diese Daten eine unterschiedliche Güte und Aussagegehalt bzgl. der Ertrags- und Finanzlage. Kennzahlen liegen in den bankinternen, maschinellen Bilanzanalysesystemen vor. 279

Messgrößen

- Art der Unterlage (Handelsbilanz, Steuerbilanz, Einnahmeüberschussrechnung etc.)
- Stichtag und Aktualität der Zahlen
- Kennzahlen (z. B. Verschuldungsgrad, Haftmittelquote, Eigenmittelquote, Zinsdeckung, Cashflows, Umsätze, Bestandsveränderungen etc.)
- Performance im Branchenvergleich

Risikoparameter: Erfüllung § 18 KWG

Messung der Aktualität und Vollständigkeit der Nachweise zu Vermögen, Verbindlichkeiten, Einnahmen und Ausgaben entsprechend den gesetzlich vorgeschriebenen Offenlegungspflichten. 280

KONZEPTION, PROJEKTBEGLEITUNG UND SELF ASSESSMENT

Messgrößen

- Ermittlung der Offenlegungspflicht
- Datum der letzten Offenlegung
- Bewertung der Aktualität (Offenlegung erfüllt oder nicht erfüllt)

Teilrisikowahrscheinlichkeit persönliche Situation/Rahmendaten

281 In den Datenhaushalten der Banken befinden sich eine Vielzahl von sozidemografischen Informationen. Im Rahmen statistischer Analysen ist es möglich, allgemeine Aussagen über das Kundengruppenverhalten zu gewinnen. Über verschiedene Zeitperioden hinweg werden Entwicklungen, Trends und Verhaltensprofile aufgedeckt. Im Rahmen der Risikofrüherkennung werden diese Erkenntnisse in Form separater Risikoindikatoren abgebildet und in der Gesamtbetrachtung als verstärkendes Element genutzt.

Mögliche Betrachtungsansätze:

- Berufsgruppen
- Einkommensquellen
- Familienstand
- Rechtsformen
- Branchenvergleiche

...

4.2.3. Die Bewertung der Indikatoren im Modell

282 Zur Prüfung der Relevanz der Risikoparameter, d. h., ob und in welcher Höhe ein Parameter in die Ermittlung der Risikowahrscheinlichkeit mit einbezogen werden kann, wird die Ausprägung jedes Parameters durch eine Bewertungsfunktion beurteilt.

283 Jedem Parameter wird somit aus den vier verschiedenen Risikokategorien eine Bewertungsfunktion zugewiesen. Die graphische Darstellung über das (beispielhafte) Ergebnis der Bewertungsfunktion in einem Koordinatensystem sei nachfolgend aufgeführt:

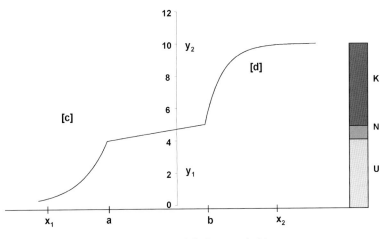

Abbildung 8: Graph der Bewertungsfunktion

Demnach definiert sich die Bewertungsfunktion F über die vier Parameter a, b, c, d. Die Variablen a und b (a < b) werden als **Schwellwerte** definiert, d. h., diese Werte determinieren den Übergang zwischen den Ergebnisbereichen der Funktion. Die Variablen c und d stellen **Streckungskonstanten** dar, welche eine Verstärkung des berechneten Funktionswertes bewirken (c = positive Verstärkung; d = negative Verstärkung). Das bedeutet, je größer die Streckungskonstanten, desto progressiver der Parameterwert. Die Ausprägungen der Streckungskonstanten gestalten sich für jeden Risikoparameter individuell. Die grundlegende Idee bei der Implementierung der Streckungskonstanten beinhaltet die Tatsache, dass bei Erreichung des Schwellwertes die Eskalation ein bestimmtes Maß erzielen soll. Der Grenzwert strebt bei positivem Ergebnis gegen 0, bei negativem Ergebnis gegen 10. Die Bewertungsfunktion weist somit jedem Risikoparameter einen Wert zwischen 0 und 10 zu. Folgende Ergebnisbereiche werden differenziert und dem jeweiligen Intervallbereich zugeordnet:

Ergebnis	Zugeordneter Ergebnisbereich	Beschreibung
$F \in [0;4]$	Unbedenklich (U) (positiv auffällig)	Das Ergebnis der Bewertungsfunktion ist nicht kritisch
$F \in [4;5]$	Neutral (N)	Das Ergebnis der Bewertungsfunktion besitzt keine Aussagekraft über die Risikosituation
$F \in [5;10]$	Kritisch (K) (negativ auffällig)	Das Ergebnis der Bewertungsfunktion zeigt einen risikobehafteten Parameter auf

Abbildung 9: Ergebnisbereiche der Bewertungsfunktion

285 Der Graph der Bewertungsfunktion veranschaulicht, dass die Funktion stetig ist und in den Ergebnisbereichen U und K streng monoton steigt. Für jeden Risikoparameter wird eine Bewertungsfunktion individuell festgelegt, indem die Basisversion der Funktion mit den individuellen Konstanten berechnet wird.

286 Parameterwerte, deren Funktionsbereich im Segment U und K liegen, werden als **auffällig** definiert, wodurch der Risikoparameter für den weiteren Ablauf der Berechnung der Risikowahrscheinlichkeit berücksichtigt wird.

287 Für die Bewertung der Risikoparameter durch die zugeordnete Bewertungsfunktion werden des Weiteren folgende **Annahmen** zugrunde gelegt:

- Falls ein Risikoparameter nicht auffällig ist, wird dieser als neutral bewertet ($4 < F < 5$).
- Bei einer Kreditinanspruchnahme ohne vorherige Kreditgenehmigung wird ein imaginäres Limit ausgewiesen, um somit die RPI-Berechnung gewährleisten zu können.

288 In diesem Zusammenhang sei der Aspekt der Berücksichtigung **positiv auffälliger Parameter** erklärt. Bereits im Kapitel 4.2.1 ist darauf hingewiesen worden, dass verschiedene Parameter innerhalb einer Risikokategorie gleichzeitig positiv als auch negativ auffällig sein können. Das Ziel, unbedenkliche (positiv auffällige) Risikoparameter einzubeziehen, ist es herauszufinden, ob nun mehr positive oder eher vermehrt negative Parameter aktiviert sind, um daraus tendenziell die Entwicklung hin zu einem risikoerhöhten Engagement ermitteln zu können. Damit ist beabsichtigt, den Kreditnehmer als Ganzes zu analysieren und im Gesamtzusammenhang eine Tendenz für eine Bonitätsver-

schlechterung feststellen zu können. Denn eine alleinige Fokussierung auf negativ auffällige Parameter unter gleichzeitiger Vernachlässigung evtl. unbedenklich vorhandener Risikoparameter kann die Analyse der Entwicklung verzerren. In diesem Falle ist eine konkrete Aussage über die weitere Entwicklung kaum zu treffen, ohne eine intensivere Prüfung des betreffenden Engagements durchzuführen.

4.2.3.1. Risikodichte

Allen auffälligen Risikoparameter, deren Ergebnis folglich in dem Ergebnisbereich als positiv auffällig/»unbedenklich (U)« oder negativ auffällig/»kritisch (K)« bewertet werden kann, wird eine Risikodichtefunktion zugeordnet. Der dazugehörige Graph der Dichtefunktion wird folgendermaßen skizziert:

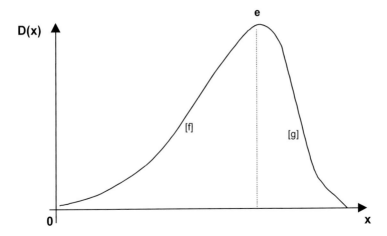

Abbildung 10: Graph der Risikodichte für einen Parameter

Die Dichtefunktion zeichnet sich durch folgende Merkmale aus:

- Bei e besteht das Maximum der Dichtefunktion D. Somit kann e als Risikowahrscheinlichkeit im Wertebereich [0, 1] des auffälligen Risikoparameters interpretiert werden.
- f determiniert die Steigung im Bereich x < e fest
- g bestimmt das Gefälle im Bereich x > e"

291 Nach der Ermittlung der Risikodichte aller auffälligen Risikoparameter werden die Risikodichten innerhalb eines Aggregationsprozesses zusammengefasst und daraus die Teilrisikowahrscheinlichkeit für die jeweilige Risikokategorie bestimmt.[57]

4.2.3.2. Bedeutungsgewichtung

292 Die ermittelte Teilrisikowahrscheinlichkeit pro Risikokategorie wird mit einer **Bedeutungsgewichtung** versehen. Dadurch wird den differenzierten Stellenwerten der vier Risikokategorien, die aus der unterschiedlichen Anzahl und Bedeutung der Risikoparameter und der Datenqualität der Eingangsdaten resultieren, bei der Ermittlung der Risikowahrscheinlichkeit für unterschiedliche Kundengruppen Rechnung getragen. Die Gewichtung der einzelnen Kategorien ist in regelmäßigen Abständen zu überprüfen und ggf. zu verändern.

293 Die Bedeutungsgewichtung unterscheidet einen prozessabhängigen und einen prozessunabhängigen Teil. Die Anzahl aller negativ auffälliger Risikoparameter bestimmt die **prozessabhängige Gewichtung**. Im **prozessunabhängigen Teil** erfolgt eine generelle Beurteilung der entsprechenden Risikokategorie. Dementsprechend erfährt die Kategorie »Kontoführung« einen weitaus höheren Stellenwert als die Kategorie »Persönliche Situation/Rahmendaten«. Des Weiteren werden die Datenqualität und Aktualität in der Gewichtung der Risikokategorien berücksichtigt.

4.2.4. Bestimmung des Nettorisikos

294 Das Nettorisiko als zweite wesentliche Komponente zur Ermittlung des RPI entspricht dem **unbesicherten Teil der Kreditforderung** gegenüber dem Schuldner.[58] Demzufolge ist das Nettorisiko definiert als:

Nettorisiko (EUR)	**Tatsächliche**	**Erlöswert der**
=	**Inanspruchnahme**	**Sicherheiten (EUR)**
	(EUR)	**unter Nutzung der**
		Basel II- Systematik

295 Die Sicherheiten werden unter Verwertungsgesichtspunkten betrachtet und geben den empirisch ermittelten Wert wieder, den die Bank zum Zeitpunkt des Forderungsausfalles realisieren könnte. Dabei wird der Erlöswert der

---

57 Vgl. *Morgenschweis, Bernd/Boehme, Torsten/Ebersbach, Karsten* (2003), S. 157.
58 Vgl. *Buttler, Michael/Jasic, Teo* (2002), S. 64.

Sicherheiten unter der »worst case«-Betrachtung ermittelt.[59] Dies bedeutet, dass die aus der Erfahrung der Vergangenheit effektiv realisierten Erlöswerte der Sicherheiten zugrunde gelegt werden.

Demnach wird das Nettorisiko errechnet durch Subtraktion der tatsächlichen Inanspruchnahme des/der Kredite(s) auf den verschiedenen Konten des Kreditnehmers und dem Erlöswert der Sicherheiten, die der Schuldner der Bank zur Unterlegung seiner Verbindlichkeiten zur Verfügung gestellt hat.

4.2.5. Die Verdichtung auf einen Bewertungsmaßstab

Das Ergebnis aus dem Produkt der Risikowahrscheinlichkeit und dem Nettorisiko kann als **erwarteter Verlust pro Kunde in Euro interpretiert werden**. Die beiden Berechnungskomponenten lassen sich zudem innerhalb einer Ergebnismatrix separat analysieren, was durch die folgende Abbildung veranschaulicht wird.

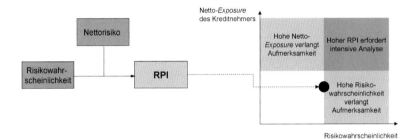

Abbildung 11: Auswertung des RPI anhand einer Ergebnismatrix

Auf den Achsen der Ergebnismatrix werden die beiden Komponenten Risikowahrscheinlichkeit und Nettorisiko als Dimension abgebildet.[60] Diejenigen RPI-Ergebnisse, die eine hohe Risikowahrscheinlichkeit und ein hohes Nettorisiko darstellen (dunkler Quadrant), stehen im Mittelpunkt der Überwachung und bedeuten für die Bank ein besonders hohes Risiko. Bei diesen Kunden sind rechtzeitig Gegenmaßnahmen einzuleiten, um einen potentiellen Forderungsausfall zu verhindern. Neben dem Anliegen, Ausfallrisiken zu vermeiden, zielt die Portfolioüberwachung mit der Berechnung des RPI darauf ab, Wanderungsbewegungen zwischen den einzelnen Quadranten zu prüfen.

---

59 Vgl. *Morgenschweis, Bernd/Boehme, Torsten/Ebersbach, Karsten* (2003), S. 158.
60 Vgl. *Buttler, Michael/Jasic, Teo* (2002), S. 64.

Regelmäßige Analysen auffälliger Kunden können zudem eine Tendenz über die Entwicklung des (der) auffälligen Kunden erkennen lassen. Diese Vorgehensweise lässt sich auch mathematisch anhand einer Graphik verdeutlichen.

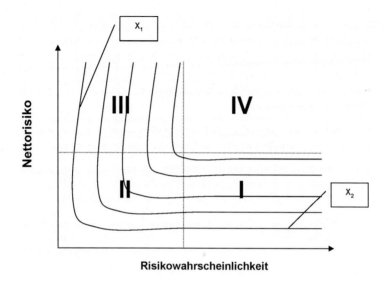

Abbildung 12: Schematische Darstellung der RPI-Formel als Hyperbel-Funktion

299 Ausgehend von der Annahme, dass der RPI konstant ist, lässt sich die RPI-Formel als Funktion des Nettorisikos in Abhängigkeit zur Risikowahrscheinlichkeit umformen. Das Ergebnis sind Hyperbel-Scharen, die veranschaulichen, dass ein hohes Nettorisiko (x_1) bzw. eine hohe Risikowahrscheinlichkeit (x_2) noch keinen hohen erwarteten Verlust bedeuten. Die Werte im **Quadranten IV** besitzen einen hohen RPI und bedürfen daher der **höchsten Aufmerksamkeit** in der Überwachung.

300 Kreditengagements, die dem Quadranten mit einer hohen Risikowahrscheinlichkeit (hohem Nettorisiko) (Quadranten I und III) zugeordnet werden können, erfahren eine hohe Aufmerksamkeit. Die Übergänge vom niedrigen zum hohen Nettorisiko (zur hohen Risikowahrscheinlichkeit) können individuell je nach Kundensegment definiert werden.[61]

---

61 Vgl. *Morgenschweis, Bernd/Boehme, Torsten/Ebersbach, Karsten* (2003), S. 159 f.

Neben der Analyse einzelner, auffälliger Engagements auf Kundenebene können mittels der RPI-Berechnung durch verschiedene **Aggregationsebenen** – je nach Anforderung an das Risiko- und Portfoliomanagement – unterschiedliche Auswertungen vollzogen werden. So lassen sich aggregierte Engagements auf den Ebenen von Geschäftsstellen, Vertriebsregionen oder der Gesamtbank beurteilen, ebenso wie Kreditportfolios von Firmenkunden einer bestimmten Branche oder die Erfassung aller Kreditengagements, deren Risikowahrscheinlichkeit einen von der Bank festgelegten, kritischen Wert überschreiten. Vor allem bei der Kreditportfoliosteuerung fließen die Ergebnisse der RPI-Berechnung mit ein.[62]

301

Als Beispiel sei eine Auswertung der Risikowahrscheinlichkeit aller Kreditverträge des Kreditportfolio Private- und Geschäftskunden dargestellt.

302

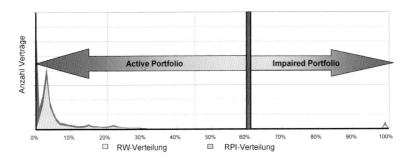

Abbildung 13: Schematische Verteilung der Anzahl von Verträgen nach Risikowahrscheinlichkeit

Die Abbildung zeigt beispielhaft, dass die Mehrheit der Verträge eine Risikowahrscheinlichkeit von 0 bis 5 Prozent aufweist. Je höher das Risiko, desto größer ist die Aufmerksamkeit, welche die Kreditüberwachung den jeweiligen gefährdeten Engagements zuteil lassen wird. Die Graphik veranschaulicht zudem in der hier dargestellten Kalibrierung, dass Kredite mit einer Risikowahrscheinlichkeit von mehr als 60 % nicht dem aktiv betreuten Portfolio zugeordnet werden.

303

Anmerkung:

Die Art und Weise sowie die Höhe der Eskalation sind in einem Modell frei wählbar. Ziel ist letztlich, eine trennscharfe Abbildung der Risiken zu erreichen. Insofern ist die Abbildung 13 nur eine mögliche Form der Verteilung.

304

---

62 Vgl. *Buttler, Michael/Jasic, Teo* (2002), S. 65.

305 Da verschiedene Aggregationsebenen nicht miteinander vergleichbar sind, lassen sich sog. »RPI-Quoten« ermitteln, die eine homogene Beurteilung unterschiedlicher Betrachtungsgruppen erlauben. Die RPI-Quote stellt zum Stichtag der Messung das Verhältnis der Summe aller RPI einer Gruppe zur Summe des Gesamtnettorisikos auf der jeweils betrachteten Ebene dar. Die RPI-Quote ermöglicht dadurch einen Vergleich unterschiedlicher Aggregationsebenen. Auch zur Steuerung des Kreditrisikos auf Gesamtbankebene trägt die RPI-Quote bei, denn potentielle Forderungsausfälle müssen durch Rücklagen abgesichert sein. In diesem Zusammenhang ermittelt die RPI-Quote die dazu notwendigen Ergebnisse auf der Gesamtbankebene.[63]

Checkliste Früherkennung von Risiken

Inhalt	Hinweise
Betriebswirtschaftliche Fragen	▪ Erfüllt das intern eingesetzte System die betriebswirtschaftlichen Anforderungen des Kreditinstituts?
	– Kosten-/Nutzenbetrachtung
	▪ Ist das System in der Lage, die Kreditrisiken frühzeitig zu identifizieren?
	▪ Sind die Frühwarnprozesse geeignet, die Risiken zu lokalisieren, zu bewerten und adäquate Gegenmaßnahmen einzuleiten?
	▪ Ermöglicht das System die Auswertung relevanter Daten, die in einem Data-Warehouse bereit gehalten werden?
	▪ Ist die Konzeption des Systems nachvollziehbar und wird diese fortlaufend einer adäquaten Qualitätssicherung unterzogen?
Risikoparameter	▪ Werden hinreichende qualitative und quantitative Risikomerkmale für das System genutzt?
	▪ Wenn bestimmte Geschäftsarten von der Anwendung des Verfahren ausgenommen werden – ist dies ausreichend begründet und dokumentiert?

---

[63] Vgl. *Buttler, Michael/Jasic, Teo* (2002), S. 65.

	• Werden treffgenaue Risikoparameter – auch aus der Kontoführung – genutzt?

	• Werden zumindest folgende Parameter genutzt?
	  – Volatilität
	  – Einräumung/Erhöhung von Kreditlinien
	  – Relative Inanspruchnahme
	  – Tendenz der Gesamtinanspruchnahme
	  – Überziehungen
	  – Dauerschuldner
	  – Scheck- und Lastschriftrückgaben
	  – Nichteinlösung von bankseitig eingezogenen Lastschriften
	  – Nichteinlösung zur Gutschrift eingereichter Schecks/Lastschriften
	  – Übernahme von Kundenverbindungen in Restrukturierung
	  – Pfändung
	  – Mahnung
	  – Langfristige Tendenz der Gesamtinanspruchnahme/Gesamtverschuldung
	  – Vermögensentwicklung
	  – Einhaltung interner Fristen
	  – Vermögen
	  – Verbindlichkeiten
	  – Einkommen
	  – Ausgaben
	  – Bilanzdaten
	  – Erfüllung § 18 KWG
	  – Weitere

	• Werden die Ergebnisse des Systems regelmäßig validiert?
Funktionale Trennung	• Liegt die Verantwortung für die Entwicklung, Qualität und Überwachung der Anwendung außerhalb des Bereichs Markt?

4.3. Abgrenzung Frühwarnsystem zu internen Rating- und Scoringverfahren

306 Im Rahmen der Einführung von Risikofrüherkennungssystemen wird immer wieder die Frage diskutiert, wie deren Stellung zu den internen Rating- und Scoringverfahren ist.

307 Bei einem Vergleich beider Instrumentarien können **Gemeinsamkeiten und Unterschiede** herausgestellt werden.

308 So basieren beide Methoden auf **quantitativen und qualitativen Inputdaten**, die innerhalb der Ermittlung der Ausfallwahrscheinlichkeit (beim internen Rating) bzw. der Risikowahrscheinlichkeit (beim RiskMiner) als Ausgangsinformationen zugrunde liegen. Beobachtungsbereiche und Informationenquellen für die Auswertung von Daten beider Methoden sind vor allem **Einkommensunterlagen**, welche die wirtschaftlichen Verhältnisse des Antragstellers vor Kreditentscheidung bzw. während der Kreditlaufzeit abbilden. Weiterhin werden qualitative Informationen aus der persönlichen Situation/dem Verhalten bzw. dem Management in beiden Systemen verarbeitet, wobei das Hauptaugenmerk auf den »hard facts« der wirtschaftlichen Verhältnisse (bspw. Einkommensinformationen aus dem Jahresabschluss bei Firmenkunden) gelegt wird.

309 Das Ergebnis der Auswertung interner Ratings bildet die **Ausfallwahrscheinlichkeit** und darauf aufbauend die Einstufung der **individuellen Bonität** in eine Ratingklasse. Bei der RPI-Berechnung wird ebenso eine Risikowahrscheinlichkeit des betrachteten Kreditnehmers ermittelt. Anhand dieser lassen sich in der RPI-Methodik die Kreditnehmer in Risikowahrscheinlichkeitsklassen eingruppieren. Identifiziert wird dadurch das Gesamtrisiko des Kreditportfolios sowie eine Übersicht erhöhter Risiken einzelner Kunden und Teilen von Kundengruppen im Rahmen der Portfoliosteuerung und -überwachung.

310 Die erläuterten Aspekte zeigen zwar Gemeinsamkeiten eines internen Ratings und des RPI als Frühwarnsystem auf. Jedoch verdeutlichen die nachfolgenden **Unterschiede** beider Instrumentarien – vor allem mit Blick auf die unterschiedliche Zielformulierung – eine Rechtfertigung einer gleichzeitigen Existenzberechtigung.

311 Demnach besteht ein signifikanter Unterschied in der **Intention und dem Verwendungszweck beider Methoden.** Das Ziel eines internen Ratings liegt in der Bewertung der Kreditwürdigkeit eines Kunden, inwieweit er fähig ist – auf Basis historisierter Daten – zukünftig seinen Zahlungsverpflichtun-

gen nachzukommen. Die Erstellung eines Rating erfolgt meist anlassbezogen, in der Regel einmal jährlich. Dagegen zeichnet sich die Anwendung von Frühwarnsystemen durch das Ziel aus, frühzeitig erhöhte Risiken des Kreditnehmers zu identifizieren, um zur Vermeidung von Forderungsausfällen rechtzeitig Gegenmaßnahmen einleiten zu können. Der Einsatz des Frühwarnsystems erfolgt auf Einzelkunden- wie auch auf Portfolioebene dementsprechend permanent.

Ein wesentlicher Unterschied besteht darin, dass interne Ratings **ausschließlich Analysen auf Kundenebenen** durchführen, um für jeden Kreditnehmer eine Beurteilung der Kreditwürdigkeit generieren zu können. Der RiskMiner als Frühwarnsystem dagegen identifiziert erhöhte Risiken sowohl auf **Kunden- als auch auf Portfolioebene**. Im Gegensatz zu den Ratingverfahren können in der Risikofrüherkennung Sicherheiten zur Bewertung des Risiko herangezogen werden.

Daneben sind in den meisten Kreditinstituten aufgrund unterschiedlicher Kunden- und Produktstrukturen mehrere Rating- und Scoringverfahren im Einsatz. Ein Risikofrüherkennungssystem hat hier eine Klammerfunktion und bietet unabhängig vom verwendeten Rating- oder Scoringverfahren einen **ganzheitlichen Blick** auf das Portfolio.

Als **Fazit** dieses Vergleiches kann herausgestellt werden, dass die Frage nach der parallelen Existenz eines internen Ratings und eines Frühwarnsystems aufgrund ihrer unterschiedlichen Intention bzw. ihres differierenden Verwendungszweckes positiv zu beantworten ist. Der **entscheidende Unterschied** begründet sich durch den **fokussierten Frühwarngedanken** der Frühwarnsysteme.

Ratingverfahren und Methoden zur Risikofrüherkennung ergänzen sich.

4.4. Technische Umsetzung

Im nachfolgenden Kapitel wird die Umsetzung des Frühwarnindikators im technischen Umfeld beschrieben. Dabei wird insbesondere auf die Rahmenbedingungen der technischen und fachlichen Anforderungen eingegangen, sowie Ausgangsbasis und Ergebnis beschrieben.

4.4.1. Modellumsetzung im Data Warehouse

Der RiskMiner und der RPI wurden in einem neu geschaffenen Data Warehouse Umfeld implementiert.

318 Die Entscheidung zu Gunsten eines sehr modernen Data Warehouses wurde auf Grundlage der Anforderungen an die zeitliche und qualitative Verfügbarkeit des Frühwarnindikators getroffen.

319 Bis zu Beginn des Projektes stand lediglich eine sehr inkonsistente Reporting- und Analysearchitektur zur Verfügung. In der Regel erfolgte in der Risikofunktion der Zugriff auf Daten via FreeHand SQL individuell und direkt auf die Datenbasis der Quellsysteme. Die Quellssysteme führten keine eigene Historie, was schon den damaligen Anforderungen an das Reporting von Vergleichen im Zeitverlauf nicht entsprach. Dies führte zu einer Entwicklung individueller Reportingdatenbanken in unterschiedlicher Ausprägung in Datenvolumen und Anzahl. Viele dieser Datenbanken waren nur für einen sehr kleinen und eingeschränkten Kreis von Mitarbeitern zugänglich und bedurften spezieller Kenntnisse hinsichtlich Architektur und Inhalt um die benötigten Analysen zu erstellen. Die nachfolgende Grafik versinnbildlicht diese Struktur.

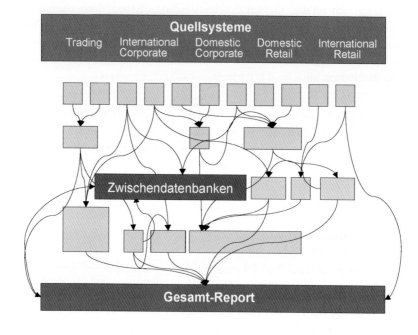

Abbildung 14: Schematische Darstellung der alten Datenbankstruktur

320 Das Resultat bildeten mehrere Zwischenstrukturen als Basis. Die banktypische Qualität war seinerzeit durch diese Struktur nicht immer sichergestellt.

Daneben bestand die Gefahr, dass durch die vielen individuellen Zwischendatenbanken von vielen Nutzer dieselben Daten individuell und nicht einheitlich interpretiert wurden.

Die Anforderungen an ein leistungsfähiges Risikofrühwarnsystem konnten mit der bisherigen, diversifizierten IT-Struktur nicht erfüllt werden. Das neue Frühwarnsystem und die bereitzustellende Reportingarchitektur bedurften eines hochgradig konsistenten Datenbestandes und sollten **größtmögliche Transparenz in den Verarbeitungsprozessen und den Reportingdaten** bieten. Diese wesentlichen Merkmale sollten zu einer hohen Akzeptanz dieser innovativen Technologien bei den Anwendern führen und Vorbehalte nehmen.

Die Suche nach **geeigneten Technologien** zeigte schnell in Richtung moderner **Data Warehouse Technologie**. Ein Data Warehouse ist ein System von Datenbanken und Datenbankbereichen, welches umfangreiche Speicher-, Verarbeitungs- und Frontendmöglichkeiten sowie eine integrierte Sicht auf alle gesammelten Daten bietet. Das Data Warehouse besteht dabei aus mehreren Ebenen, in denen bestimmte Verarbeitungsschritte ablaufen. Wichtig ist in diesem Zusammenhang die Trennung der Datenbestände aus den nachfolgend näher dargestellten Ebenen zur jederzeitigen Nachvollziehbarkeit der Bearbeitungsschritte. Die Anzahl und Ausprägung der Ebenen ist individuell vom Einsatz des Data Warehouses abhängig:

- **Data Interface** (Ladeschicht) dient zum Laden von Daten aus verschiedenen Quellen und ggf. mit verschiedenen Strukturen.
- **Storage Area** (Speicherschicht) dient zum Normalisieren und Speichern der Daten aus dem Data Interface.
- **Arbeitsschicht** dient der Verarbeitung der geladenen Daten aus der Storage Area nach definierten Regeln und der Ermittlung neuer Kennzahlen, sowie Daten.
- **Kennzahlenbereich** dient der Speicherung der neu ermittelten Kennzahlen und Daten.
- **Data-Mart Area** (Reportingschicht) dient der abfrageoptimierten Speicherung der Daten mit dem Ziel der Performanceoptimierung und der Bereitstellung für die Endanwender. Oft wird der Data-Mart in Form von virtuellen Data-Marts zur Verfügung gestellt. Das bedeutet, dass sich mehrere Nutzer durch nutzerdefinierte Views einen physischen Data Mart teilen, was neben einer hohen Konsistenz der Daten Vorteile in der technischen Umsetzung und den Kosten bringt.
- **Data Warehouse Manager** und **Metadatenrepository**

KONZEPTION, PROJEKTBEGLEITUNG UND SELF ASSESSMENT

Abbildung 15: Schematische Darstellung eines Data Warehouses

323 Mit dem Data Warehouse war es möglich, die benötigten Daten geordnet und transparent zu verarbeiten. Das Data Warehouse verfügt über eine offene und skalierbare Architektur. Sie ermöglicht bei Bedarf eine schnelle Anbindung weiterer Quellsysteme der Bank und die Umsetzung weiterer fachlicher Anforderungen, wie z. B. zusätzlicher Daten für neue Parameter. Zum Einsatz kamen Standardkomponenten an Hard- und Software, wie z. B. UNIX, IBM DB2 etc., die eine zügige Inbetriebnahme ermöglichten und dadurch Kosten für aufwändige Eigenentwicklungen eingespart werden konnten.

4.4.2. Datengewinnung

324 Die Versorgung des Data Warehouses mit Daten stellt neben der Bereitstellung der technischen Infrastruktur die Grundlage für jegliche weitere Anwendung dar. Anstelle der bisherigen individuellen Zugriffe auf die Daten der Quellsysteme und »privater« Zwischendatenbanken, trat nun ein **einheitliches Verfahren zur Lieferung der Basisdaten** an das Data Warehouse.

Bestandteil des Verfahrens waren entsprechende Liefervereinbarungen mit dem jeweiligen Quellsystem, in welchen konkret festgelegt wurde, wie die Datenlieferung zu erfolgen hat. **Wesentliche Inhalte** waren:

- Stichtag der Daten
- Inhalt der Daten (Metadatenbeschreibung)
- Übertragungsweg
- Konfiguration der Lieferdatei
- Lieferdatum

Die Daten der Quellsysteme werden mit standardisierten ETL-Prozessen und mittels Nutzung von Standardsoftware (Informatica Powercenter) in das Data Warehouse geladen. 325

Mit **ETL** (Extract, Transform, Load) wird in der Informatik ein Prozess bezeichnet, der Daten aus mehreren Datenquellen und unterschiedlichen Strukturen in eine Zieldatenbank leitet. Die Bezeichnung ETL spiegelt dabei das **dreistufige Vorgehen** des Prozesses wider: 326

- Extraktion (Extract) der relevanten Daten aus verschiedenen Quellen.
- Transformation (Transform) der Daten in die Zieldatenbank.
- Laden (Load) der Daten in die Zieldatenbank.

Der Prozess ist besonders für Data Warehouses geeignet, in denen große Datenmengen aus vielen operativen Datenbanken geladen und konsolidiert, sowie teilweise bereits im Ladeprozess modifiziert werden. Dabei werden die Daten aus dem Arbeitsbereich des Data Warehouses in dessen Speicherschicht für die Rohdaten geladen. 327

Von zunehmender Bedeutung ist die **Geschwindigkeit** mit der die ETL-Prozesse. ablaufen. Je größer das Data Warehouse ist, desto mehr Verarbeitungsprozesse laufen in der Regel ab. Das bedingt jedoch immer kürzere Zeiten, in denen die Datenbanken durch Prozesse wie ETL exklusiv genutzt werden können, ohne die nachfolgenden Prozesse in den zeitlichen Abläufen zu behindern. 328

Beim Aufbau des Data Warehouses musste daher eine **sorgfältige Kapazitäts- und Ablaufplanung** erfolgen, um die Verarbeitungsprozesse optimal zu gestalten. Die Ausrichtung der Dresdner Bank AG auf das Retailsegment bedingt eine Vielzahl an Quellsystemen und Informationen. Die Anbindung von mehreren Dutzend Quellsystemen mit jeweils bis zu 5-7 Mio. Daten- 329 sätzen pro Monatsultimo stellte daher eine besondere Herausforderung in der Datenverarbeitung dar. Vergleichbares war bisher im Konzern nicht vorhanden.

330 Im Allgemeinen wird bei ETL-Prozessen gleichzeitig auch ein Datenqualitätsmonitor (siehe Kapitel 4.4.4) eingebunden, der Fehler in den Daten oder deren Konsistenz ausweist bzw. definierte Korrekturen vornimmt.

4.4.3. Datenhistorie

331 Der RPI verwendet Risikomerkmale unter Berücksichtigung von historischen Daten. Des Weiteren soll das Reporting über den RiskMiner die Analyse von Entwicklungen im Zeitverlauf unterstützen.

332 Ein Data Warehouse bietet für die Anforderung an die Bereitstellung von historischen Daten die optimale Umgebung. Die Technologie des Data Warehouses ermöglicht es, große Datenmengen in den verschiedenen Ebenen geordnet und historisierbar zu speichern und für weitere Zwecke verfügbar zu halten.

333 Wie im methodischen Teil detaillierter ausgeführt, werden zur Berechnung des Risiko- und Portfolioindikators historische Daten im Zusammenhang der letzten 12 Monate betrachtet.

334 Für Analyse und Reporting wird eine Mindesthistorie von 36 Monaten benötigt, um aussagekräftige mittelfristige Vergleiche durchzuführen, Trends zu prognostizieren und z. B. Veränderungen zwischen beliebigen Stichtagen zu ermitteln.

335 Bei der Entscheidung für eine bestimmte Historientiefe sind neben den **fachlichen Anforderungen** auch **technische Rahmenbedingungen** zu berücksichtigen. Mögliche **Entscheidungskriterien** sind zum Beispiel:

- Fachliche Anforderung (Mindestausstattung).
- Zeitpunkt des Eintretens eines Grenznutzens bzgl. des zusätzlichen Aussagegehaltes der historischen Daten.
- Wirtschaftliche Betrachtung (Kosten/Nutzen).
- Technische Restriktionen, z. B. Speichervermögen, CPU-Ausstattung, Laufzeitverhalten.

336 In der Praxis stehen die fachlichen Anforderungen bezüglich Historientiefe regelmäßig im Widerspruch zu »schlanken« Datenbanken und kostengünstigem IT-Betrieb. In letzter Zeit ist hier jedoch eine Verschiebung der Kosten-

faktoren weg von der eigentlichen Hardware hin zu Prozessen und Abläufen zu beobachten. Durch zunehmenden technischen Fortschritt und hohe Durchdringung werden ehemalige Kostentreiber wie Speicherplatz rapide günstiger. Im Gegenzug steigen die Kosten für Software und CPU's, da immer mehr Prozesse in das Data Warehouse verlagert werden und für Steuerungen, Datenbankoptimierungen, Abfrage-/Zugriffsoptimierungen und Datenmanagement neue und leistungsfähige Softwarekomponenten eingesetzt werden müssen.

337 Zur Sicherstellung einer dauerhaften Leistungsfähigkeit, besteht daher ständiger Optimierungsbedarf.

338 Zur Erfüllung der Anforderungen an das Risikoreporting und den Vorgaben aus dem Modell wurde letztlich eine Historientiefe von 36 Monaten zzgl. der vorausgegangen 6 Jahresultimen umgesetzt. Diese Variante stellte einen guten Kompromiss unter den verschiedenen Aspekten dar.

339 Diese permanent verfügbare Historientiefe übertraf damit die der bisherigen Systeme bei Weitem und stellte eine völlig neue Basis für den weiteren Ausbau des Reportings dar.

4.4.4. Datenqualität

340 Das Thema **Datenqualität** hat auch und gerade bei einem Frühwarnsystem eine zentrale Bedeutung. Auf Basis der Informationen werden Entscheidungen mit möglicherweise weitreichenden Konsequenzen getroffen (z. B. Sonderbehandlung von risikoauffälligen Krediten mit entsprechend hohen Arbeitskosten, Investitionen in Prozesse und Infrastruktur, Erschließung von neuen Geschäftsfeldern, Aufgabe von Geschäftsfeldern aus Gründen der Wirtschaftlichkeit).

341 Datenqualität beschreibt hierbei die **fachliche und technische Richtigkeit** von Informationen. Datenqualität wird in Unternehmen oft als Synonym für die Informationsqualität gebraucht.

342 Qualitativ hochwertige Daten sind maßgeblich für den Erfolg eines Frühwarnsystems im Unternehmen. Nur wenn es gelingt, Vertrauen in die Richtigkeit der Ergebnisse und der hinführenden Verarbeitungsprozesse zu schaffen, kann eine Akzeptanz erreicht werden.

343 Die Qualität von Informationen kann anschaulich anhand der nachfolgenden **Kriterien**[64] unterteilt und beurteilt werden:

   a. **Informationszugang:**
   Systemzugang, Zugangssicherheit

   b. **Darstellung:**
   Interpretierbarkeit, Verständlichkeit, Manipulationsfähigkeit, Integrität und Widerspruchsfreiheit

   c. **Informationszusammenhang:**
   Relevanz, Zusatznutzen, Aktualität, Vollständigkeit, Informationsumfang

   d. **Eigenwert:**
   Richtigkeit, Objektivität, Glaubwürdigkeit, Reputation

344 Im Projektverlauf und später während des laufenden Betriebes wurden diese Kriterien noch um Dimensionen der Qualität der Input- und der Outputdaten erweitert. Diese Unterscheidung wurde notwendig, da der Fachbereich innerhalb der bestehenden Strukturen auf die Qualität der Daten der einzelnen Verarbeitungsschritte nur unterschiedlich starken Einfluss ausüben konnte.

345 Neben der einmaligen Datenbereinigung kann die **Gestaltung von laufenden Regeln bzw. technischen Maßnahmen und Prozessen** sowie die Einbindung und Sensibilisierung der Mitarbeiter zu einer laufend verbesserten Datenqualität beitragen.

346 Mögliche **technische Maßnahmen** können sein:

- Plausibilisierung der Eingaben bzgl. Datenformat und Inhalt sowie Abweisen unplausibler Inhalte (Beispiel: Textformat vs. numerischem Format).

- Plausibilisierung der Eingaben im Kontext mit anderen Eingaben bzgl. Informationszusammenhang und Abweisen ungültiger Ausprägungen (Beispiel: Branche vs. Kundentyp).

- Vorbelegung mit gültigen Ausprägungen, z. B. mittels Drop-Down Boxen (Beispiel: Berufsgruppen, Bildungsstand).

- Autovervollständigung von Eingaben (Beispiel: Adresseingaben).

- Regelmäßige Controllings und Generierung von Fehlerlisten.

---

[64] Vgl. *Wang, Richard/Strong, Diane* (1996), S. 5-33.

Mögliche **prozessuale Maßnahmen** können sein:

- Definition eindeutiger Standards in System- und Arbeitsanweisungen.
- Vereinfachung und logische Ausrichtung von Workflows.
- Einführung von Kontrollmechanismen, z. B. Vieraugenprinzip.
- Anpassung von Strukturen an die Arbeitsabläufe, z. B. spezialisierte Backoffices.

Mit der Umsetzung gezielter Maßnahmen zur Verbesserung der Datenqualität konnten bereits beachtliche Erfolge erzielt werden. Die Einbindung und Sensibilisierung von Mitarbeitern bedarf dabei jedoch meist eines längeren Prozesses, da sich der direkte Nutzen ordnungsgemäßer Dateneingabe nicht in allen Fällen sofort erschließt.

Tendenziell zeigt sich jedoch eine zunehmende Bereitschaft, die notwendigen Daten ordnungsgemäß zu erfassen, da hierdurch aufwändige und meist manuelle Nachbearbeitungsprozesse vermieden werden.

Regel: Die korrekte Erfassung der Daten ist günstiger und schneller als späteres Nachbearbeiten.

4.4.5. Analyse und Reporting

Die in vorangegangenen Kapiteln des Öfteren erwähnte integrierte Analyse- und Reportingfunktion besetzt eine wesentliche Schnittstelle zwischen Technik und Anwender.

Stehen Daten zur Verfügung, möchte der Anwender diese auch nutzen. Der Zugriff kann dabei über verschiedene Tools erfolgen, z. B.

- SQL-Editoren
- Datenbankprogramme (MS Access)
- BI-Tools (Business Objects, Cognos)

Neben den Möglichkeiten des technischen Zugriffs, welcher im Kapitel 5.2 näher ausgeführt wird, ist auch wichtig, wie der Umgang mit den Daten und den darin enthaltenen Informationen selbst gehandhabt wird.

Metadaten

Eine wesentliche Neuerung brachte im Ergebnis des Projektes die Demokratisierung der Informationen und die Schaffung von Transparenz über den Inhalt einzelner Datenfelder und die stattfindenden Prozesse/Transformationen (Metadaten).

355 Metadaten bezeichnen dabei die Sammlung bzw. Darstellung von Informationen zu Daten, die im Idealfall diese Informationen auf konsolidierter Basis dem Anwender zur Verfügung stellen. Das sind zum Beispiel Informationen über:

- Datenfeldtyp (Zeichen, Numerisch).
- Datenfeldlänge (Char 8 = 0 Zeichen, DC 18,3 = 18 numerische Stellen inkl. 3 Nachkommastellen).
- Historisierung (insbesondere bei Data Marts) relevant.
- bei nicht Freitextfeldern, mögliche definierte Ausprägungen mit Inhaltsbeschreibung (z. B. Abrechnungsmodus Kontoabschluss: [0, 1, 3, 6, 12], 0 = manuell, 1 = monatlich, 3 = quartalsweise, 6 = halbjährlich, 12 = jährlich).

356 Dem Anwender können die Metadaten für ein Datenmodell z. B. im Intranet zur Verfügung gestellt werden und bieten damit eine einheitliche und aktuelle Informationsbasis. Beispielhaft ein Auszug aus einem Intranetbasierten HTML-Report:

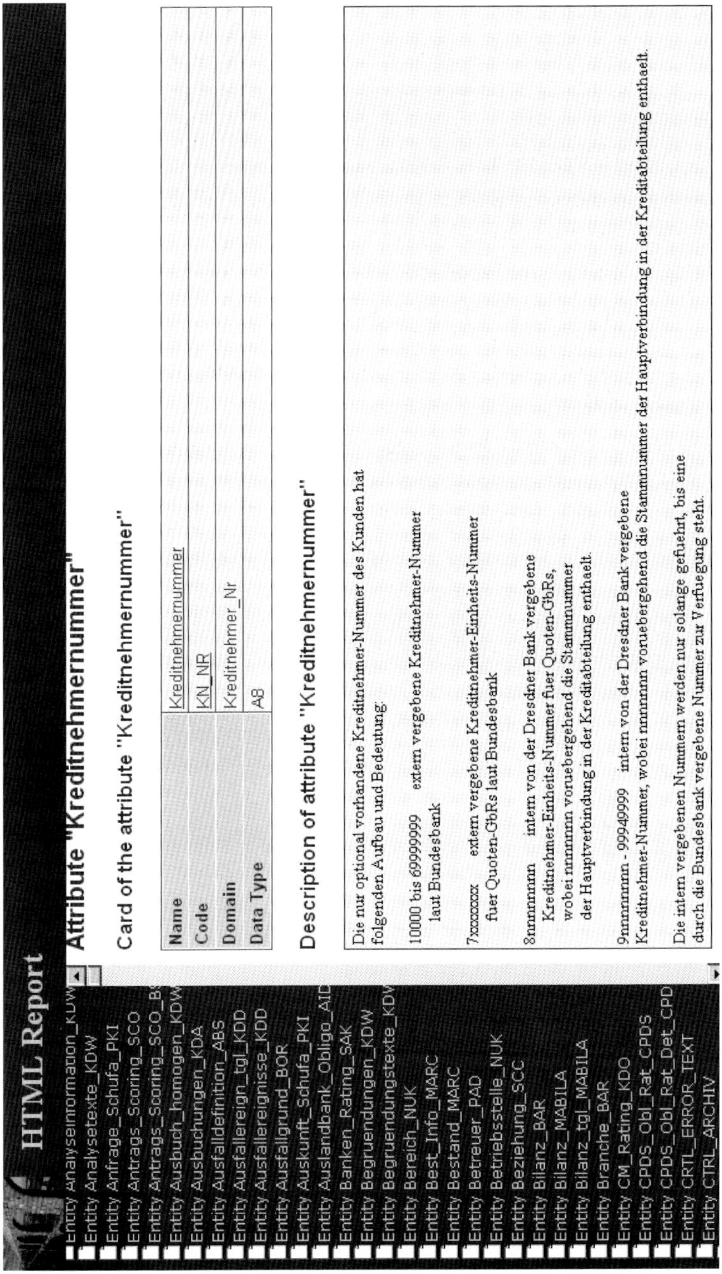

Abbildung 16: Auszug aus einem intranetbasierten HTML-Report

KONZEPTION, PROJEKTBEGLEITUNG UND SELF ASSESSMENT

Datenbankzugriff

357 In der bisherigen Reportingwelt erfolgte der Datenzugriff auf die Datenbanken mittels SQL-Editoren. Der Anwender programmierte die Datenbankabfrage direkt vor der Ausführung (Einmalaktion) oder verwendete eine zuvor abgespeicherte Version (bei Mehrfachausführung, regelmäßiger Ausführung). Dabei war es möglich, mehrere Datenbankabfragen hintereinander und automatisiert laufen zu lassen. In jüngerer Zeit konnten die Abfrageergebnisse direkt in z. B. MS Excel übergeleitet werden, von wo aus eine spätere Weiterverarbeitung in Form von weiteren Berechnungen, Tabellen und Grafiken erfolgte. Für eine einheitliche und managementgerechte Darstellung wurden die so aufbereiteten Daten regelmäßig in Präsentationen übertragen.

358 Für die Durchführung dieser Tätigkeiten waren jedoch vertiefte Spezialkenntnisse in SQL und den zugrunde liegenden Datenbanken notwendig, was eine weitere Nutzung durch zusätzliche Anwender erschwerte bzw. kaum möglich machte.

359 Daneben nahm die **Datengewinnung** für das Reporting im Reportingprozess den überwiegenden Anteil am Gesamtaufwand ein. Für die aus fachlicher Sicht sinnvolle und notwendige Datenanalyse nebst der Ableitung von Handlungsempfehlungen und Maßnahmen blieb kaum Zeit. Das Verhältnis von ca. 90 zu 10 verdeutlicht die Situation. Somit war die bisherige Technologie nicht geeignet, die Ziele – eine effiziente Anwendung der Reporting Tools und Nutzung der Frühwarnindikatorenmethodik unter Ausdehnung des Nutzerkreises – zu erreichen.

360 Für die geplanten Zwecke musste es folglich möglich sein, viele Anwender mit einem **Grundverständnis für Daten und deren Zusammenhänge** in die Lage zu versetzen, zielgerichtet und fehlerfrei Analysen auf Kunden- oder Portfolioebene durchzuführen, ohne dass eine der oben genannten vertieften Spezialkenntnisse vorhanden sein müssten.

361 Im Zuge der Marktstudie zu geeigneten Data Warehouse-Komponenten waren drei große Hersteller am Markt aktiv, die grundsätzlich Software anboten, welche die Anforderungen erfüllen konnten.

362 Die Software in dem noch jungen Markt für **Business Intelligence (BI)** ermöglicht es dem Anwender, ohne das Spezial-Know-how Abfragen auf Datenbanken auszuführen und die Ergebnisse flexibel weiter zu verarbeiten.

Kern der BI-Software ist eine vordefinierte Zwischenschicht, die sämtliche Informationen zu den zugrunde liegenden Datenbanken, den jeweiligen Attributen und deren Verknüpfungen (Joins) enthält. Diese Informationen der Zwischenschicht werden wiederum von der BI-Software gemäß den Anwendervorgaben zu einem auf der Datenbank lauffähigen SQL zusammengesetzt. Damit entfällt für den Anwender die Notwendigkeit die Datenbankabfragen via free-hand-SQL selbst zu erstellen, was zu einer effizienteren Nutzung der Arbeitszeit für Analysen führt. Nachfolgend ein Beispiel für die genannte Zwischenschicht.

KONZEPTION, PROJEKTBEGLEITUNG UND SELF ASSESSMENT

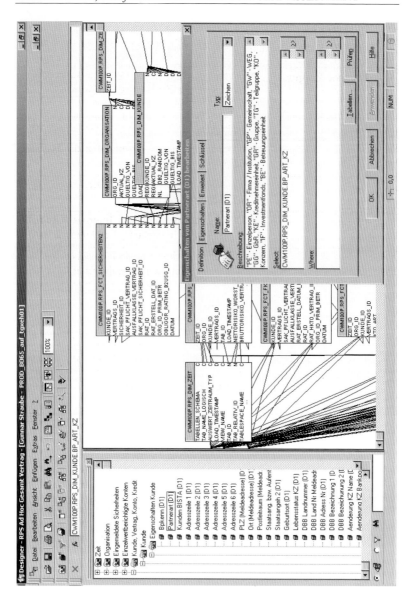

Abbildung 17: grafisches Beispiel einer Zwischenschicht

4.4.6. Checkliste Technische Umsetzung

Inhalt	Hinweise
Technische Fragen	• Besteht eine geeignete Datenbankarchitektur als Grundlage für ein Risikofrühwarn-System nebst benötigter Software?
	• Liegen die Daten in elektronischer Form vor?
	• Sind ausreichende Datenhistorien vorhanden?
	• Kann eine ausreichende Datenqualität gewährleistet werden?
	• Besteht ein ausreichendes Internes Kontrollsystem zur Sicherstellung der Datenqualität?
	• Ist die Historisierung und Speicherung von Daten und Metadaten gewährleistet?
	• Sind die erfassten Frühwarnvorgänge für einen bestimmten Zeitraum dokumentiert und nachgewiesen?
	• Ist das Frühwarnsystem dynamisch, d. h. ist es problemlos um neue Parameter erweiterbar und kann es hin auf sich verändernde Situationen/Rahmenbedingungen angepasst werden?
	• Ist die Software benutzerfreundlich und intuitiv (Nutzung ohne Spezial-Know-how)?
	• Können unterschiedliche Aggregationsebenen betrachtet und ausgewertet werden (Einzel-/Kreditportfoliobetrachtung)?
	• Können die Analyseergebnisse auch für vertriebliche Aktivitäten genutzt werden?

5. Integration des RiskMiner in die Kreditprozesse

364 Für eine nachhaltige und wirksame Nutzung eines Reporting- und Risikofrühwarnsystems ist die Integration in die bestehenden Kreditprozesse von großer Bedeutung. Dabei umfasst die Integration mehr als lediglich die Bereitstellung einer Anwendung und den elektronischen oder papierhaften Ausweis einer Risikokennzahl. Es ist vielmehr das **Ziel**, eine **vollständige Durchdringung der gesamten Prozesskette** von der Bereitstellung von Daten über die Arbeitsanweisungen und die Dokumentation von Prüfungsergebnissen (siehe später Backtesting) bis hin zu Sanktionsmechanismen anzustreben.

365 Dabei ist ein längerer Parallelbetrieb der Alt- und Neuanwendung zu vermeiden, um Ausweichverhalten und die in der Regel sachlich unzutreffenden Vergleichsargumentationen zu verhindern. Mit einer sauber geplanten Einführung und direkten Umstellung wird der Anwender gezwungen, sich mit der neuen Technologie auseinander zu setzen, diese zu nutzen und die Vorteile zügig zu erkennen (das gilt zumindest so lange, wie die Neuanwendung einen echten Fortschritt darstellt).

5.1. Modellintegration

366 Mit dem Ziel, Erfahrungen mit dem Einsatz des RPI in der Dresdner Bank AG zu sammeln, wurde der Frühwarnindikator zunächst als **Kennziffer zur Risikoerkennung** in der Zentrale und der regionalen Portfolioüberwachung eingeführt. Die Aussagekraft des Indikators und die eingesetzten Analysetechnologien ermöglichten eine komplett neue Prüfungsauswahl innerhalb weniger Stunden.

367 Der RPI löste dabei eine bisher verwendete Kennziffer ab, die keine systemunterstützte Analyse und Weiterverarbeitung ermöglichte.

368 Der bisherige Prozess war höchst manuell. Die Kennziffer wurde dabei auf Papier in Listenform ausgegeben und differenzierte nicht zwischen qualitativen und quantitativen Merkmalen einer Kundenverbindung. Die Selektion der Engagements erfolgte durch manuelle Auswahl und Kurzprüfung (Einsichtnahme in die Quellsysteme zur Plausibilisierung der Risikobewertung z. B. hinsichtlich Überziehungen, Pfändungen, Sicherheitenquote). Der Auswahlprozess von Engagements, welche im späteren Verlauf tatsächlich intensiv geprüft wurden, konnte sich je nach Umfang von mehreren Tagen bis über 2-3 Wochen hinziehen.

Diese manuelle Vorgehensweise entsprach seinerzeit nicht mehr den Anforderungen an eine zeitnahe und effiziente Portfolioüberwachung. Zudem wirkte der hohe Einsatz von Ressourcen negativ verstärkend.

Mittels einer einfach zu interpretierenden **Ampellogik** wurde die Risikokennziffer mit Ihrer Einführung für jeden Anwender anschaulich und transparent gemacht.

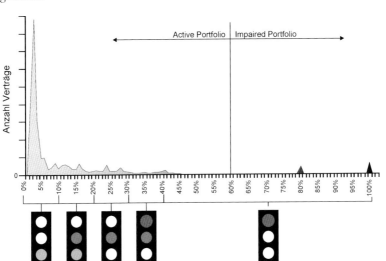

Abbildung 18: Schematische Verteilung der Konten nach Risikowahrscheinlichkeiten

Der Risikofrühwarnindikator wurde dabei sowohl auf **Ebene des Einzelkunden**, als auch auf **Ebene beliebiger Portfolien** betrachtet und ermöglichte einen **schnellen Überblick über die Risikosituation** und einen **direkten Vergleich** von z. B. Regionen, Vertriebsgebieten, Betriebsstellen sowie Einzeladressen.

Neben anderen Kriterien wurde der **RPI auch als Selektionskriterium für die Auswahl von Kreditengagements für Prüfungen** verwendet. Die Prüfungsergebnisse wurden mit den relevanten Basisinformationen in einem Workflow-Tool erfasst, welches auch eine systematische Auswertung der Ergebnisse ermöglicht. Diese Ergebnisse lassen im Rahmen des Backtestings Rückschlüsse auf die Trennschärfe des Gesamtmodells zu. Daneben ermöglicht die Auswertung, Anpassungsbedarf hinsichtlich weiterer Faktoren, wie z. B. korrekte fachliche Definition der Risikoparameter zu erkennen und einzelfallbezogene Abweichungen zu erklären (s. a. Kapitel 7, Backtesting).

KONZEPTION, PROJEKTBEGLEITUNG UND SELF ASSESSMENT

373 Nach einigen Jahren des erfolgreichen Einsatzes der Risiko- und Portfolioindikators in der Portfolioüberwachung konnten im Jahr 2005 neue Einsatzmöglichkeiten erschlossen werden. Auf Grund der Zugehörigkeit der Dresdner Bank AG zum auch an der New Yorker Börse gelisteten Allianz-Konzern wurden in 2005 die Rechnungslegungsvorschriften von USGAAP eingeführt. Der RPI wurde dabei im Rahmen der Ermittlung von wertberichtigungsbedürftigen Engagements als Selektionskriterium genutzt und in den laufenden Prozess integriert (siehe auch Kapitel 5.4.2, Impairmentmeasurement).

5.2. Datenbereitstellung über Business Intelligence-Tools

374 Die notwendige Wahrnehmung von Informationen wird erreicht, in dem diese leicht verständlich sind und sich dabei einfach und intuitiv nutzen lassen.

375 Zur Bereitstellung der Daten werden moderne **Business Intelligence Systeme** verwendet. Nach einem Auswahlverfahren der potentiell in Frage kommenden Software, auch im praktischen Vergleich und in Zusammenarbeit mit der IT, erfolgte die Entscheidung zu Gunsten der gleichnamigen Business Intelligence Software des Herstellers **Business Objects**. Die Software verfügt über geeignete Funktionen für das **Ad-hoc-Reporting** und das einheitliche **Standard-Reporting**. Daneben unterstützen Funktionen zur automatischen Reportverteilung eine schnelle und zielgerichtete Informationsweiterleitung.

376 Für die zentralen und dezentralen Bereiche wurde ein unterschiedliches Vorgehen gewählt, basierend auf den differenzierten Anforderungen an die jeweiligen Einheiten.

377 Mit dem Schwerpunkt der Kreditüberwachung »vor Ort« auf Basis individueller eigener Analysen und teilweise zentraler Vorgaben in Verbindung mit auch tageweiser Einsatzwechseltätigkeit bestand die Notwendigkeit, flexibel auf Analysemöglichkeiten zuzugreifen. Der Fokus lag damit auf dem Einsatz von **Web-basierter Software (WebI)**. Dabei werden die Vorteile von leichter und intuitiver Nutzbarkeit durch browserbasierte Software im allgemein bekannten Office-Look, zentraler, d. h. einmaliger Softwareinstallation und Administration sowie allseitiger Verfügbarkeit durch URL Access vereint.

378 In den zentralen Bereichen hatte neben dem Ad-hoc-Reporting und individuellen Analysen zu auffälligen Kreditgeschäften, -kunden und -portfolien das umfangreiche Standard- und Spezialreporting eine besondere Bedeutung. Der gute Funktionsumfang des WebI war den Anforderungen an die Verarbeitung von großen Datenmengen, dem Einsatz unterschiedlicher Daten-

quellen und die Nutzung komplexer Formeln nicht gewachsen. Aus diesen Gründen wurde eine lokal zu installierende Komponente von **Business Objects (FatClient)** eingeführt.

Die Vorteile des fachlich notwendigen größeren Funktionsumfangs wurden jedoch mit aus Sicht der IT aufwändigeren Installations- und Wartungsprozessen erkauft. Der FatClient musste auf jedem genutzten Rechner separat und lokal installiert werden. Das bedeutete, ein IT-Mitarbeiter ging mit der Software-CD von Rechner zu Rechner und nahm die Installation manuell vor. Updates wurden auf die gleiche Weise installiert. Der mit dieser Vorgehensweise verbundene Aufwand konnte in nachfolgenden Jahren durch die Implementierung von automatisierten Softwareverteilungsprozessen minimiert werden. 379

Die eingangs erwähnten fachlichen Anforderungen konnten bis auf Einzelfälle durch den FatClient erfüllt werden. Insbesondere im Standardreporting ist eine **hohe Automatisationsquote** gegeben. Reports werden einmalig erstellt und über eine monatliche Aktualisierung in einem Arbeitsgang mit aktuellen Daten versorgt. Dabei passen sich Grafiken und Tabellen automatisch den neuen Gegebenheiten in der Datenausprägung und der Anzahl der Datensätze an. In Verbindung mit einem initial erstellten Layout sind optisch anspruchsvolle Reportings mit gleichbleibend hoher Qualität möglich. 380

5.3. Know-how Transfer

Die Umsetzung der Prämissen **Demokratisierung der Informationen** und die **Nutzung durch Jedermann** konnten nur durch neue Ansätze der Informations- und Kommunikationspolitik gelingen. Während in der bisherigen Struktur das Wissen und die Nutzungsgewalt bei Wenigen konzentriert war, sollten zukünftig wesentlich mehr Nutzer mit dem modernen Frühwarn- und Reportingsystem arbeiten. 381

Die neuen Nutzer mussten folglich intensiv mit der neuen Reportingtechnologie und der Methodik des Frühwarnindikators vertraut gemacht werden und auch Vertrauen in diese entwickeln. Dies erfolgte in den nachfolgend dargestellten **Schritten:** 382

- Anwendungsfähigkeiten vermitteln
- Hintergründe transparent machen
- Interpretation der Ergebnisse vermitteln
- Anwendungsbeispiele üben und selbst entwickeln

- Dokumentationen stets verfügbar bereitstellen
- laufende Informationsverteilung etablieren
- laufende Unterstützung – Support – garantieren
- Feedback aufnehmen

Anwendungsfähigkeiten vermitteln

383 Zur produktiven Nutzung einer Software ist das Wissen um die richtige Bedienung derselben notwendig. Das Web-Frontend bot hierbei zunächst den Vorteil, dass es durch den Office-nahen Look recht intuitiv bedienbar ist. Im Wesentlichen mussten daher Kenntnisse über die richtige Anwendung der neuen Funktionen zur Erstellung von Abfragen und die Erstellung von Reports inklusive der grafischen Aufbereitung vermittelt werden.

384 Für eine Schulung boten sich grundsätzlich zwei Wege an. Die Schulung direkt beim Hersteller, der entsprechenden Service anbot, oder eine Inhouse-Schulung. Nach Abwägung verschiedener Kriterien, wie z. B.

- Praxisbezug
- Kosten
- Interner Aufwand
- Motivationsmöglichkeit
- Fachlicher Austausch

fiel die Entscheidung für die Durchführung von internen Schulungen auf die Zentrale. Zu diesem Zweck wurden anschauliche und übersichtliche Schulungsunterlagen erstellt, welche die jeweiligen Themen (z. T. auch nachfolgende) beinhalten. Die Schulungsunterlagen wurden dreigliedrig und themenbezogen aufgebaut. Je Thema wurde zunächst das nötige Fachwissen über geeignete Darstellungen vermittelt, dann anhand von Beispielen, oft aus der Praxis, erläutert und somit ein Zusammenhang zur täglichen Arbeit hergestellt sowie letztlich eine Übung mit »echten« produktiven Daten durchgeführt, die auch entsprechende Freiräume zur Berücksichtigung individueller Anforderungen und Fragestellungen lies. In Diskussionen konnten darüber hinaus auch Fragen gestellt und beantwortet werden, was wiederum einen wertvollen Beitrag für die teilnehmenden Kollegen mit äquivalentem Tätigkeitsschwerpunkt darstellte.

385 Die Durchführung der Schulungen erfolgte durch einen internen am Projekt beteiligten Mitarbeiter und einen externen Managementtrainer.

Hintergründe transparent machen

Zum Gesamtverständnis neuer Abläufe ist es vorteilhaft, offen über die Hintergründe zu informieren. Vor allem Informationen zu:

- Entscheidungsgründe für einen Systemwechsel/Neueinführung
- Technische Umsetzung
- Methodische Grundlagen

sind bei den Nutzern von großem Interesse.

Im Rahmen der Schulungen und im einführungsbegleitenden Intranetauftritt wurden die o. g. Informationen den Anwendern zur Verfügung gestellt und ggf. fortlaufend aktualisiert.

Interpretation der Ergebnisse vermitteln

Verschiedene Komponenten der neuen Reporting- und Analyselandschaft liefern dem Nutzer ein bestimmtes Ergebnis, welches, oft im Zusammenhang mit dem Risikofrühwarnindikator, für sich genommen, des Öfteren zunächst eine direkte fachliche Beurteilung nicht immer zulässt. Am Beispiel der Risikowahrscheinlichkeit wird dies nachstehend veranschaulicht.

Die Risikowahrscheinlichkeit weist einen Wertebereich zwischen 0 und 1 auf. Dabei steht 0 für die geringste Gefährdung und 1 für Ausfall. Folglich bedeutet eine geringere gegenüber einer höheren Risikowahrscheinlichkeit auch ein geringeres Risiko. Die Frage dahinter ist jedoch, in welchem Maß. Steigt die Risikoaussage linear? Ist 0,2 doppelt so schlecht wie 0,1?

Zur besseren Beurteilung und zur Steigerung der Aussagekraft auch gegenüber Reportingempfängern liefert die Grafik aus Kapitel 5.1 nicht die geeignete Interpretation. Es wurde nach einer Vergleichskennzahl gesucht, die jeder in einer Bank sofort verstehen konnte. Letztlich war die Berechnung eines **Ratingäquivalent** naheliegend.

Das Ratingäquivalent stellte für bestimmte Gruppen der Risikowahrscheinlichkeit Ausfälle innerhalb von 12 Monaten ins Verhältnis zu den nichtausgefallenen Krediten, womit eine Ausfallrate berechnet werden konnte, die wiederum als **PD** interpretiert gegen die Ausfallraten des Ratings gemapped, ein Ratingäquivalent ergab. Somit war es möglich, auch Anwendern, die nicht direkt mit der Methodik der Kennzahl vertraut sind, auf diese einfache Weise eine Möglichkeit zur Interpretation zu liefern.

RW Cluster	PD	Rating (vergleichbar)
00-05	0,20 %	3
05-10	0,35 %	4
10-15	0,50 %	5
15-20	0,65 %	6
20-25	0,80 %	7
25-30	1,10 %	8
30-35	2,10 %	9
35-40	4,10 %	11
40-45	8,20 %	12
45-50	16,40 %	13
50-90	50,00 %	15
90-00	100,00 %	16

Abbildung 19: Beispiel Mappingtabelle Risikowahrscheinlichkeit – PD – interne Ratingklassen

Anwendungsbeispiele üben und selbst entwickeln

392 Anwendungsbeispiele gehören heute oft zum Inhalt von Schulungen, da sie eine gute Nachvollziehbarkeit des theoretisch Erlernten bieten und so zu verbesserten und nachhaltigen Lernerfolgen beitragen. Mit der Entscheidung, die Mitarbeiter intern zu schulen, eröffnete sich die Möglichkeit nicht nur fachrichtungsbezogene Beispiele auszuwählen, sondern auch mit »echten« Praxisdaten zu üben. Das sichert eine hohe Wiedererkennung in der fachlichen Anwendung und auch eine Identifikation mit eines »Jeden« Portfolio und bekannten Einzeladressen. An ganz konkreten Fällen konnte während der Schulungen geübt und für die Praxis brauchbare Lösungen erarbeitet werden.

Dokumentationen stets verfügbar bereitstellen

393 In Zeiten, in denen die Informationsdichte permanent zunimmt und eine Vielzahl an Informationsquellen existieren, ist es von zunehmender Bedeutung die Informationen zu kanalisieren, empfängerorientiert und leicht verfügbar bereit zu stellen.

Einen wesentlichen Anteil an notwendigen Informationen nehmen die **Dokumentationen zum Aufbau des Datenmodells sowie Transformationsanweisungen und Metadaten** ein. Das sind wichtige Informationen für jeden Anwender, die jeder wissen muss, sich jedoch in Gänze nicht merken kann.

Die Dokumentationen wurden daher auf einer zentralen Intranetseite geordnet nach Kategorien eingestellt und regelmäßig aktualisiert. Damit standen alle Informationen jederzeit und von jedem Standort aus erreichbar den Nutzern zur Verfügung.

laufende Informationsverteilung etablieren

Neben der Verfügbarkeit der statischen Informationen zu den zugrunde liegenden Daten ist es auch erforderlich, **laufende Änderungen und Informationen** zu veröffentlichen und jedem Anwender zugänglich zu machen. Bei diesen Informationen handelt es sich um technische Mitteilungen (Release Letter), Antworten zu Anwenderanfragen von allgemeinem Interesse und aktuelle Informationen zu technischen Betriebsstörungen.

Diese laufenden Informationen wurden über einen **Newsframe** prominent auf der Startseite des Intranetauftritts platziert, so dass jeder Anwender diese auf den ersten Blick erkennt. Besonders wichtige und zeitkritische Informationen werden zusätzlich per e-mail verteilt.

laufende Unterstützung – Support – garantieren

Parallel mit der Einführung der Anwendungen wurde eine **zentrale Supportfunktion** eingerichtet. Dadurch wurde die Erreichbarkeit eines zentralen Ansprechpartners für fachliche und technische Fragen gewährleistet.

Die Umsetzung erfolgte durch die Einrichtung einer so genannten **Funktionsmailbox** – eines leicht zu merkenden unpersonalisierten e-mail-Postfaches unter dem Namen der Anwendung »RiskMiner«. Auf das Postfach konnten mehrere Mitarbeiter in der Zentrale zugreifen, wodurch stets eine Erreichbarkeit auch für Vertretungsfälle gegeben war. Ein weiterer Vorteil der Funktionsmailbox bestand in der Möglichkeit der Aufbewahrung des Posteinganges bis zu dessen Abruf sowie einer geordneten Archivierung des Mailverkehrs.

Zur Koordinierung der Anfragen wie z. B.

- Berechtigungssupport
- Passwort rücksetzen
- technische Funktionsstörungen

- fachliche Fragen
- Feedback

wurde ein e-mail-Formular mit einer Auswahlmöglichkeit für die entsprechenden Kategorien entwickelt. Durch die Auswahl der Kategorien konnten die Anfragen schon vorsortiert und besonders Eilige, wie z. B. »Passwort rücksetzen«, mit der gebotenen Dringlichkeit bearbeitet werden. Das Formular wurde auf der Intranetseite, mit der e-mail-Adresse der Funktionsmailbox voreingestellt, hinterlegt. Dadurch war die jederzeitige Nutzung durch die Anwender in einer aktuellen Version möglich.

Feedback aufnehmen

401 Eine technische Anwendung, und sei sie auch noch so gut geplant, bedarf immer auch einer weiteren Verbesserung, um den unterschiedlichsten Anforderungen der Nutzer gerecht zu werden.

402 Um einen stetigen Informationsfluss zu Verbesserungswünschen und Anregungen zu gewährleisten, enthielt das oben beschriebene e-mail-Formular auch eine Kategorie »Feedback«. Hierüber war ein offener und ehrlicher Austausch möglich. Gleichzeitig wurde auch eine persönliche Kommunikation mit den Anwendern gesucht und wahrgenommen.

5.4. Workflow

403 In den nachfolgenden Kapiteln wird detaillierter auf den Rahmen und die Ausgestaltung der Prozesse eingegangen, in denen der Risikoportfolioindikator und der RiskMiner eingesetzt werden.

5.4.1. Interne Kreditrisikoprüfungen

404 Jedes Kreditinstitut ist verpflichtet, seine Risiken zu kennen und ausreichend zu überwachen. Dabei werden technische Mittel parallel zu **manuellen Prüfungen von Kreditengagements** eingesetzt. Manuelle Kreditprüfungen werden durch die unabhängige Interne Revision oder durch die zum Risikomanagement organisatorisch zugehörige Portfolioüberwachung durchgeführt. Hier wird kurz auf die Funktion der Portfolioüberwachungseinheit eingegangen.

405 Die Portfolioüberwachungseinheiten sind regional organisiert und führen Kreditprüfungen in eigenem regionalem Auftrag, als auch in zentralem Auftrag durch.

Mit der Einführung der neuen Technologien des RiskMiner, RiskCheck und des Risikoportfolioindikators wurden die Arbeitsorganisation und die Durchführung grundlegend verändert.

Zu Beginn einer Prüfung steht zunächst die **Selektion** der zu prüfenden Engagements. Bei einer Anzahl von mehr als einer Million Kunden ist eine manuelle Selektion nicht möglich.

Zunächst erfolgte die Prüfungsauswahl durch **Auswertung von papierhaften Listen und manuelle Auswahl möglicher Prüfungskandidaten**. Im Anschluss wurde die meist zu umfangreiche Auswahl durch **Kurzprüfungen** auf ein geeignetes Maß reduziert. Dieser Prozess war auf Grund seiner hohen manuellen Anteile extrem zeitaufwändig und konnte zum Teil auch mehrere Wochen in Anspruch nehmen.

Mit der Einführung des Risikofrühwarnindikators konnte die benötigte Zeit für die Prüfungsauswahl stark reduziert werden. Die einheitliche und vergleichbare Kennzahl vereinfachte daneben die Prüfungsauswahl.

Derzeit werden Prüfungen anhand unterschiedlicher Kriterien zusammengestellt. Die Risikowahrscheinlichkeit ist dabei eines der möglichen Kriterien neben Kriterien wie z. B. Branchen, Größenklassen, bestimmte Geschäftsarten u. a.

Dargestellt wird nachfolgend beispielhaft ein Prüfungsergebnis der Portfolioüberwachung aus den Prüfungen von Engagements mit einer Risikowahrscheinlichkeit zwischen 45 % und 50 % hinsichtlich der festgestellten Risiken.

Prüfungsumfang	Anzahl geprüfter Engagements	
	Stück	%
Selektion durch zentrales Monitoring	300	100
vertretbare Engagements	253	84
Handlungsempfehlung an Einheit	8	3
Summe	**261**	**88**
Abgabe an Forderungsmanagement	28	11

Abbildung 20: Prüfungsergebnis der Portfolioüberwachung von Kreditengagements

412 Im Ergebnis waren mehr als 10 % der geprüften Engagements mit Risiken behaftet, die eine Abgabe an das Forderungsmanagement erforderten.

413 Neben den **Erleichterungen bei der Auswahl prüfungsrelevanter Kredite** führte der RiskMiner zu bedeutenden **Fortschritten bei der Datenanalyse und der Datenbeschaffung.** Die Daten für die Prüfungsauswahl konnten nach verschiedenen Gesichtspunkten analysiert, mit weiteren Daten angereichert und jederzeit einfach aktualisiert werden. Dies konnte nun durch jeden Mitarbeiter erfolgen und war nicht mehr nur auf wenige Spezialisten beschränkt. Ein positiver Nebeneffekt zeigte sich darin, dass jeder Prüfer sich intensiver mit dem zu analysierenden Portfolio auseinandersetzt und verschiedene Ansätze zu Analyse wählen konnte.

414 Der dritte wesentliche Meilenstein für die internen Kreditrisikoprüfungseinheiten war die Einführung von **RiskCheck**, dem Dokumentations- und Workflow-Tool für Kreditprüfungen (s. a. Kapitel 5.4.3).

415 Mit RiskCheck erfolgte die Umstellung von manueller, papierhafter Prüfungsdokumentation auf moderne elektronische Dokumentation und Archivierung mit umfangreichen Analyse- und Reportingfunktionalitäten.

5.4.2. Impairmentmeasurement

416 Die Einführung der Bilanzierung nach US-GAAP in 2005 wurde durch eine Vielzahl an neuen und geänderten Prozessen flankiert. Ein besonderer Fokus lag dabei im Risikomanagement auf der **impairment identification** und der Bestimmung der **loan loss provision (LLP, Überbegriff)**, bei Einzelkrediten **specific loan loss provision (SLLP)**.

417 Gemäß den Rechnungslegungsvorschriften nach US-GAAP müssen ausgefallene Kredite quartalsweise auf den Vorsorgebedarf geprüft werden. Dabei berechnet sich die Höhe der Vorsorge aus der Differenz der Kreditzusagen und der Sicherheiten sowie der zuverlässig erwarteten Zahlungseingänge (cash flows). Liegt eine vollwertige Besicherung oder vollständige Deckung der Kredite durch erwartete Zahlungseingänge vor, wird eine SLLP von 0 gebildet.

418 Dieser Prozess ist für alle Kredite mit harten Ausfallkriterien vorgesehen. Harte Ausfallkriterien sind dabei u. a.
- 90 dpd
- Kündigung von Krediten

- Eröffnung eines Insolvenzverfahrens
- Zinslosstellung

Dabei bedeutet dies regelmäßig den Zwang zur Bildung einer SLLP in Anhängigkeit von Sicherheiten und cash flows von mindestens 0. Daneben sind bestimmte Kredite als potentiell impaired einzustufen (potential impaired loan), die mögliche weitere Kriterien erfüllen. Ein solches Kriterium ist z. B. ein schlechtes Rating.

Diese Kredite könnten bereits ausgefallen sein und einer SLLP bedürfen. Die potentiellen Kredite werden daher in der Folge manuell auf die Notwendigkeit einer SLLP-Bildung überprüft. Die Bildung der SLLP wird dabei bestätigt oder verneint, womit der Kredit in die Restrukturierung oder den Workout, oder zunächst wieder in den Regelprozess eingegliedert wird.

Neben den über die bisher genannten Kriterien identifizierten Krediten existiert jedoch auch eine Grauzone, in der diese Kriterien nicht greifen. Um hier eine möglichst vollständige Portfolioabdeckung bei der impairment identification zu gewährleisten, wurde zusätzlich die Risikowahrscheinlichkeit als Kriterium für die Ermittlung von potentiell impaired loans eingeführt. Wie im Kapitel 5.3 zur Interpretation der Risikowahrscheinlichkeit beschrieben, kann die Risikowahrscheinlichkeit in ein PD-Äquivalent überführt werden. Der Schwellenwert wurde auf dieser Basis auf 0,5 festgelegt, was einem Rating von 12 bis 13 entspricht.

Die als potential impaired und die als impaired identifizierten Kredite werden automatisiert ermittelt und über eine Sammelliste maschinell mit jedem Monatsultimo an das Forderungsmanagement zur Impairment Prüfung übergeleitet, wo der oben beschriebene Prozess der SLLP-Bildung erfolgt.

5.4.3. Dokumentation der Prüfungsergebnisse

Die Ergebnisse der Kreditprüfungen wurden seinerzeit manuell dokumentiert und in jeder Region in Form von papierhaften Akten archiviert. Eine Zusammenfassung der Prüfungsergebnisse wurde auf aggregiertem Niveau in einer Access Datenbank erfasst, die auch von der Zentrale ausgewertet werden konnte.

Ein zunehmendes Problem stellte in diesem Prozess jedoch die **fehlende Granularität der Prüfungsergebnisse** dar. Durch zunehmende Zentralisierung waren gegenüber der bisherigen Struktur auch zentrale Steuerungen der Prüfungsobjekte und ein anschließendes zentrales Reporting notwendig. Der bisherige Dokumentationsprozess war den neuen Anforderungen nicht gewachsen.

KONZEPTION, PROJEKTBEGLEITUNG UND SELF ASSESSMENT

425 Zu diesem Zeitpunkt existierte innerhalb der Dresdner Bank bereits bei der Internen Revision ein neues, auf den Data Warehouse Strukturen basierendes Workflow und Dokumentations-Tool, welches den Anforderungen an die neue Prüfungssteuerung und das Reporting erfüllte.

426 In einem Projekt wurde zunächst die Anwendung der Revision 1:1 übernommen und dann an spezifischen Stellen an die Prozesssteuerung des Risikomanagements angepasst. Die Anwendung erhielt den Produktnamen **RiskCheck**.

427 Mit RiskCheck war es nunmehr möglich, die **regionalen Prüfungen vollständig von der Zentrale aus zu steuern**. Hierzu konnten Prüfungen für einzelne oder alle regionalen Einheiten eingeleitet werden, indem die Prüfungen im System und mit den zu prüfenden Kunden angelegt werden. Es konnten somit bankweite auf einheitlichen Vorgaben und Kundenselektionen basierende Prüfungen, wie auch für jede Region höchst individualisierte Prüfungen initialisiert werden. Zusätzlich war es jedoch auch möglich, dass die regionalen Einheiten selbst individuelle Prüfungen definieren, anlegen und bearbeiten konnten.

428 Die Bearbeitung der Prüfungen erfolgte durch vorgegebene Maskenfolgen, in denen zunächst die Basisdaten bereits automatisiert zur Verfügung gestellt wurden und lediglich Ergänzungen zu nicht systemseitig erfassten Informationen notwendig waren. Nach Vervollständigung der Basisdaten wurde die Prüfungsdurchführung strukturiert anhand von Bildschirmmasken durchgeführt. Am Ende der Bearbeitung stand die Vergabe eines Prüfungsergebnisses für jedes Engagement. Die aufgerufenen Fragen und das Prüfungsergebnis konnten in der Mehrheit durch Aktivierung von Kontrollkästchen oder durch voreingestellte Antworten aus Drop Down Boxen beantwortet werden.

429 Die Vorgabe von strukturierten Fragen mit festgelegten Antwortmöglichkeiten bot nun die Möglichkeit, die Prüfungsergebnisse zentralseitig mit einer hohen Qualität und vergleichbar maschinell zu analysieren sowie in Gesamtreportings an das Management zu berichten. Die regionalen Einheiten konnten selbst auf die von ihnen veranlassten und bearbeiteten Prüfungen auch mit der Reportingfunktionalität zugreifen und damit regionale Reports erzeugen.

430 Auf Freitextfeldern wurde im Sinne der maschinellen Analyse bis auf wenige Ausnahme komplett verzichtet. Zusätzlich war es mit dem Workflow- und Dokumentationstool RiskCheck möglich, anhand der abgearbeiteten Engagements einer Prüfung jederzeit den Fortschritt zu reporten und ggf. steuernd einzugreifen. Dies hat besondere Relevanz für Prüfungen, die aus der Zentrale heraus gesteuert werden, da hier durch die fehlende räumliche Nähe eine Statuskontrolle nicht möglich ist.

Die technische Umsetzung des RiskCheck erfolgte intranetbasiert und wurde in Java programmiert. Der Zugriff war jederzeit von allen Standorten der Bank über einen weblink möglich. Ein wesentlicher Vorteil bei der Durchführung dezentraler Prüfungen. 431

Die im RiskCheck erfassten Informationen werden in einer eigenen Datenbank gespeichert und historisiert. 432

5.5. Checkliste Integration in die Kreditprozesse

Inhalt	Hinweise
Prozessintegration	▪ Ist die Anwendung der Software benutzerfreundlich?
	▪ Ist der Know-how-Transfer gewährleistet?
	▪ Werden entsprechende Ressourcen für das Training der Anwender vorgehalten?
	▪ Ist der Know-how-Transfer, die Dokumentation, Schulung und der Support im Rahmen der Prozessintegration unter Kosten-/Nutzengesichtspunkten effizient?
	▪ Sind die mit der Software ermittelten Ergebnisse transparent und interpretierbar?
	▪ Sind die Analyseergebnisse auch für »Nicht-Spezialisten« nachvollziehbar?
	▪ Existiert eine Dokumentation über die Implementierung der Software und wird ein effizienter Support zur Verfügung gestellt?
	▪ Kann die integrierte Software hinsichtlich veränderter Rahmenbedingungen (von bspw. rechtlichen Anforderungen, Rechnungslegungsvorschriften, Veränderungen in Aufbau- und Ablauforganisation) hin angepasst werden?
	▪ Existiert ein anwenderfreundlicher Servicesupport?
	▪ Werden durch die Implementierung, Anwendung und Auswertung größere Mengen an Redundanzen erzeugt? (»Datenmüll«)

6. Praxiserfahrungen aus dem Einsatz des RiskMiner

6.1. Entwicklung der Portfolioqualität

433 Seit Einführung des RiskMiner und des Risikofrühwarnindikators ist im Zusammenhang mit der konsequenten Prozessintegration und der strikten Handhabung dieser Prozesse eine **stetige Verbesserung der Portfolioqualität** zu verzeichnen. Dabei bemisst sich die Portfolioqualität einerseits durch die Ausfallrate und andererseits durch die **Anzahl der auffälligen bzw. der aus dem unauffälligen in den auffälligen Bereich gewanderten Engagements**.

434 Im betreffenden Portfolio waren beide Effekte gleichermaßen zu beobachten. Durch gewisse Spielräume im Prozess zur Behandlung von auffälligen Engagements und durch klare Regeln für eine Gesundung wird die Gefahr einer »selbsterfüllenden Prophezeiung« für den Frühwarnindikator weitgehend ausgeschlossen.

6.2. Anwendererfahrungen

435 Die überwiegende Mehrheit der Anwender beurteilt die Funktionalität und das Handling des RiskMiner sehr positiv und stand dem System schon bei Neueinführung sehr offen und interessiert gegenüber. Als besonders vorteilhaft empfanden viele die **schnellen Analysemöglichkeiten und die gute Risikofrüherkennung**, wodurch der bisherige Schwerpunkt der Datengewinnung stark in Richtung Datenanalyse verschoben werden konnte.

436 Da jede Neuerung auch Ängste und Befürchtungen über die Ausgestaltung der Änderung und die Auswirkungen auf jeden Einzelnen mit sich bringt, gab es durchaus auch kritische Stimmen. Dabei erfolgte die Kritik teils offen und sachgerecht, jedoch teilweise auch eher pauschal und wenig sachgerecht. Hier konnte durch eine offene Kommunikation und ein pro-aktives Handeln Aufklärungsarbeit geleistet werden, die letztlich dazu beitrug, die Anwender von den Vorteilen des Systems zu überzeugen.

6.3. Kritische Erfolgsfaktoren

437 Nachstehend seien noch einmal die wesentlichen, kritischen Erfolgsfaktoren aufgeführt, die im Rahmen der Projektumsetzung und -einführung besonderer Aufmerksamkeit bedurften:

- Weitmöglichste Transparenz in Technik und Methode
- Demokratisierung der Informationen, d. h. jedem Nutzer die gleichen Rechte bzgl. Sichtbarkeit der Daten zur Verfügung stellen
- Einbindung der Nutzer in Produktentwicklung und Weiterentwicklung
- Offene und ehrliche Kommunikation
- Geeignete Schulungen der Anwender
- Regelmäßige Information der Anwender
- Support – regelmäßiger und erreichbarer Ansprechpartner, d. h. der Anwender will ernst genommen werden
- Einführung eines funktionierenden und wenig fehlerbehafteten Systems
- Integration in die Prozesse des Unternehmens
- klare Definition von Arbeitsanweisungen und Schnittstellen

6.4. Checkliste Praxiserfahrungen

Inhalt	Hinweise
Praxiserfahrungen	• Ist die Software benutzerfreundlich?
	• Sind Seminare, Workshops oder Dokumentationen für Einführungen, Software-Updates vorhanden?
	• Existieren jederzeit Ansprechpartner/Support (sowohl fachlich als auch bei IT-relevanten Problemen)?
	• Sind die Ergebnisse für alle relevanten Adressaten/Bereiche verfügbar oder nur einem bestimmten Personenbereich zugänglich?
	• Sind die Analysemöglichkeiten ausreichend, um unter Effizienzgesichtspunkten ein eindeutig interpretierbares Ergebnis generieren zu können?
	• Wurde fachseitig eine Hotline für Fragen zum Frühwarnverfahren eingerichtet?
	• Gibt es eine fachseitig zuständige Abteilung für die Entwicklung, Weiterentwicklung des Frühwarnverfahren?
	• Wird eine regelmäßige Validierung des Frühwarnverfahren durchgeführt?
	• Wird die Trennschärfe des Systems regelmäßig überprüft?
	• Fließen Praxiserfahrungen in der Anwendung und Interpretation für die Weiterentwicklung des Frühwarnsystems ein?

7. Validierung des Risikofrühwarnsystems

Risikofrühwarnsysteme basieren in der Regel auf **mathematischen und statistischen Verfahren** und bewerten eine Anzahl von Eingangsdaten nach vorgegebenen Kriterien aus Expertenmeinungen und empirischen Messungen.

Im Zeitverlauf können sich sowohl die Eingangsdaten als auch die Bewertungsmaßstäbe und -kriterien ändern, so dass es erforderlich ist, das Frühwarnsystem regelmäßig auf die Gültigkeit der zu Beginn definierten Annahmen und Grundlagen zu überprüfen. Diese Überprüfung, auch **Backtestung und Validierung** genannt, sollte daher in regelmäßigen Abständen und nach festgelegten Kriterien erfolgen.

Bei dem hier eingesetzten Frühwarnsystem als Portfoliomodell hat sich der **Drop-Down-Ansatz** als Herangehensweise zur Problemlösung bewährt. Das heißt, die Lösungsfindung (=Problem) erfolgt vom Allgemeinen hin zum Speziellen. Es wird die Auffassung vertreten, dass ein Portfoliomodell zunächst einmal für das zugrunde liegende Portfolio insgesamt ein gutes Ergebnis liefern muss. In weiteren Schritten wird der Nachweis der Validität für die kalibrierten Teilportfolien bis hin zu den einzelnen Parametern geführt.

Die Validierungsergebnisse ihrerseits begründen im weiteren Verlauf die Notwendigkeit von Folgeanalysen und Optimierungen.

Letztendlich können nach der absolvierten Backtesting- und Validierungsphase die Stärken und Schwächen des Modells sowie den Handlungsbedarf für eventuell notwendige weitere Optimierungen identifiziert werden.

7.1. Grundlagen

Das regelmäßige Backtesting und eine Validierung der Modellannahmen sollten mit Einführung eines Modells im Verlauf dessen Einsatzes mit eingeplant werden.

Backtesting und Validierung

Dabei bezeichnet **Backtesting** im engeren Sinne den **Test der historischen Entscheidungsqualität** eines Modells an historischen, d. h. bereits bekannten Daten. Durch Modifizierung der Parameter kann für den historischen Zeitraum eine **hohe Entscheidungsqualität** erreicht werden. Das muss jedoch nicht zwangsläufig auch für aktuelle und zukünftige Daten gelten. Zur Unterlegung der Modellannahmen wird oft eine zweite Stichprobe mit aktuellen Daten ähnlichen Umfangs für eine erneute Modellprüfung verwendet.

Fällt das Ergebnis positiv aus, kann mit gewisser Sicherheit davon ausgegangen werden, dass das Modell zweckgerecht funktioniert. Nach wie vor besteht jedoch das Problem, dass Aussagen für die Zukunft nur mit einer gewissen Wahrscheinlichkeit und nicht sicher aus den historischen Daten und den Modellergebnissen getroffen werden können. Bestimmte Indikatoren, wie z. B. die Portfoliozusammensetzung oder andere Merkmale die eine geringe Volatilität aufweisen, lassen jedoch Annahmen zu, dass sich Datenbasis und Modellergebnis qualitativ während der zukünftigen Beobachtungsphase nicht zu stark unterscheiden.

445   Die **Validierung** eines Modells beschäftigt sich im Gegensatz zum Backtesting mit der **Prüfung auf die Gültigkeit eines Modells bzw. einzelner Modellannahmen**. Hierzu werden objektive Kriterien als Messgröße herangezogen. Auf Basis der definierten Messgrößen werden aus den dem Modell zugrundeliegenden Daten die relevanten Informationen selektiert und gegen die Messgröße abgeglichen. Liegt das Ergebnis innerhalb eines erwarteten Rahmens kann die Validierung als erfolgreich angesehen werden. Der erwartete Modellerfolg wäre somit eingetreten.

446   Zur Bestätigung des Modellerfolges und zur Durchführung möglicher Korrekturen ist es daher ratsam, eine regelmäßige Prüfung des Modells vorzusehen.

Technische Möglichkeiten für Backtesting und Validierung

447   Für die heutigen Zwecke des Backtestings und der Modellvalidierung stehen dem Anwender verschiedene technische Möglichkeiten zur Verfügung. Das sind neben modernen und erleichterten Zugriffsmöglichkeiten auf Datenbanken und Datenbestände (siehe auch Kapitel 5.2, BI-Tools) auch eine Vielzahl von statistischen Computerprogrammen. Moderne Computerprogramme legen hier ihren Schwerpunkt zunehmend auf die anwenderorientierte Bereitstellung der statistischen Verfahren, weg von der manuellen Berechnung. Einige dieser Programme sind z. B.:

- SAS
- S-Plus
- SPSS
- Statistica

448   Die bekanntesten Programme sind SAS und SPSS. Viele Programme bieten dem Anwender einen **modularen Aufbau**, so dass diese auch hinsichtlich des Leistungsumfanges und der entstehenden Lizenzkosten weitgehend auf den Anwendungszweck zugeschnitten werden können. Zusätzlich zu einer Menü-

führung im Windows Style wird auch oft eine Programmiersprache mit angeboten, die es dem Anwender erlaubt, über die Standardfunktionen hinaus individuelle Berechnungen vorzunehmen oder ganze Abläufe von der Datengewinnung und Normalisierung bis hin zur Ergebnisansicht zu programmieren. Eine Programmierfunktion ist regelmäßig dann von Vorteil, wenn es darum geht, sich regelmäßig wiederholende Analysen effizienter zu gestalten.

Einige dieser Programme beschränken sich nun nicht mehr nur auf Nutzer aus universitärem oder statistisch-mathematischem Umfeld, sondern sind durch die neuen Funktionen der Menüführung zunehmend auch für Nutzer der Modellergebnisse (z. B. Fachanwender im Risikomanagement, in der Vertriebssteuerung) interessant. Ausgestattet mit dem notwendigen Basiswissen zu statistischen Verfahren und der Nutzung der Software sind so einfache oder standardisierte bzw. regelmäßige Analysen durch den Fachanwender recht unkompliziert möglich. 449

Die Produktanalyse zum Einsatz einer geeigneten Statistiksoftware erfolgte unter den Hauptkriterien 450

- Kosten
- Funktionsumfang
- Bedienungskomfort
- Schulungsaufwand
- Inbetriebnahmeaufwand

Während der Produktanalyse wurden Referenzen von bereits im Hause befindlicher Statistiksoftware eingeholt und Hersteller um eine Demonstration gebeten, während auf spezielle Fragen zum Produkt und dessen Nutzung eingegangen werden konnte. Ein Besuch auf der CeBit war hierbei insgesamt hilfreich, um einen ersten Überblick zu gewinnen. 451

Im Ergebnis entschieden wir uns für die Software von **SPSS®**. Diese bot ein ausgezeichnetes Preis-Leistungs-Verhältnis, war leicht auf einem Client zu installieren und konnte durch die Modulstruktur an unsere Anwendererfordernisse angepasst werden. 452

Eine Anwenderschulung ermöglichte eine kurzfristige Nutzung durch die Fachanwender. 453

7.2. Trennschärfeanalysen

454 Im Rahmen der Validierung von Modellen werden meist **statistische Verfahren** eingesetzt. Trennschärfeanalysen stellen bei der Validierung oft genutzte Verfahren dar und ermöglichen eine gute Beurteilung der historischen Entscheidungsqualität.

455 Die Trennschärfe wurde als **Gini-Koeffizienten** G berechnet. Der Gini-Koeffizient selbst wurde auf Basis der **ROC Kurve** (**R**eceiver **O**perating **C**haracteristic) berechnet. Bei der ROC Kurve handelt es sich um ein **Maß zur Bestimmung der Schätzgüte**. Zur Berechnung des Gini-Koeffizienten wird die Fläche unterhalb der ROC Kurve ermittelt, die sogenannte **AUC** (**A**rea **U**nder **C**urve). Der Gini-Koeffizient berechnet sich dann als

$$G = 2 \times AUC - 1$$

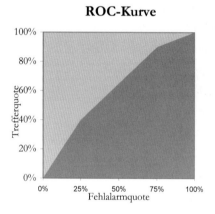

Abbildung 21: Schematische Darstellung einer ROC-Kurve zur Berechnung des Gini-Koeffizienten

456 Weitere gebräuchliche Bezeichnungen für Trennschärfemaße sind **Powerkurve oder Lorenzkurve**, wobei es sich insgesamt um ineinander überführbare Kennzahlen handelt. Letztlich basieren die Kennzahlen auf der Methode der Lorenzkurve, der Bestimmung von Konzentrationsmaßen.

Die Fläche AUC der ROC Kurve kann Werte zwischen 0 und 1 annehmen. Je näher der Wert der AUC gegen 1 oder 0 strebt, desto stärker bzw. schwächer ist die Trennschärfe. Eine AUC von 0,5 bedeutet zum Beispiel, dass das Model nicht von einem Würfel zu unterscheiden ist.

In der Literatur werden die Trennschärfen von Modellen wie folgt eingestuft:

Gini

- 0 % - 20 %
- 20 % - 40 %
- 40 % - 60 %   Akzeptabel
- 60 % - 80 %   Hervorragend
- 80 % - 100 % Überragend

Die Ermittlung der ROC-Kurve selbst erfolgte mit SPSS, so dass aufwändige manuelle Berechnungen nicht nötig waren. Die benötigten Daten mussten lediglich die folgenden Merkmale aufweisen

- Datum (Stichtag)
- Schlüssel (Konto-/Kundennummer)
- Kundengruppe
- Risikowahrscheinlichkeit
- Teilrisikowahrscheinlichkeit
  - Kontoführung
  - Kredithistorie
  - Management
  - Wirtschaftliche Situation
- Ausfall Ja/Nein

Daneben wurden die Ergebnisse in tabellarischer Form und zur besseren Veranschaulichung auch als Grafik ausgegeben.

Die Daten wurden direkt aus dem RiskMiner erzeugt und in dem von SPSS benötigten Format abgespeichert. So ist es ohne größeren Aufwand möglich, die Daten zu aktualisieren oder mit neuen Stichtagen zu erzeugen, um neue Analysen in SPSS zu erstellen.

Die Trennschärfeanalysen wurden in den nachfolgend detaillierter beschriebenen Schritten durchgeführt:

KONZEPTION, PROJEKTBEGLEITUNG UND SELF ASSESSMENT

- Teilportfolien
- unterschiedliche Zeiträume im Analysezeitraum
- aufeinanderfolgende Zeiträume zur Stabilitätsprüfung

463 In den Analyseergebnissen wurden zum Teil Ergebnisse aus verschiedenen Analysen zur besseren Übersicht zusammengefasst.

Trennschärfeermittlung von Teilportfolien

464 Bei der Validierung des RPI wurde die Trennschärfe Top-Down in den nachfolgenden Schritten ermittelt:

- Gesamtportfolio
- Teilportfolien nach Kundengruppen (Privatkunden, Geschäftskunden, Firmenkunden)
- Teilrisikowahrscheinlichkeiten

465 Die Berechnung der Trennschärfe erfolgte auf Basis eines Zeitraumes von 12 Monaten. Dabei werden die nicht ausgefallenen Verträge aus t_{-12} vs. der aus diesen (t_{-12}) ausgefallenen Verträge zum Zeitpunkt t_0 ins Verhältnis gesetzt. Es wurden demnach alle Ausfälle des 12monats-Zeitraumes kumuliert im Verhältnis zum nicht ausgefallenen Portfolio betrachtet.

466 Die Analyse der verschiedenen Teilportfolien und Teilrisikowahrscheinlichkeiten dient der Beurteilung der Trennschärfen gemäß der Modellkalibrierung. Aus den Ergebnissen lassen sich Rückschlüsse auf mögliche Schwächen in den Modellparametrisierung oder der Datengrundlage ziehen.

Gesamtportfolio:

Indikatoren	Fläche (AUC)	GINI %
RW	0,754	50,8 %
TRW_KF	0,736	47,2 %
TRW_WS	0,540	8,0 %
TRW_KH	0,515	3,0 %
TRW_MG	0,549	9,8 %

Abbildung 22: Beispiel Ermittlung der Teilrisikowahrscheinlichkeiten für das Gesamtportfolio

ROC-Kurve

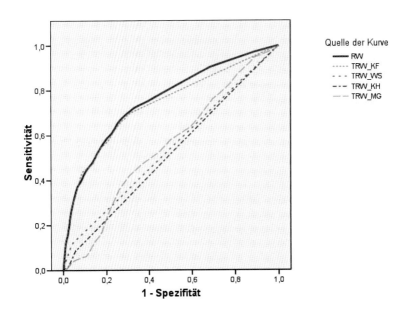

Abbildung 23: Beispiel Darstellung der Teilrisikowahrscheinlichkeiten als ROC-Kurven für das Gesamtportfolio

Teilportfolio Geschäftskunden:

Indikatoren	Fläche (AUC)	GINI %
RW	0,760	52,0 %
TRW_KF	0,744	48,8 %
TRW_WS	0,546	9,2 %
TRW_KH	0,547	9,4 %
TRW_MG	0,585	17,0 %

Abbildung 24: Beispiel Ermittlung der Teilrisikowahrscheinlichkeiten für das Teilportfolio Geschäftskunden

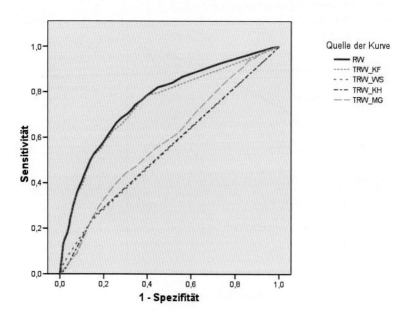

Abbildung 25: Beispiel Darstellung der Teilrisikowahrscheinlichkeiten als ROC-Kurven für das Teilportfolio Geschäftskunden

467 Die beispielhaften Analysen des Gesamtportfolios und eines Teilportfolios »Geschäftskunden« verdeutlichen, dass die Gesamttrennschärfen eng beieinander liegen, jedoch schon teils deutlich unterschiedliche Werte hinsichtlich der Ausprägungen der Trennschärfen für die Teilrisikowahrscheinlichkeiten existieren.

468 Den größten Einfluss auf die Trennschärfe hat die Teilrisikowahrscheinlichkeit (TRW) Kontoführung, einen tendenziell positiven Einfluss die TRW Management. Die TRW's Kredithistorie und wirtschaftliche Situation zeigen keinen bedeutsamen Einfluss auf die Trennschärfe.

469 Die Ursache könnte ein mangelnder Informationsgehalt der zugrundeliegenden Parameter sein. Hier wären noch weiterführende Analysen erforderlich, um die Ursachen zu ermitteln.

Trennschärfeermittlung im Analysezeitraum

Zusätzlich erfolgte die Betrachtung über jeweils einen Zeitraum von 3, 6 und 9 Monaten. Diese Analyse lässt Rückschlüsse auf die Modellqualität in zeitlicher Hinsicht zu. Die Trennschärfe sollte mit herannahendem Ausfallzeitpunkt zunehmen.

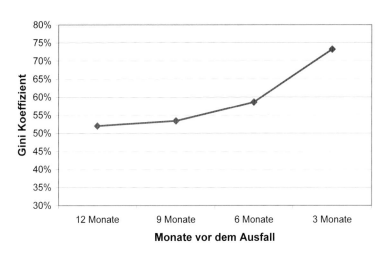

Trennschärfe: GK

	12 Monate	9 Monate	6 Monate	3 Monate
RW	52,0 %	53,4 %	58,6 %	73,2 %
TRW_KF	48,8 %	50,4 %	56,4 %	72,2 %
TRW_WS	9,2 %	6,8 %	3,4 %	-1,6 %
TRW_KH	9,4 %	8,6 %	6,2 %	3,4 %
TRW_MG	17,0 %	16,4 %	19,6 %	30,6 %

Abbildung 26: Beispiel Trennschärfen-Analyse des Teilportfolios Geschäftskunden

471 Die Analyse der Trennschärfe im Analysezeitraum zeigt erwartungsgemäß einen Anstieg der Trennschärfe. Bemerkenswert ist jedoch, dass die TRW wirtschaftliche Situation einen negativen Einfluss auf die Trennschärfe hat. Weiterführende Analysen wären notwendig, um die Ursachen zu ergründen.

Trennschärfermittlung zur Stabilitätsprüfung

472 Zur Bestätigung der Stabilität der Trennschärfe der Risikowahrscheinlichkeit werden mehrere aufeinander folgende 12-Monats-Zeiträume analysiert. Es werden hierbei keine wesentlichen Schwankungen erwartet.

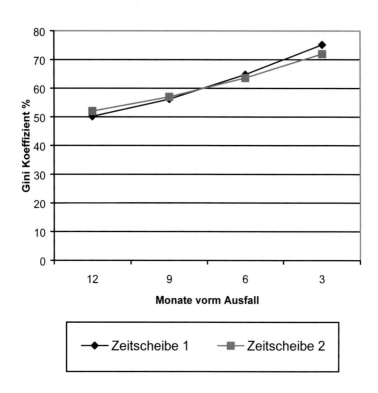

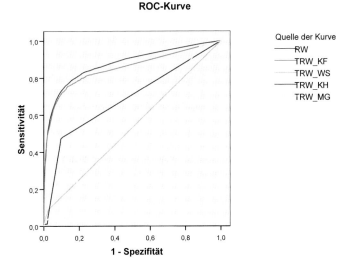

Abbildung 27: Beispiel Analyse mehrerer 12monats-Zeiträume

Der Vergleich der Trennschärfen für zwei Zeitscheiben zeigt keine signifikanten Unterschiede, woraus die Schlussfolgerung eines auch im Zeitverlauf stabilen Modells gezogen werden kann.

Der ROC Kurve kann dabei ein durchweg positiver Beitrag der TRW's zur gesamten Trennschärfe entnommen werden.

7.3. Optimierung von Parametern

Im Ergebnis der Validierung der Trennschärfen auf Portfolioebene können sich **Anhaltspunkte für einen weiteren Analysebedarf** ergeben. Diese weiterführenden Analysen haben das Ziel, zunächst die **Ursachen** unerwünschter Effekte zu ergründen und anschließend nach **Lösungen** zu suchen.

Eine mögliche Lösung ist dabei die **Optimierung bereits bestehender Parameter und Einstellungen**. Dieser Weg stellt auch unter ökonomischen Gesichtspunkten eine zunächst favorisierte Lösung dar, da hier lediglich variable Bestandteile des Modells geändert werden müssen und eine aufwändige Neuprogrammierung von Parametern entfällt.

477 Nachfolgend wird jeweils ein möglicher Weg zur Optimierung der Teilrisikowahrscheinlichkeiten und einzelner Parameter beschrieben.

Teilrisikowahrscheinlichkeiten

478 Die Optimierung der Gewichtung der Teilrisikowahrscheinlichkeiten erfolgte mittels der logistischen Regression.

479 Zur Berechnung wurde das Teilportfolio Firmenkunden in eine Trainings- und eine Teststichprobe geteilt. Die Trainingsstichprobe dient als Grundlage für die Optimierung; anhand der Teststichprobe wird geprüft, ob die Optimierung auch beim Rest des Portfolios zu verbesserten Ergebnissen führt.

FK	Alte Gewichtung	Neue Gewichtung
Kontoführung	25 %	80 %
Kredithistorie	5 %	0 %
Wirtschaftliche Situation	65 %	5 %
Management MG	5 %	15 %

Abbildung 28: Beispiel Optimierung der Teilrisikowahrscheinlichkeiten

480 Mit den so neu berechneten Gewichtungen wird die Risikowahrscheinlichkeit und daraufhin eine neue ROC-Kurve zur Ermittlung des Gini-Koeffizienten neu berechnet.

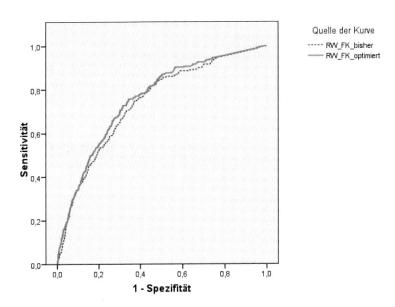

Abbildung 29: Beispiel neu berechneter Gini-Koeffizient für optimierte Risikogewichtungen

Im Ergebnis konnte eine Verbesserung der Trennschärfe um 4 %-Punkte erzielt werden. Die Ergebnisverbesserung ist augenscheinlich zwar nicht besonders hoch, der Aufwand für den Test und die Umsetzung im Modell jedoch gering, so dass eine Mitnahme dieses positiven Effektes durchaus sinnvoll ist.

Einzelparameter

Einzelparameter lassen sich hinsichtlich des Vorhandenseins des Parameters selbst und seiner individuellen Einstellungen optimieren. Parametereinstellungen lassen sich anhand **iterativer Methoden**, z. B. **Monte Carlo Simulation** optimieren. Nachfolgend wird die Möglichkeit zur Optimierung des Vorhandenseins von Parametern, folglich der Identifizierung der wirklich wichtigen Parameter, beschrieben.

Die bedeutenden Parameter lassen sich gut anhand von **Entscheidungsbäumen** identifizieren.

484　Entscheidungsbäume erlauben es, Klassifikationssysteme zu entwickeln, die zukünftige Beobachtungen auf Basis eines Satzes von Entscheidungsregeln vorhersagen.

485　Entscheidungsbäume können prinzipiell zur Vorhersage **kategorialer (binär oder mehrfach kategorial) Merkmale** sowie **metrischer Größen** verwendet werden. Bei der Vorhersage kategorialer Merkmale liefern sie neben der vorhergesagten Kategorie zugleich indirekt auch eine Wahrscheinlichkeit für das Zutreffen der Kategorie (entsprechend dem Anteil der Kategorie in einer definierten Endmenge).

486　Entscheidungsbäume beginnen mit einem Stamm, an dessen Ende sich eine Verzweigung befindet, die in mehrere wiederum verzweigte Äste führt. Jeder Endpunkt (auch als Endmenge, Endknoten oder Blatt bezeichnet) des Baums ist durch einen eindeutigen Weg erreichbar.

487　Entscheidungsbäume trennen die Daten in mehrere Gruppen, welche jeweils durch eine Regel mit mindestens einer Bedingung bestimmt werden. Um eine Klassifikation abzulesen, wird entlang des Baumes abwärts gegangen. Bei jedem Knoten wird ein Attribut abgefragt und eine Entscheidung getroffen. Diese Prozedur wird so lange fortgesetzt, bis ein Blatt erreicht wird. Im binären Entscheidungsbaum wird zum Beispiel eine Serie von Fragen gestellt, welche alle mit Ja oder Nein beantwortet werden können. Diese Serie ergibt ein Resultat, welches durch eine Regel bestimmt ist. Die Regel ist einfach ablesbar, wenn von der Wurzel her den Ästen des Baumes bis zu einem bestimmten Blatt gefolgt wird, welches das Resultat der Fragereihe darstellt.

488　Generiert werden die Entscheidungsbäume üblicherweise im **Top-down-Prinzip**. Bei jedem Schritt wird genau das Attribut gesucht, mit welchem die Daten am besten klassifiziert werden können.

489　Das Ergebnis ist ein Entscheidungsbaum, wie in Kapitel 8.1 dargestellt.

7.4. Checkliste Validierung des Risikofrühwarnsystems

Inhalt	Hinweise
Validierung/Backtesting	• Wurde bereits ein regelmäßiger Validierungsprozess etabliert bzw. ist dieser geplant?
	• Sind für die Validierung geeignete Ressourcen vorhanden (Mitarbeiter, Hardware, Software)?
	• Erfüllt die Anwendung einer Statistiksoftware die vorher festgelegten Anforderungen unter Kosten-/Nutzenrelationen?
	• Gibt es neben den regelmäßigen Validierungsschwerpunkten weitere Ad-hoc-Themen?
	• Werden objektive Kriterien als Messgrößen für die Validierung hinzugezogen?
	• Lassen die Validierungsergebnisse einen positiven Einfluss auf die Geschäftsentwicklung, -steuerung erwarten?
	• Können die Validierungsergebnisse zeitnah in die Programmierung bzw. weitere Geschäftsprozesse überführt werden?

KONZEPTION, PROJEKTBEGLEITUNG UND SELF ASSESSMENT

8. Trends in der Entwicklung

490 In diesem Kapitel werden inzwischen marktreife Entwicklungen in der Modellbildung und -weiterentwicklung kurz dargestellt und mögliche Potentiale aufgezeigt.

8.1. Data Mining

491 Bisher wurde das Ausfallrisiko stets auf Basis des Risikoportfolioindikators (RPI) berechnet. Dabei handelte es sich zunächst um ein Fachkonzept auf Expertenbasis. Gleichwohl konnte bereits gezeigt werden, dass etwa bei Firmenkunden mit Hilfe des statistischen Verfahrens der logistischen Regression und der daraus abgeleiteten Neugewichtung der Teilrisikowahrscheinlichkeiten innerhalb des Fachkonzeptes Verbesserungen möglich waren.

492 Alternativ hierzu bietet sich die Möglichkeit an, Ausfallrisiken direkt mit **Data-Mining-Verfahren (hier z. B. Entscheidungsbäumen und Neuronalen Netzen)** dynamisch zu kalkulieren. Hierbei werden weniger Expertenannahmen berücksichtigt, als vielmehr mathematisch und automatisiert komplexe Regeln aus den empirischen Historiendaten abgeleitet.

493 Grundlage waren die zur Zeit aktuellen Risikoparameter, die auch im RPI Verwendung finden. Eingesetzt wurden die Funktionswerte der einzelnen Parameter, die als expertenbasierte Schätzung der damit verbunden Risikowahrscheinlichkeiten angesehen werden können und einen Wertebereich zwischen 0 und 1 umfassen.

494 Da Parameter, die für den einzelnen Kunden als nicht auffällig (neutral) angesehen wurden, in den Datenquellen gemäß dem RPI-Fachkonzept keine Ausprägung erhielten, gingen diese mit einem Wert von 0,0999 in die Data-Mining-Modelle als mögliche Prädiktoren ein.

495 Außer den Risikoparametern wurden den Data-Mining-Verfahren zur Modellierung der Ausfallrisiken darüber hinaus das Limit, die Inanspruchnahme und die Dauer des Kreditvertrages sowie die Bilanzierungspflichtigkeit als potentielle Prädiktoren zur Verfügung gestellt.

496 Als **Zielkriterium** wurde der **Ausfall innerhalb von 12 Monaten** definiert. Die Modellbildung erfolgte getrennt für die verschiedenen Kundengruppen. Der Datenbestand wurde in eine Trainingsstichprobe und eine Teststichprobe (Hold-Out-Cases) im Verhältnis 60 zu 40 unterteilt. Die Entwicklung der Modelle erfolgte lediglich anhand der Trainingsstichprobe. Die nachfolgende

Evaluation der Modelle bzw. die Trennschärfeüberprüfung der mit den Modellen berechneten Scores wurde zum Vergleich in der Trainingsstichprobe und in der Teststichprobe sowie in der Gesamtstichprobe durchgeführt.

Für die Modellentwicklung wurde die Trainingsstichprobe so balanciert, dass Vertragsausfälle und Nicht-Ausfälle im gleichen Verhältnis vorlagen (50:50 Boosting). 497

Es wurde jeweils ein **Entscheidungsbaum (CART-Verfahren)** sowie ein **Neuronales Netz (QUICK-Verfahren)** gerechnet. Der Entscheidungsbaum wurde automatisiert in ein Scoring umgesetzt. Dabei wird jedem Kunden entsprechend den dargestellten Regeln derjenige Score (RW_Baum) zugeordnet, der dem Anteil der Ausfälle in den Endsegmenten des Baumes entspricht. Das CART-Modell für eine Kundengruppe resultierte in dem nachfolgend dargestellten Entscheidungsbaum: 498

KONZEPTION, PROJEKTBEGLEITUNG UND SELF ASSESSMENT

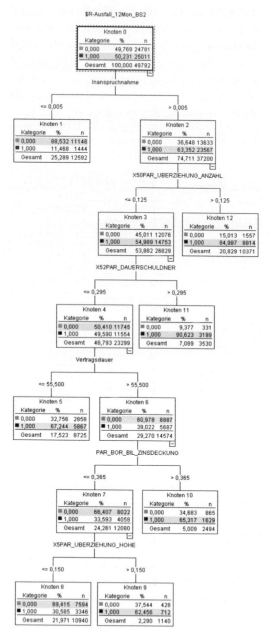

Abbildung 30: Beispiel Entscheidungsbaum für eine Kundengruppe

In einem zweiten Schritt wurden die Ausfallrisiken mit einem **Neuronalen Netz (QUICK)** in der Trainingsstichprobe modelliert. Die mit einem neuronalen Netz ermittelten Regeln haben naturgemäß eine extrem hohe Komplexität und entziehen sich daher einer anschaulichen Darstellung (Blackbox). Mit der sogenannten Sensitivitätsanalyse ist es dennoch möglich die Relevanz der einzelnen Prädiktoren im Netz anzugeben. In der nachfolgend dargestellten **Sensitivitätstabelle** (Auszug) für eine Kundengruppe sind die Relevanzen der Prädiktoren anhand des stärksten Prädiktors (Wichtigkeit=100) standardisiert angegeben:

Prädiktor	Bereich	Relevanz
Vertragsdauer Zeit	Zusatz	100
Dauerschuldner	Kontoführung	94
Umsatzbetrag relativ zum Vormonatsbetrag (stichtagsbezogen)	Kontoführung	85
Tendenz Inanspruchnahme auf Vertragsebene	Kontoführung	80
Kreditart	Persönliche Situation	77
Dauer der Überziehung	Kontoführung	75
Schuldenkapazität	Wirtschaftliche Situation	72
Höhe der Überziehung (prozentual zur Inanspruchnahme)	Kontoführung	70
Bilanzpflicht	Wirtschaftliche Situation	66
Alter	Persönliche Situation	65
Profitabilität	Wirtschaftliche Situation	65
Umsatz Tendenz monatlich	Kontoführung	65
abgelaufene Wiedervorlage	Kredithistorie	64
Umsatzbetrag relativ zum Vorjahresbetrag (stichtagsbezogen)	Kontoführung	62
Pfändung liegt vor	Kredithistorie	59
Anzahl der Erhöhungen der Kreditlinie	Kontoführung	58
Relative Entwicklung der Inanspruchnahme auf Unterkontoebene	Kontoführung	56
Umsatzveränderung	Wirtschaftliche Situation	51
Abschlusszeitraum der Bilanz	Wirtschaftliche Situation	49
Zinsdeckung	Wirtschaftliche Situation	48

Abbildung 31: Beispiel einer Sensitivitätstabelle für eine Kundengruppe

Der Neuronale Netz wird automatisiert in ein Scoring für die Firmenkunden umgesetzt. Dabei wird jedem Kunden ein Score (RW-Netz) zugeordnet.

8.2. Dynamische Risikofrüherkennung

Für die dynamische Risikofrüherkennung werden mehrere Verfahren auf Data Mining Basis miteinander kombiniert und durch iterative Berechnungen ein optimale Kombination ermittelt. In diesem Schritt wird ein so genanntes Metamodell berechnet.

KONZEPTION, PROJEKTBEGLEITUNG UND SELF ASSESSMENT

502 Durch dieses Verfahren ist es möglich, die Vorteile verschiedener Methoden miteinander zu kombinieren. Der auf Basis des Metamodells und seinen Teilmodellen für jeden Kunden erzeugbare Meta-Score (RW-META) darf direkt als Schätzung der individuellen Ausfallwahrscheinlichkeit (iPD) interpretiert werden. Die ermittelte Gewichtung wurde danach als Formel auf alle Kunden angewendet.

503 Im folgenden sind die **ROC-Kurven** der berechneten Data-Mining-Modelle für eine Kundengruppe dargestellt:

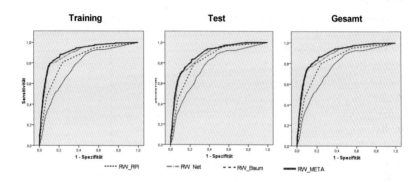

Abbildung 32: Beispiel ROC-Kurven der berechneten Data-Mining-Modelle für eine Kundengruppe

504 Die folgende Tabelle beinhaltet die dazugehörigen AUC- und GINI-Werte der Data-Mining-Modelle:

505 Die Ergebnisse, d. h. die Scores des Meta-Modells sind zum großen Teil durch das Neuronale Netz bestimmt. Daher ist die Intelligenz, die im gesamten Meta-Modell steckt, ebenso schwierig als einfache Regelsammlung darstellbar wie das Neuronale Netz selbst.

506 Der Score, der vom Meta-Modell geliefert wird (RW_Meta), kann jedoch als metrische Kriteriumsvariable wiederum mit einem Entscheidungsbaum (CART) modelliert werden. Damit werden indirekt die Regeln des Meta-Modells in groben Zügen sichtbar.

507 Für das betrachtete Teilportfolio konnte die Trennschärfe um 26 %-Punkte erhöht werden, was fachlich eine enorme Verbesserung darstellt.

9. Literaturverzeichnis und Internetquellen

Accenture: Credit Risk Indicator – Ein Frühwarnsystem für Kreditrisiken http://www.accenture.de/static_pdf/fs_pr_cri_1102.pdf vom 02.11.2004.

BaFin: Mindestanforderungen an das Kreditgeschäft der Kreditinstitute – Rundschreiben 34/2002 an alle Kreditinstitute der Bundesrepublik Deutschland, Bonn, 2002.

Baseler Ausschuss für Bankenaufsicht: Internationale Konvergenz der Kapitalmessung und Eigenkapitalanforderungen – Überarbeitete Rahmenvereinbarung, Basel, 2004.

Baxmann, Ulf: Entwicklungstendenzen im Kreditrisikomanagement, in: Baxmann, Ulf, (Hrsg.), 2. Norddeutscher Bankentag/5. Kreditwirtschaftliches Kontaktforum, Frankfurt a.M., 2001, S. 1-42.

Becker, Axel/Gruber, Walter: MaK – wesentliche Eckpunkte der neuen Verlautbarung, in: ZfgK, 55. Jahrgang, Heft 17, 2002, S. 862-867.

Becker, Axel: Die Prüfung von Frühwarnsystemen durch die Interne Revision unter Berücksichtigung der Mindestanforderungen an das Risikomanagement, in: Revision-Online.de, 2006.

Brebeck, Frank/Klunk, Thomas: Best Practices und Entwicklungstendenzen zum Risikofrüherkennungssystem, in: Lück, Wolfgang, (Hrsg.), Risikomanagement in der Unternehmenspraxis – Neue Anforderungen an die Corporate Governance und deren Umsetzung in Industrie- und Dienstleistungsunternehmen, Band 7, München, 2003, S. 85-99.

Buttler, Michael/Jasic, Teo: Wenn Kredite platzen, Risk Management: Vorsicht ist besser als Nachsicht, in: e-Banker, Nr. 02/2002, S. 62-66.

Deutsche Bundesbank: Mindestanforderungen an das Risikomanagement (MaRisk), http://www.bundesbank.de/download/bankenaufsicht/pdf/marisk/200518_rs.htm, vom 20.12.2005.

Dresdner Bank AG: Risiko- und Portfoliomanagement System, Präsentation, Dresdner Bank AG, Frankfurt a.M., 2002.

Hornung, Karlheinz/Reichmann, Thomas/Diederichs, Marc: Risikomanagement – Teil I: Konzeptionelle Ansätze zur pragmatischen Realisierung gesetzlicher Anforderungen, in: ZfC, 11 Jg., Heft 7, 1999, S. 317-325.

Karl, Eginhard W.: Kreditüberwachung – Ein Frühwarnsystem im Rahmen der Kontodatenanalyse, Bankwissenschaftliche Schriftenreihe, Band 80, Wien, 1995.

Kemper, Oliver/Sachse, Dirk: Die Balanced Scorecard als Bestandteil eines Frühwarnsystems, in: Henckel v. Donnersmarck, Marie/Schatz, Roland, (Hrsg.), Frühwarnsysteme, Bonn, 1999, S. 49-68.

Krakl, Johann/Herwig, Leins/Nolte-Hellwig, Ulf K.: Die Steuerung von Bonitätsrisiken im Firmenkundengeschäft, in: Lüthje, Bernd, (Hrsg.), Risikomanagement in Banken – Konzeptionen und Steuerungssysteme, Band 13, Bonn, 1991, S. 83-118.

Kütter, Georg: Anforderungen an das Management bankbetrieblicher Kreditrisiken aus Sicht der Wirtschaftsprüfung, in: Baxmann, Ulf, (Hrsg.), 2. Norddeutscher Bankentag/5. Kreditwirtschaftliches Kontaktforum, Frankfurt a.M., 2001, S. 87-104.

Lagger, Andre: Risikomanagement bei Banken, Zürich, 1995.

Lück, Wolfgang: Vom KonTraG über das Risikomanagementsystem und Überwachungssystem zur Corporate Governance, in: Lück, Wolfgang, (Hrsg.), Risikomanagement in der Unternehmenspraxis – Neue Anforderungen an die Corporate Governance und deren Umsetzung in Industrie- und Dienstleistungsunternehmen, Band 7, München, 2003, S. 1-27.

Machauer, Achim: Bankverhalten in Kreditbeziehungen, Wiesbaden, 1999.

Maderbacher, Michael: Früherkennung von Kreditrisiken – Dynamische Kontendatenanalyse zur Risikofrüherkennung, Wien, 1999.

Morgenschweis, Bernd: Frühzeitige Identifizierung von Risiken im Kreditgeschäft – ein Frühwarninstrument im Sinne der MaK, in: Becker, Axel/Gruber, Walter/Wohlert, Dirk, (Hrsg.), Handbuch Bankenaufsichtliche Entwicklungen – MaH, Grundsatz I, MaK, MaIR, Basel II, Stuttgart, 2004, S. 143-154.

Morgenschweis, Bernd/Boehme, Torsten/Ebersbach, Karsten: Kreditrisikomessung in der Praxis – Der Credit Risk Indicator als Frühwarnindikation, in: Lück, Wolfgang, (Hrsg.), Risikomanagement in der Unternehmenspraxis – Neue Anforderungen an die Corporate Governance und deren Umsetzung in Industrie- und Dienstleistungsunternehmen, Band 7, München, 2003, S. 149-163.

o.V. (2003): Mehr Transparenz – geringeres Risiko, http://www.businessobjects.de/customer/sucess_story_dreba.htm vom 30.08.2004.

o.V. (2004): Mehr Transparenz – geringeres Kreditrisiko, Kreditmanagement bei der Dresdner Bank mit Business Objects, http://www.isis-specials.de/profile_pdf/1b104_AB_bi.pdf vom 02.09.2004.

Rehbein, Ronny: Frühzeitige Identifizierung der Risiken des Kreditgeschäfts, http://1plusi.de/dokumente/1_plus_i_fachbeitrag_fruewarnverfahren.pdf vom 26.08.2004.

Runzheimer, Bodo/Wolf, Klaus: Risikomanagement und KonTraG – Konzeption und Implementierung, 2. Auflage, Wiesbaden, 2000.

Schmid, Wolfgang: Risikomanagementsystem und Überwachungssystem aus der Sicht des Vorstands, in: Lück, Wolfgang, (Hrsg.), Risikomanagement in der Unternehmenspraxis – Neue Anforderungen an die Corporate Governance und deren Umsetzung in Industrie- und Dienstleistungsunternehmen, Band 7, München, 2003, S. 29-43.

Schmoll, Anton: Handbuch der Kreditüberwachung, 2. Auflage, Wien, 1994.

Wang, Richard/Strong, Diane: Beyond Accuracy: What Data Quality Means to Data Consumers. In: Journal of Management Information Systems, Bd. 12, Nr. 4, 1996, S. 5-33.

Wiedemeier, Ingo: Marktdeduzierte Verfahren zur Integration von Kreditrisiken in die Unternehmenssteuerung, in: Eller, Roland/Gruber, Walter/Reif, Markus, (Hrsg.), Handbuch Gesamtbanksteuerung – Integration von Markt-, Kredit- und operationalen Risiken, Stuttgart, 2001, S. 335-362.

III.

Kreditrisikofrüherkennung in der Praxis – Ergebnisse einer empirischen Studie zum Einsatz risikogerechter Frühwarnindikatoren

III. Kreditrisikofrüherkennung in der Praxis – Ergebnisse einer empirischen Studie zum Einsatz risikogerechter Frühwarnindikatoren

1. Einführung

Frühwarnsysteme stellen Instrumente zur frühzeitigen Identifikation und systematischen Erfassung von Risiken dar. Mit ihrer Hilfe sollen Kreditinstitute in die Lage versetzt werden, in einem möglichst frühen Krisenstadium Gegenmaßnahmen einzuleiten. Aufsichtsrechtlich wird ihre Bedeutung über die aktuellen Mindestanforderungen an das Risikomanagement (MaRisk) deutlich.[65]

Die Hauptfunktionen eines Frühwarnsystems sind:[66]

- die Sammlung risikorelevanter Sachverhalte mittels Frühwarnindikatoren,
- Transformation der gewonnenen Informationen in Risikokategorien und
- die standardisierte Ableitung von Gegensteuerungsmaßnahmen abhängig vom Risikogehalt des betroffenen Engagements.

Das Fundament einer erfolgreichen Risikofrüherkennung ist demnach die richtige Auswahl und Gewichtung geeigneter Frühwarnindikatoren. Der vorliegende Beitrag beleuchtet dieses Problem aus einer anderen als der gewohnten Sicht. Die Bewertungen der Risikomerkmale basieren nicht auf statistischen Gütemaßen sondern auf Experteneinschätzungen von Firmenkundenberatern und Betreuern der Früherkennungsprozesse. Deren Akzeptanz entscheidet letztlich über Erfolg und Misserfolg einzelner Indikatoren sowie der Früherkennung insgesamt. Sie ist der Schlüssel für die Bereitschaft zur Weitergabe frühwarnrelevanter Informationen.

Sind die problembehafteten Engagements erst einmal identifiziert, sorgen geeignete Betreuungsprozesse im Idealfall für eine baldige Rückführung in den Markt. Ein zentrales Merkmal hierfür ist die rechtzeitige Übergabe auf Basis sinnvoller Überleitungskriterien von einer Betreuungsstufe zur nächsten.

---

65 Vgl. *BaFin (2005)*, BTO 1.3.
66 Vgl. *DSGV (o. J.)*.

512　Die Experteneinschätzungen stammen aus einer empirischen Studie im Rahmen des Forschungsprojekts »Controlling der Früherkennung von Kreditrisiken« am Lehrstuhl für Betriebswirtschaftslehre, insbesondere Unternehmensrechnung und Controlling der FernUniversität in Hagen (*Prof. Dr. Jörn Littkemann*) in Zusammenarbeit mit dem Deutschen Sparkassen- und Giroverband.[67] Dabei galt die Konzentration ausschließlich dem (mittelständischen) gewerblichen Kreditgeschäft. Das Retailgeschäft mit Privatkunden war nicht Gegenstand der Betrachtung.

513　Die empirische Studie verfolgt das Ziel, auf einer möglichst breiten Institutsbasis einen »Best-Practice-Ansatz« für den Risikofrüherkennungsprozess aufzuzeigen. Dennoch sind alle Ergebnisse immer vor dem Hintergrund der individuellen Besonderheiten des einzelnen Kreditinstitutes zu bewerten. Sofern am Ende zumindest einzelne Elemente der Früherkennung in den Häusern optimiert werden können, ist ein zentrales Anliegen des Forschungsprojekts erreicht.

514　Der Beitrag startet zunächst mit einigen Vorüberlegungen zum generellen Verlauf einer Unternehmenskrise. Darauf aufbauend folgen Ausführungen zur Auswahl von Frühwarnindikatoren und ihren Eignungskriterien. Im Anschluss werden die empirisch ermittelten Expertenurteile aus der Studie anhand übersichtlicher Checklisten dargestellt. Abschließend werden einzelne Frühwarnindikatoren in ihrer Eignung als »k.o.«-Kriterien für eine sofortige Überleitung aus der Normal- in die Intensivbetreuung untersucht.

67　Die Befragung fand im Zeitraum April/Mai 2008 unter Einbindung von 114 regionalen Sparkassen statt.

2. Vorbemerkungen zum Einsatz von Frühwarnindikatoren

2.1. Die Unternehmenskrise und ihre Identifikation

Unternehmenskrisen spiegeln »... ungewollte und ungeplante Prozesse mit begrenztem Reaktions- und Entscheidungszeitraum, in deren Verlauf sich Erfolgspotentiale, Reinvermögen und Liquidität so nachhaltig entwickeln, dass der Fortbestand der Unternehmung akut bedroht ist ...«[68] wider. Sie sind demnach zeitraumbezogene Phänomene, die sich in der Regel über mehrere Phasen entwickeln und zeitlich begrenzt sind.[69] In Theorie und Praxis findet sich keine einheitlich akzeptierte Form des Krisenverlaufs. Eine ausführliche Auseinandersetzung mit dieser Problematik ist auch nicht das Ziel dieses Beitrags. Dennoch sollen vor der Überprüfung konkreter Frühwarnindikatoren deren grundsätzliche Möglichkeiten und Grenzen anhand eines beispielhaften Krisenverlaufes herausgearbeitet werden.

---

[68] *Wimmer (2003)*, S. 71.
[69] Vgl. *Bea/Haas (1994)*, S. 486.

516 Die folgende Abbildung zeigt die einzelnen Phasen aus mehreren Perspektiven:

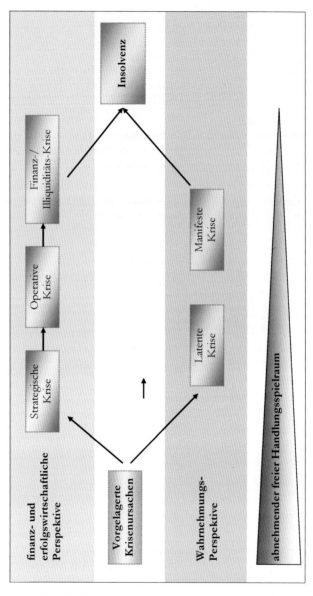

Abb. 1: Die Unternehmenskrise aus verschiedenen Prozessperspektiven
Quelle: In Anlehnung an Hauschildt/Grape/Schindler (2006), S. 8.

Die finanz- und erfolgswirtschaftliche Perspektive setzt an den Insolvenzursachen Überschuldung und Zahlungsunfähigkeit an. Sie teilt sich in drei Phasen:[70]

- Illiquiditäts- bzw. Finanzkrise:
  Illiquidität ist das Ergebnis eines finanzwirtschaftlichen Prozesses. Zu diesem Zeitpunkt treten fast nur noch finanzwirksame Belastungen wie die Fälligstellung von Krediten auf. Die Zahlungsfähigkeit ist unmittelbar gefährdet und die Insolvenz droht.

- Operative Krise:
  Erfolgs- und finanzwirksame Belastungen gehen Hand in Hand. Das Unternehmen leidet unter anderem an Verlusten im operativen Geschäft und hat einen steigenden Liquiditätsbedarf.

- Strategische Krise:
  In dieser Phase treten erfolgswirksame Belastungen wie geringere Deckungsbeiträge im operativen Geschäft auf. Marktveränderungen werden nicht ausreichend Rechnung getragen, strategische Fragestellungen zugunsten des Tagesgeschäfts hinausgeschoben. Häufig fehlt es auch an Flexibilität, die notwendigen Anpassungsmaßnahmen in Angriff zu nehmen.

Betrachtet man die Unternehmenskrise aus der Wahrnehmungs-Perspektive, dann lassen sich zwei Phasen unterscheiden:[71]

- Manifeste Krise:
  Die Krise wird zumindest einem Teil der Geschäftspartner des Unternehmens bekannt. Regelmäßige Folge sind nachteilige Reaktionen wie die Kündigung von Krediten durch Banken oder das Verlangen nach Vorkasse durch Lieferanten und damit der schnelle Übergang zur Insolvenz.

- Latente Krise:
  Die Krise ist den Geschäftspartnern noch verborgen. Vielfach ist sie auch im betroffenen Unternehmen selbst noch gar nicht richtig bewusst. Die Entscheidungsträger neigen bisweilen zum Ausblenden unangenehmer Wahrheiten.

Die dritte abgebildete Perspektive beinhaltet den verfügbaren Handlungsspielraum. Je näher die Insolvenz rückt, desto weniger Optionen verbleiben für eine Überwindung der Krise.

Umso mehr sich betroffene Unternehmer mit eigenen psychologischen Tricks vor der Wahrnehmung innerbetrieblicher Probleme drücken, umso wichtiger wird auf Seiten des Kreditinstituts ein ausgereiftes System zur Früherkennung

---

70   Vgl. *Leidig/Jordans (2004)*, S. 324 ff.; *Hauschildt (2005)*, S. 2.
71   Vgl. *Hauschildt/Leker (2000)*, S. 3.

von Fehlentwicklungen im Engagement. In der täglichen Praxis werden allerdings insbesondere strategische Krisen regelmäßig nicht festgestellt. Nun mag es tatsächlich an der »Unkenntnis der Bank vom Geschäft des Kunden« liegen, wie es *Freiherr von Leo-prechting/Sender* bissig formulieren.[72] Tatsächlich sind die Sensibilisierung für die Problematik und ein notwendiger Schulungsbedarf bei Firmenkundenbetreuern stets ein Thema.

521 Zunächst aber benötigt man schlichtweg geeignete Indikatoren für jede Phase. Grundsätzlich sind quantitative und qualitative Frühwarnindikatoren zu unterscheiden. Erstere umfassen quantitativ messbare Informationen aus Konto- und Systemdaten. Sie finden im Rahmen traditioneller Analysemethoden wie der Kontodaten- oder Jahresabschlussanalyse seit vielen Jahren Anwendung.[73] Im klassischen Zeitablauf einer Unternehmenskrise sind sie zum Teil erst verhältnismäßig spät sichtbar. Qualitative Frühwarnindikatoren beinhalten »weiche« Informationen aus der Tiefe der Kundenbeziehung. Sie ermöglichen die Identifikation problembehafteter Engagements häufig bereits in einem sehr frühen Krisenstadium. Daher benötigt eine erfolgreiche Risikofrüherkennung allein aus betriebswirtschaftlicher Sicht beide Facetten.[74]

2.2. Zur Auswahl geeigneter Frühwarnindikatoren

2.2.1. Quantitative Frühwarnindikatoren

522 Quantitative Indikatoren sind numerische Informationen und stammen in der Regel aus der Analyse von Jahresabschlüssen und Kontodaten. Da die wirksame Risikofrüherkennung eine laufende unterjährige Betrachtung der Engagements voraussetzt, spielen Bilanzkennzahlen im Gegensatz zum Rating nur eine untergeordnete Rolle. Folglich bieten sich in erster Linie die gewonnenen Informationen aus dem Kontoverhalten an. Diese Daten weisen eine Reihe positiver Charakteristika auf:[75]

- eine hohe Datenaktualität durch laufende und lückenlose Verbuchung von Zahlungsvorgängen,

---

72 *Leoprechting/Sender (2002)*, S. 705.
73 Die ersten Überlegungen zur Kontodatenanalyse formulierte *Eisfeld (1935)* bereits vor mehr als 70 Jahren. Das bislang umfassendste Forschungsprojekt führte ein Team der Universität Hohenheim um *Prof. Dr. von Stein* im Zeitraum 1978-1983 durch. Einen Überblick über klassische bilanzanalytische Kennzahlen und deren problematische Eignung für die Krisendiagnose geben *Littkemann/Krehl (2000)*.
74 Eine Auswahl relevanter Controllinginstrumente zur Risikofrüherkennung und -steuerung in der betrieblichen Praxis findet sich bei *Littkemann (2006)*.
75 Vgl. *Thanner (1991)*, S. 22 f.

- die kontinuierliche Fortschreibung des Datenbestandes,
- permanente Verfügbarkeit unabhängig von der Mitwirkung Dritter, insbesondere des Kreditnehmers,
- keine Verzerrung des Datenmaterials wie in der Bilanz durch Ansatz- oder Bewertungswahlrechte,
- geringe Manipulierbarkeit durch den Kreditnehmer (ausgenommen kriminelle Verfälschungen),
- keine zusätzlichen Datenbeschaffungsaktivitäten und -kosten, da die Daten bei der Abwicklung des Zahlungsverkehrs automatisch anfallen sowie
- exklusiver Besitz und damit ein Informationsvorsprung gegenüber potenziellen Konkurrenten.

Es gibt aber hinsichtlich der Prognosegüte auch einige Problemfelder zu beachten:[76]

- die Voraussetzung/Unterstellung einer Hauptbankverbindung für die volle Aussagekraft,
- die Beeinflussung einiger Kennzahlen durch die Höhe des Kreditlimits, welches auch im Ermessen der Bank liegt oder durch Sonderfaktoren wie die Erhebung einer Kreditprovision auf Kontokorrentlinien,
- der Einfluss von Buchungen außerhalb des gewöhnlichen Geschäftsprozesses wie z. B. Stornos, Darlehensvalutierungen, Umbuchungen zu Gunsten/Lasten Tagesgeld- und Termingeldkonten sowie betriebsfremder Umsätze sowie
- der Einfluss saisonaler Schwankungen.

Ist sich das Kreditinstitut dieser Problemfelder bewusst bzw. kann diese vielleicht sogar ein Stück weit lösen, dann kann es mittels einer dynamischen Kontodatenanalyse lange vor Einreichung des Jahresabschlusses kritische Unternehmensentwicklungen identifizieren. So konnte empirisch nachgewiesen werden, dass sich die Kontoverläufe solventer und gefährdeter Unternehmen im Zeitablauf signifikant unterscheiden.[77] Dabei sind Kontodaten natürlich nicht gleich Kontodaten. Der Beitrag unterscheidet im Folgenden stets zwischen »harten« Kontoindikatoren wie z. B. Überziehungssachverhalten und »weichen« Indikatoren wie beispielsweise das Umsatzverhalten des Kunden. Weiterführende Erläuterungen hierzu finden sich an geeigneter Stelle in den Kapiteln 3.1 und 3.2.

---

76 Vgl. *Dinkelmann (1995)*, S. 161 f.; *Karl (1995)*, S. 32.
77 Vgl. *Reuter/Welsch (1993)*, S. 48.

2.2.2. Qualitative Frühwarnindikatoren

525 Qualitative Merkmale stellen verbale Informationen dar. Es lassen sich Informationen mit und ohne Ermessenspielraum unterscheiden. So ist die Rechtsform eines Unternehmens eine feststehende qualitative Information. Bonitätsrelevante Informationen, die sich auf die aktuelle oder zukünftige Entwicklung des Unternehmens beziehen, müssen jedoch subjektiv bewertet werden und beinhalten damit stets auch einen Ermessensspielraum.[78] So weit möglich, sollten Kreditinstitute diesem Spielraum mittels klarer Definitionen und Arbeitsanweisungen begegnen. Die über alle Mitarbeiter identische Beachtung und Anwendung eines qualitativen Frühwarnindikators wird gleichwohl ein frommer Wunsch bleiben. Im Zweifel sollten einem hausintern akzeptierten und für gut befundenen Risikomerkmal in diesem Punkt keine Steine in den Weg gelegt werden. Solange ein Mehrwert erkennbar ist, wäre es wenig sinnvoll von vorneherein aus formalen Gründen auf die gewonnene Information zu verzichten.

2.3. Auswahl geeigneter Frühwarnindikatoren

526 In der Literatur finden sich zahlreiche Aufstellungen möglicher Frühwarnindikatoren.[79] Aber die Kernfrage beantwortet jedes Kreditinstitut in der Regel trotzdem nach wie vor für sich:

527 Welche Krisenindikatoren sind als geeignet anzusehen?

528 Geht man dieser Frage nach, dann wird schnell eine notwendige Grundlage deutlich. Für die Feststellung der Eignung müssen sinnvolle Beurteilungskriterien definiert sein. Es stellt sich vorweg also die Frage:

529 Nach welchen Kriterien können Krisenindikatoren sinnvoll beurteilt werden?

530 Trotz der aufsichtsrechtlichen Forderung eines Frühwarnsystems bieten die Mindestanforderungen zu diesen Problemstellungen wenig Hilfestellung. Vorausgesetzt wird lediglich der bereits als betriebswirtschaftlich sinnvoll eingestufte Mix aus quantitativen und qualitativen Frühwarnindikatoren. Der hierfür notwendige Auswahl- und Gewichtungsprozess ist kaum spezifiziert. Lediglich hinsichtlich zu erfüllender Gütekriterien geben die Erläuterungen zum ersatzweisen Einsatz eines Risikoklassifizierungsverfahrens zur Früherkennung einige Hinweise.[80] Demnach müssen die gewählten Indikatoren eine

---

78 Vgl. *Fischer (2004)*, S. 319.
79 Vgl. für quantitative Indikatoren *von Stein (1982)* und für qualitative Indikatoren *Kastner (2006)*.
80 Vgl. *BaFin (2005)*, BTO 1.3, Tz. 3 – Erläuterungen.

frühzeitige Warnung (indikatorenbezogene Komponente) und ständige Erkennung (zeitraumbezogene Komponente) von sich abzeichnenden Risiken gewährleisten. Das alleine ist aber aus Expertensicht nicht ausreichend. Ein guter Indikator sollte auch eindeutig sein. Je zuverlässiger die Warnung, desto besser. Beide Merkmale, Frühzeitigkeit und Eindeutigkeit, können mittels statistischer Gütemaße überprüft werden. Wozu also die weiteren aufwendigen Bemühungen um Experteneinschätzungen?

Bei weitem nicht alle Frühwarnindikatoren lassen sich so einfach ermitteln wie quantitative Merkmale aus Konto- und Systemdaten. Die große Zahl an qualitativen Indikatoren basiert auf der Kundenkenntnis der Berater. Daher ist es zwingend, dass die angedachten Risikosachverhalte an dieser Stelle auch verfügbar sind. Idealerweise ist dies mit einem vertretbaren Kosten-Nutzen-Verhältnis möglich. Kann ein Indikator nur unter einem unverhältnismäßig hohen Aufwand ermittelt werden, dann ist es im Zweifel besser auf ihn zu verzichten.

Damit stehen die vier zentralen Beurteilungskriterien Eindeutigkeit, Frühzeitigkeit, Verfügbarkeit und Vertretbarkeit fest.[81] Konflikte sind absehbar, insbesondere zwischen Eindeutigkeit und Frühzeitigkeit sowie zwischen Frühzeitigkeit und Verfügbarkeit. Die Einschätzung der Frühwarnindikatoren erfolgt auf einer 5stufigen Skala von sehr gut bis sehr schlecht anhand folgender Frage:

»Wie beurteilen Sie die Eignung folgender Indikatoren im Hinblick auf Ihre …

… **Eindeutigkeit**,

d. h. als zuverlässigen Hinweis auf ein problembehaftetes Engagement,

… **Frühzeitigkeit**,

d. h. als rechtzeitigen Hinweis auf ein problembehaftetes Engagement,

… **Verfügbarkeit**,

d. h. zeitnahe Kenntnis durch den Berater ist möglich,

… **Vertretbarkeit**,

d. h. akzeptable Ermittlung unter Kosten-Nutzen-Aspekten«.

Allerdings werden nur für qualitative Frühwarnindikatoren alle vier Dimensionen beurteilt, da für quantitative Indikatoren aus Konto- und Systemdaten definitionsgemäß kaum zusätzlicher Aufwand entsteht. Die Ergebnisse der

---

81 Vgl. zu genannten Kriterien auch *Hahn/Krystek (1979)*, S. 81 f.

EMPIRISCHE STUDIE – FRÜHWARNINDIKATOREN

Befragung werden in den nachfolgenden Kapiteln 3 und 4 mittels Checklisten in grafischer Form veranschaulicht und kommentiert. Ein uneingeschränkt geeigneter Frühwarnindikator erhält über alle Beurteilungsdimensionen eine gute bis sehr gute Bewertung.[82] Inwieweit davon abweichende Konstellationen noch akzeptabel sind, ist der individuellen Einschätzung im jeweiligen Kreditinstitut überlassen.

534 Nachfolgend werden die möglichen Ausprägungen in der Beurteilung dargestellt:

Befragungs-gruppe	Mögliche Ausprägungen in der Beurteilung				
	Sehr gut	Eher gut	Neutral	Eher schlecht	Sehr schlecht
Firmenkundenberater	↑	↗	→	↘	↓
Betreuer Risikofrüherkennung	↑	↗	→	↘	↓

Tab. 1: Beurteilungsdimensionen für Frühwarnindikatoren

535 Die Liste der beurteilten Frühwarnindikatoren erhebt keinen Anspruch auf Vollständigkeit. Sie basiert auf einem umfassenden Studium der betriebswirtschaftlichen Literatur, (frei) verfügbaren Informationen zu bestehenden Früherkennungssystemen und Expertengesprächen.

---

[82] Basis für die Einstufung ist jeweils der Median. Er ist robuster gegenüber Ausreißern als das arithmetische Mittel.

2.4. Checkliste zum Einsatz von Frühwarnindikatoren

- Unternehmenskrisen erstrecken sich über mehrere Phasen, die Insolvenz ist das Ergebnis eines Entwicklungsprozesses.
- Die Diagnose einer Krise sollte so rechtzeitig erfolgen, dass noch ausreichend Zeit für deren Bewältigung bleibt.
- Ein erfolgreiches System zur Früherkennung von Kreditrisiken benötigt Indikatoren für jede Phase der Unternehmenskrise.
- Quantitative Frühwarnindikatoren auf Basis der Kontodatenanalyse helfen, »gute« von »schlechten« Unternehmen zu unterscheiden. Die Kontoverläufe solventer und gefährdeter Engagements unterscheiden sich im Zeitablauf signifikant.
- Qualitative Frühwarnindikatoren beinhalten »weiche« Informationen aus der Tiefe der Kundenbeziehung. Ihr Einsatz ermöglicht die Identifikation problembehafteter Engagements bereits in einem sehr frühen Stadium der Unternehmenskrise.
- Bonitätsrelevante qualitative Frühwarnindikatoren beinhalten stets einen Ermessensspielraum. Sie sind mittels klarer Definitionen und Arbeitseinweisungen ausreichend zu präzisieren.
- Der Mehrwert eines qualitativen Frühwarnindikators ist im Zweifel höher zu gewichten als seine formale Konkretisierung. Ein völliger Verzicht aufgrund vermeintlich zu großer Handlungsspielräume dient der Früherkennung nicht.
- Eine erfolgreiche Risikofrüherkennung kann weder auf quantitative noch auf qualitative Frühwarnindikatoren verzichten.
- Der ideale Frühwarnindikator zeichnet sich durch eine eindeutige und frühzeitige Anzeige der Unternehmenskrise, die zeitnahe Verfügbarkeit und die ökonomische Vertretbarkeit bei der Ermittlung aus.

3. Einschätzungen zu quantitativen Frühwarnindikatoren

3.1. »Harte« Indikatoren aus Konto- und Systemdaten

536 »Harte« Frühwarnindikatoren bestechen durch ihre einfache Mess- und Nachvollziehbarkeit. Sie sind durch geringe Interpretationsspielräume gekennzeichnet. Echte Frühwarnung ist mit ihnen nicht mehr möglich. Sie treten sehr kurzfristig auf und zeigen bereits eingetretene Bonitätsverschlechterungen an. Insofern muss eher von unmissverständlichen Warnsignalen als von Frühwarnindikatoren gesprochen werden. Nichtsdestotrotz gibt ihre Bewertung immer wieder Anlass zur Diskussion. Überziehungssachverhalte werden bisweilen in Gesprächen mit Beratern als zusätzliche Ertragskomponente verteidigt. Dieser Sicht fehlt es – von der Risikoseite einmal ganz abgesehen – an einem realistischen Blick auf die Kostenseite. Neben der Tatsache, dass gelegentlich auf eine Vereinnahmung der Überziehungszinsen verzichtet wird, stehen die erzielten Erträge regelmäßig in keinem Verhältnis zum Aufwand aus der Kontodisposition sowie den Folgeprozessen mit Einholung, Erfassung, Freigabe und Archivierung entsprechender Genehmigungen. Ferner stellt sich in solchen Fällen die Frage, welcher Signale es eigentlich noch bedarf, bis die Krise des Unternehmens auch als solche akzeptiert und die notwendigen Maßnahmen eingeleitet werden.[83]

537 Die nachfolgenden Frühwarnindikatoren finden in dieser oder ähnlicher Form auch in diversen Risikoklassifizierungsverfahren Verwendung. Sie haben daher einen hohen Bekanntheitsgrad und gelten als klare Anzeichen für eine Unternehmenskrise.

---

83 Vgl. *Middelberg/Plegge (2001)*, S. 372.

Frühwarnindikatoren aus Konto- und Systemdaten – »Harte Indikatoren«	Beurteilungsdimensionen			
	Eindeutigkeit		Frühzeitigkeit	
Nicht binnen 5 Arbeitstagen erledigte Pfändung	↗	↗	↗	→
Mindestens 1 Scheckrückgabe	↗	↗		→
Mindestens 3 Lastschriftrückgaben	↗	↗	↗	↗
Anzahl der Überziehungstage	↗	↗	↗	↗
(mehrfache) Dauerüberziehung Giro >= 30 Tage	↗	↗	↗	↗
(mehrfache) Dauerüberziehung Giro >= 60 Tage	↗	↗	↗	↗
(mehrfache) Dauerüberziehung Giro >= 90 Tage	↑	↑	↗	↗
aktuell bestehende Überziehung	→	→	→	↗
Verschlechterung des Ratings	→	↗	↗	→
aktuell bestehender Verzug auf Darlehenskonten	↗	↗	↗	↗
(mehrfacher) Verzug auf Darlehenskonten >= 30 Tage	↑	↗	↗	↗
(mehrfacher) Verzug auf Darlehenskonten >= 60 Tage	↑	↑	↗	→
(mehrfacher) Verzug auf Darlehenskonten >= 90 Tage	↑	↑	↗	→
Anzahl der Monate mit mehr als 15 Überziehungstagen	↗	↗	↗	→

Tab. 2: »Harte« Frühwarnindikatoren aus Konto- und Systemdaten

Die Akzeptanz ist über alle abgefragten Indikatoren fast ausnahmslos gut. Etwas überraschend finden selbst die härtesten Warnsignale wie Dauerüberziehungen bei beiden Expertengruppen eine positive Zustimmung hinsichtlich der Frühzeitigkeit ihres Auftretens. Wenngleich die Einstufungen mitunter sehr knapp ausfielen, so hätte man dieses Ergebnis in Kenntnis des theoretischen Krisenverlaufes[84] einer Unternehmung nicht erwartet. Möglicherweise führt die langjährige Verwendung der Merkmale zu einer positiveren Grundeinstellung.

---

84 Vgl. Kap. 2.1.

539 Für die Verschlechterung des Ratings gilt das offenbar nicht. Obwohl dieses Merkmal in vielen Häusern einen Eckpfeiler der Kreditüberwachung- und steuerung darstellt, wird die Eignung im Rahmen der Früherkennung nur durchschnittlich bewertet. Daraus lässt sich indirekt auch ableiten, wie die befragten Personen wohl zum Einsatz des Ratings als Ersatz für ein eigenständiges Frühwarnsystem stehen. In der Studie gaben lediglich knapp 21 % der befragten Kreditinstitute an, ihre Risikofrüherkennung auf Basis bestehender traditioneller Instrumente wie Überziehungslisten und Ratingnoten aufzubauen. Das Gros der Häuser setzt hingegen auf indikatorenbasierte Früherkennungssysteme.

3.2. »Weiche« Indikatoren aus Konto- und Systemdaten

540 »Weiche« Frühwarnindikatoren aus Konto- und Systemdaten entstammen der klassischen Kontodatenanalyse. Sie haben gegenüber den zuvor untersuchten »harten« Indikatoren den klaren Nachteil einer schlechteren Nachvollziehbarkeit. Kaum jemand kann und wird mit einem angemessenen Aufwand in der Lage sein, eine Kennzahl zur Kontobalance über einen vorgegebenen Zeitraum auszurechnen. Anders als die »harten« Warnsignale sind sie allerdings echte Frühwarnindikatoren, die dem grundsätzlichen Ziel der Kontoanalyse, aus den Kontobewegungen frühzeitig drohende Bonitätsveränderungen des Kunden zu identifizieren, gerecht werden können. Vielfach greifen Kreditinstitute dabei auf interne Kennzahlensysteme oder solche ihrer Institutsgruppen zurück. In der Literatur finden sich zudem einige umfassende Studien, welche sich mit dieser Thematik auseinandersetzen, für weitere Anregungen.[85] Das wohl bekannteste publizierte Analysesystem für Kontodaten ist KONDAN (Kontodatenanalyse).[86] Bei diesem Verfahren handelt es sich um eine dynamische Betrachtung. Es basiert auf einer linearen Diskriminanzanalyse mehrer Kontokennzahlen.[87]

541 Die bislang (frei) veröffentlichen Kennzahlen dienten der Studie als Basis für den abgefragten Indikatorenkatalog. Im Wesentlichen handelt es sich um die Bereiche Kreditausnutzung, Kontobalance, Umsatzverhalten, Umschlagshäufigkeit des Kreditlimits sowie der Umschlagshäufigkeit des Saldos. Mögen sich

---

[85] Vgl. die Studien von *Hackl/Schmoll (1990)*; *Thanner (1991)*; *Berlandi (2000)*; *Riske (2000)*.
[86] Vgl. für eine ausführliche Darstellung des Systems die Veröffentlichung von *Reuter et al. (1994)*. Grundlage von KONDAN ist die Dissertation von *Dr. Thanner*, die an der Universität Hohenheim erstellt wurde.
[87] Vgl. *Hackl/Maderbacher (1999)*, S. 986.

auch die einzelnen Kennzahlen im Detail in den Instituten unterscheiden: Dies sind die wesentlichen Felder, aus denen sich Systeme zur Kontodatenanalyse regelmäßig bedienen.

Frühwarnindikatoren aus Konto- und Systemdaten – »Weiche Indikatoren«	Beurteilungsdimensionen			
	Eindeutigkeit		Frühzeitigkeit	
durchschnittliche Limitausnutzung Girokonto	→	→	→	→
maximale Limitausnutzung Girokonto	→	→	→	→
ansteigender durchschnittlicher Sollsaldo	↗	↗	↗	↗
Anzahl der Monate seit dem letzten »Nur-Soll-Monat«	→	→	→	→
Umsatzverhalten der letzten 3 Mon.	→	→	↗	→
Tendenz des Sollsaldos in den letzten 3 Mon.	→	↗	↗	↗
Tendenz des Habensaldos in den letzten 3 Mon.	→	→	→	→
Umschlag Limit Variante 1 [Sollumsätze : Kreditlimit]	→	→	→	→
Umschlag Limit Variante 2 [Habenumsätze : Kreditlimit]	→	→	→	→
Kontobalance [Sollumsätze : Habenumsätze] (bzw. umgekehrt)	→	→	→	→
Umschlag Kredit Variante 1 [Höchste oder niedrigste Salden : Umsätze]	→	→	→	→
Umschlag Kredit Variante 2 [Durchschnittliche Salden : Umsätze]	→	→	→	→
Kreditausnutzung Variante 1 [Höchste oder niedrigste Salden : Kreditlimit]	→	→	→	→
Kreditausnutzung Variante 2 [Durchschnittliche Salden : Kreditlimit]	→	→	→	→

Tab. 3: »Weiche« Frühwarnindikatoren aus Konto- und Systemdaten

542 Die Bewertung fällt überwiegend durchschnittlich aus. Zudem können auffallend häufig gar keine Einschätzungen abgegeben werden. Bis auf den ansteigenden Sollsaldo erreicht kein Indikator eine positive Gesamteinstufung. In beiden Beurteilungsdimensionen spiegeln sich die bereits in Kapitel 2.2.1 dargestellten Problemfelder wider. Ferner fiel in der Studie auch häufiger die individuelle Anmerkung, dass kaum einer der genannten Frühwarnindikatoren isoliert für eine Früherkennung herangezogen werden sollte. Diese Praxiseinschätzung deckt sich mit theoretischen Forschungsergebnissen.[88] Sinnvoller sind demnach Kennzahlenkombinationen. An dieser Stelle besteht nach wie vor weiterer Forschungsbedarf hinsichtlich der optimalen Auswahl und Gewichtung der Kontomerkmale.

---

[88] Vgl. *von Stein (1983)*, S. 208.

3.3. Checkliste zu quantitativen Frühwarnindikatoren

- Kontodaten sind nicht gleich Kontodaten. »Harte« Frühwarnindikatoren treten sehr kurzfristig auf und zeigen bereits eingetretene Bonitätsverschlechterungen an. »Weiche« Frühwarnindikatoren hingegen können drohende Bonitätsveränderungen des Engagements erkennen.
- Je »weicher« die Kontoinformation ist, desto schlechter steht es um ihre Nachvollziehbarkeit
- Die dynamische Kontodatenanalyse beinhaltet im Wesentlichen Kennzahlen aus den Bereichen Kreditausnutzung, Kontobalance, Umsatzverhalten, Umschlagshäufigkeit des Kreditlimits sowie der Umschlagshäufigkeit des Saldos

»Harte« quantitative Frühwarnindikatoren mit guter Beurteilung:
- Mindestens 3 Lastschriftrückgaben
- Anzahl der Überziehungstage
- (mehrfache) Dauerüberziehung Giro >= 30 Tage
- (mehrfache) Dauerüberziehung Giro >= 60 Tage
- (mehrfache) Dauerüberziehung Giro >= 90 Tage
- aktuell bestehender Verzug auf Darlehenskonten
- (mehrfacher) Verzug auf Darlehenskonten >= 30 Tage

»Weiche« quantitative Frühwarnindikatoren mit guter Beurteilung:
- ansteigender durchschnittlicher Sollsaldo

- Der Einsatz »weicher« Frühwarnindikatoren sollte für optimale Ergebnisse in Kombination mit mehreren Merkmalen geschehen.

EMPIRISCHE STUDIE – FRÜHWARNINDIKATOREN

4. Einschätzungen zu qualitativen Frühwarnindikatoren

4.1. Bereich »Gefährdende Veränderungen im Unternehmen«

543 Die nachfolgenden Frühwarnindikatoren beziehen sich auf negative Entwicklungen innerhalb des Unternehmens.

Qualitative Frühwarnindikatoren – Bereich »Gefährdende Veränderungen im Unternehmen«	Beurteilungsdimensionen			
	Eindeutigkeit	Frühzeitigkeit	Verfügbarkeit	Vertretbarkeit
Gefährdung der Unternehmensführungskompetenz *(z. B. körperliche oder geistige Beeinträchtigung)*	↗ ↗	↗ ↗	→ →	→ →
Analyse der wirtschaftlichen Verhältnisse *(z. B. Erkenntnisse aus der Kapitaldienstfähigkeit negativ)*	↑ ↑	↗ ↗	↗ ↗	↗ ↗
Tod oder schwere Krankheit einer verantwortlichen Person *(Gesellschafter, Geschäftsführer, leitender Angestellter)*	↗ ↗	↗ ↗	↗ ↗	↗ ↗
Abgänge qualifizierter Mitarbeiter	↗ ↗	→ →	↘ ↘	→ →
Innerbetriebliche Probleme *(z. B. Streit zwischen Gesellschaftern und/oder Geschäftsführern, Schadensfälle, Kurzarbeit)*	↗ ↗	↗ ↗	→ ↘	→ →
Umschuldung in den letzten Monaten	→ ↗	→ →	↗ ↗	↗ ↗
Wechselprotest	↗ ↑	↗ ↗	↗ ↗	↗ ↗
Versicherungsschutz nicht ausreichend	→ ↘	↘ ↘	↘ ↘	→ ↘
Steuerberaterwechsel	→ →	→ →	→ →	→ →
Sitzverlagerung/Betriebsaufspaltungen/Vermögensübertragungen	→ →	→ →	→ ↗	→ →

Veränderungen im Zahlungsverhalten *(z. B. Rückgang der Skontoausnutzung, Ausstellung von Wechseln, Scheckreiterei)*	↗	↗	↗	↗	→	→	→	→
gefährliche Veränderungen im Investitionsverhalten *(z. B. keine Ersatzinvestitionen)*	↗	↗	→	→	→	↘	→	→
Zins- bzw. Tilgungsstreckungen vereinbart	↗	↗	↗	↗	↗	↗	↗	↑
Verschlechterung der Werthaltigkeit von Sicherheiten	→	→	→	→	→	→	→	→
Bildung einer Wertberichtigung	↑	↑	→	↘	↗	↑	↗	↑

Tab. 4: Frühwarnindikatoren aus dem Bereich der Unternehmensveränderungen

Besonders positiv wird die »Analyse der wirtschaftlichen Verhältnisse« bewertet. Insbesondere die Erkenntnisse aus der Kapitaldienstfähigkeit ermöglichen einen umfassenden Blick über die eigenen Verbindlichkeiten hinaus. Setzt man die Warnschwelle nicht erst bei einer Auslastung der Kapitaldienstgrenze von 100 % und berücksichtigt die Entwicklung über einen längeren Zeitraum, dann kann dieser Frühwarnindikator ein wichtiger Baustein des Frühwarnsystems sein.

Mit den Frühwarnindikatoren »Tod oder schwere Krankheit einer verantwortlichen Person«, »Wechselprotest« und »Zins- bzw. Tilgungsstreckungen« werden drei weitere Merkmale als geeignet eingestuft. Da die Bedeutung des Wechsels in den vergangenen Jahren stetig abgenommen hat, dürfte dieser Indikator eher eine untergeordnete Rolle spielen. Zins- und Tilgungsstreckungen erfolgen in der Regel in enger Kommunikation mit dem Kreditinstitut. Ein wenig überraschend ist hier die Einschätzung der Frühzeitigkeit. Immerhin befindet sich das Unternehmen bei solchen Maßnahmen bereits in einer Liquiditätsklemme.

Auch der Ausfall einer verantwortlichen Person – sei es der Unternehmer oder der Geschäftsführer – kann das Unternehmen ernsthaft gefährden. Gibt es keinen Notfallplan um die Geschäfte reibungslos fortzuführen, ist zumindest ein zeitweiser Stillstand vorprogrammiert. Gerade in mittelständischen, inhabergeführten Unternehmen geht ohne den »Chef« oft nichts. Bei ihm laufen alle Fäden zusammen.[89]

4.2. Bereich »Kreditgespräch«

547 Einige Frühwarnsignale sind direkt aus dem Kommunikationsverhalten des Kunden gegenüber seinem Kreditinstitut ableitbar. Zusagen werden nicht eingehalten, Informationen fließen spärlicher bis gar nicht oder Gespräche werden vermieden. Das Kreditgeschäft lebt aber von einer vertrauensvollen Zusammenarbeit zwischen Kunde und Bank. In solchen Fällen ist erhöhte Vorsicht angebracht, wie die untenstehenden Experteneinschätzungen zu ausgewählten Frühwarnindikatoren zeigen.

Frühwarnindikatoren – Bereich »Kreditgespräch«	Beurteilungsdimensionen							
	Eindeutigkeit		Frühzeitigkeit		Verfügbarkeit		Vertretbarkeit	
Falschaussagen	↑	↗	↗	↗	→	→	→	→
Verschiebung von Bankterminen ohne plausiblen Grund	→	→	→	→	↗	↗	↗	↗
Wechsel von aktiver zu passiver Informationspolitik	↗	↗	↗	↗	↗	↗	↗	↗
verspätete bis gar keine Einreichung zugesagter Unterlagen	↗	↗	↗	↗	↗	↗	↗	↗
verspätete zugesagte Geldeingänge	↗	↗	↗	↗	↗	↗	↗	↗

Tab. 5: Frühwarnindikatoren aus dem Bereich des Kreditgespräches

548 Den Frühwarnindikatoren rund um die Kommunikation wird überwiegend eine gute Eignung attestiert. Sie sind aufgrund der direkten Beteiligung des Beraters in aller Regel gut erkennbar, jederzeit verfügbar und ohne größeren Aufwand ermittelbar. Schwierig gestalten sich die beiden Merkmale »Falschaussagen« und »Verschiebung von Bankterminen«. Sofern ein Berater bislang keine negativen Erfahrungen mit einem Kunden gemacht hat, wird er dessen Aussagen in aller Regel Glauben schenken. Permanentes Hinterfragen birgt neben einem erhöhten wirtschaftlichen Aufwand auch die Gefahr einer Stö-

---

[89] Vgl. dazu auch Kap. 4.3.

rung des gegenseitigen Vertrauensverhältnisses. Die »Verschiebung von Bankterminen ohne plausiblen Grund« kann hingegen weitere Ursachen außerhalb eines geänderten Kommunikationsverhaltens haben. So leiden nicht wenige Unternehmern an einer mangelnden Selbststeuerung. Ein schlechtes Zeitmanagement dürfte sich natürlich auch im Tagesgeschäft negativ auswirken. Als Frühwarnindikator ist das Merkmal den befragten Experten dennoch nicht eindeutig genug.

Problematisch wird es, wenn die Kommunikation zur Einbahnstraße wird. Ein Firmenkunde, der sich verschließt, der mauert, der sich Falschinformationen oder Verschleierungsstrategien bedient, wird für den Firmenkundenberater schwer einschätzbar sein.[90] Und dieser signalisiert – das zeigen die Einschätzungen der Frühwarnindikatoren recht deutlich – eine erhöhte Gefahr für das Engagement.

4.3. Bereich »Privates Umfeld«

Die Entwicklung eines Unternehmens wird – insbesondere im Mittelstand – wesentlich von der Leistungsfähigkeit seiner gestaltenden Persönlichkeiten beeinflusst. Als Kern des Risikos sollte der Unternehmer bzw. die Unternehmensleitung einer umfassenden Betrachtung unterzogen werden. Studien im Bereich der Insolvenzursachenforschung messen dieser Gruppe regelmäßig eine hohe Bedeutung für die negative Unternehmensentwicklung bei.[91] Stehen in der Kreditwürdigkeitsprüfung und den laufenden Ratingverfahren eher die persönlichen sowie fachlichen Qualifikationen der Unternehmensleitung im Vordergrund, so sind in der Früherkennung unterjährige kritische Veränderungen in diesem Personenkreis von Bedeutung. Dazu gehört auch die private Sphäre. Private Probleme oder Streitigkeiten können die weitere Entwicklung des Unternehmens nachhaltig beeinflussen.

---

90 Vgl. *Bohne (2004)*, S. 38.
91 Vgl. für einen Abriss über Studien u. a. *Günther/Scheipers (1993)* und *Hagn (1998)*.

Frühwarnindikatoren – Bereich »Privates Umfeld«	Beurteilungsdimensionen							
	Eindeutigkeit		Frühzeitigkeit		Verfügbarkeit		Vertretbarkeit	
Private Probleme der Geschäftsführung (z. B. Scheidung, Rechtsstreit mit Dritten)	→	→	→	→	→	→	→	→
Erbstreitigkeiten der Gesellschafter	→	→	→	→	→	→	→	→
Veränderungen in der Entnahmepolitik (Vermögensverschiebung)	↗	↗	→	→	→	→	↗	→
Betrugsfälle (z. B. durch Geschäftsführer)	↑	↑	→	→	↘	↘	→	↘

Tab. 6: Frühwarnindikatoren aus dem privaten Umfeld

551 Informationen aus dem privaten Umfeld sind für den Firmenkundenberater schwer zugänglich. Sofern der Kunde nicht von sich aus darauf zu sprechen kommt, dürften negative Entwicklungen nur schwer erkennbar sein. Dies gilt natürlich im Besonderen für den Betrugsfall, dessen wesentliches Merkmal der Verschleierungsversuch durch den »Täter« ist. Private Probleme und Streitigkeiten müssen zudem nicht zwingend einen negativen Einfluss auf das Unternehmen haben.

552 Letztlich erfüllt keiner der genannten Frühwarnindikatoren die Eignungskriterien. Das ändert allerdings nichts an der grundsätzlichen Notwendigkeit einer ausführlichen Analyse der Unternehmerpersönlichkeit, wenngleich nicht in der dynamischen unterjährigen Betrachtung, sondern in regelmäßigen Zeitabständen. Anlass könnte beispielsweise ein neues Rating sein. Bei der Beurteilung sollte stets die kritische Distanz zum Engagement gewahrt bleiben. Eine zu positive Einschätzung des Kunden und seiner Fähigkeiten ist ein wichtiger Faktor für die spätere Insolvenz.[92] In solchen Fällen werden infolge der langjährigen Beziehung selbst klare Krisenanzeichen nicht anerkannt. Man »hofft« gemeinsam mit dem Unternehmer auf bessere Zeiten.[93]

---

92 Vgl. *Hagn (2004)*, S. 162 ff.
93 Vgl. *Hennings/Czaplinsky (1988)*, S. 10.

4.4. Bereich »Markt-/Wettbewerbsumfeld«

Frühwarnindikatoren des Wettbewerbsumfeldes machen Krisenursachen sichtbar, welche von außen auf das Unternehmen einwirken.

Frühwarnindikatoren – Bereich »Markt-/Wettbewerbsumfeld«	Beurteilungsdimensionen			
	Eindeutigkeit	Frühzeitigkeit	Verfügbarkeit	Vertretbarkeit
Wegfall von Großaufträgen	↗ ↗	↗ ↗	→ ↘	→ →
Nachfrageeinbruch *(z. B. durch eine kritische Veränderung des wirtschaftlichen Umfeldes)*	↗ ↗	↗ ↗	→ →	→ →
Sehr negative Konjunkturaussichten in wichtigen Absatzmärkten	↗ ↗	↗ ↗	→ →	→ →
Bedeutende Konkurrenzaktivitäten *(z. B. Entstehung neuer starker Konkurrenten in unmittelbarer Nähe)*	↗ ↗	↗ ↗	→ →	→ →
Negative Branchenentwicklung	↗ →	→ ↗	↗ ↗	↗ ↗
Negative Berichterstattung über das Unternehmen in den Medien	↗ ↗	→ →	↗ ↗	↗ ↗
Negative Äußerungen von Kunden	→ →	→ →	→ ↘	→ →
Negative Äußerungen von Lieferanten	↗ →	↗ →	↘ ↘	→ ↘
Hohe Reklamationsquoten	↗ ↗	↗ ↗	↘ ↘	↘ ↘
Probleme mit mindestens einem Hauptlieferanten	↗ ↗	→ →	↘ ↘	↘ ↘
Konkurrenzanalyse zeigt deutliche Vorteile der Mitbewerber auf *(z. B. günstigere Produktionsabläufe oder Bezugsquellen)*	↗ ↗	↗ ↗	↘ ↘	↘ ↘

Tab. 7: Frühwarnindikatoren aus dem Markt- und Wettbewerbsumfeld

554 Die Bewertungen fallen sehr gemischt aus. In kaum einem anderen untersuchten Indikatorenbereich ist der Gegensatz von Eindeutigkeit und Frühzeitigkeit auf der einen sowie Verfügbarkeit und Vertretbarkeit auf der anderen Seite so deutlich. Zudem wird kein einziger Frühwarnindikator über alle Dimensionen positiv beurteilt.

555 Am ehesten wird das Merkmal »Negative Branchenentwicklung« den Anforderungen gerecht. Diese Informationen werden in der Regel in Form von Branchenpor-traits und -prognosen weitergegeben und sind Standard im Informationsangebot für Firmenkundenberater. Darüber darf allerdings nicht vergessen werden, dass es in jeder noch so schwachen Branche auch zukunftsfähige Unternehmen gibt. Die zu erkennen ist dann Aufgabe der Kreditwürdigkeitsprüfung.

556 Ebenfalls noch akzeptabel erscheint die »Negative Berichterstattung« in den Medien. Der Ruf eines Unternehmens beeinflusst seine Wirtschaftskraft. Er versetzt Menschen in die Lage, Unternehmen und deren Produkte mit einem Minimum an Wissen, gewissermaßen »aus dem Bauch«, auszuwählen und ihnen zu vertrauen. Umgekehrt wird die Reputation in der heutigen Mediengesellschaft bei einem moralischen Fehlverhalten zum Risikofaktor. Was moralisch verwerflich ist und was nicht, unterliegt dabei gesellschaftlichen Bewertungsmaßstäben.[94] Ein Praxisbeispiel in diesem Sinne ist die Anfang 2008 angekündigte Schließung der Handyfertigung von Nokia am Standort Bochum. Unmittelbar nach Bekanntgabe der Pläne fiel das Image der Finnen, gemessen am »BrandIndex« des internationalen Marktforschungs- und Beratungsinstituts YouGov, in der Vergleichsgruppe der Hersteller von Mobiltelefonen vom ersten auf den letzten Platz. Dies betraf sogar Facetten wie die Wahrnehmung der Qualität der Geräte, welche mit der Schließung weder in einem direkten noch indirekten Zusammenhang steht.[95]

557 Auch wenn sie in dieser Form eher die Ausnahme darstellen sollte, im regional verwurzelten Mittelstand kann sich eine Glaubwürdigkeitskrise noch fataler auswirken als bei Großunternehmen. Anders als weltumspannende Konzerne sind ihre Märkte häufig (auch) lokal und die Unternehmen auf diese angewiesen. »Rund um den Kirchturm« wird es dann schwer, die öffentliche Wahrnehmung zu korrigieren.

---

94 Vgl. *Eisenegger (2006)*, S. 15 ff.
95 Vgl. *o. V. (2008)*.

4.5. Bereich »Auskünfte«

Das Einholen und Ausgeben von Auskünften ist im Kreditgewerbe gängige Praxis. Ganz gleich ob Neuakquisitionen, Ausweitungen der Geschäftsverbindung oder laufende Kreditüberwachung, man ist stets um möglichst vollständige Informationen zu einem Engagement bemüht.

Frühwarnindikatoren – Bereich »Auskünfte«	Beurteilungsdimensionen							
	Eindeutigkeit		Frühzeitigkeit		Verfügbarkeit		Vertretbarkeit	
Negative Auskünfte bei Neukunden	↗	↗	↗	↑	↗	↗	↗	↗
Erkenntnisse nach § 14 KWG *(Millionenkredite)*	→	→	→	→	↗	↗	↗	↗
Negative Auskunft einer Auskunftei *(z. B. Schufa, Creditreform u. a.)*	↗	↗	↗	↗	↗	↗	↗	↗
Verstärkte Auskunftsanfragen *(z. B. von anderen Banken)*	→	↗	↗	→	↗	↗	↗	↗
Kündigung von Kreditrahmen bei kreditgebenden Banken	↑	↑	↗	↘	→	→	→	→
Zunehmende Verschuldung bei anderen Banken	↗	↗	↗	→	→	→	→	→
Häufige Bankenwechsel bei Finanzierungen *(d. h. keine echte Hausbank)*	↗		→	→	→	→	→	→

Tab. 8: Frühwarnindikatoren aus dem Bereich der Auskünfte

Die Frühwarnindikatoren »Negative Auskünfte bei Neukunden« und »Negative Auskunft einer Auskunftei« werden am besten beurteilt. Eine rechtzeitige Warnung vor dem Neugeschäft ist natürlich die effektivste Form der Risikovermeidung. In eine ähnliche Richtung zielt auch die Abfrage der Daten bekannter Auskunfteien. Beide Merkmale eignen sich kaum zur Verbesserung der Informationsbasis bereits bestehender Engagements. Lediglich die Hausbank dürfte aufgrund der bisherigen Geschäftsverbindung gut informiert sein. Das Hausbankprinzip stellt noch immer den wirkungsvollsten Mechanismus dar, um die üblichen Informationsasymmetrien zwischen Gläubiger und Schuldner zu reduzieren.[96] Dem Versuch, die eigenen Informationen um eben

---

96 Vgl. *Hagn (2004)*, S. 185.

dieses Kundenverhalten mittels Bank-an-Bank-Auskünften zu erweitern, ist nach Experteneinschätzung wechselweise nur ein durchschnittlicher Erfolg beschieden.

4.6. Bereich »Sonstige«

560 Am Ende verbleiben einige Frühwarnindikatoren, welche zwar keinem der bisherigen Bereiche zugeordnet werden können, aber dennoch von potenzieller Bedeutung sind. Es handelt sich ausschließlich um exogene Krisenfaktoren, die allesamt auch ursächlich für Unternehmenskrisen sein können.

Frühwarnindikatoren – Bereich »Sonstige«	Beurteilungsdimensionen							
	Eindeutigkeit		Frühzeitigkeit		Verfügbarkeit		Vertretbarkeit	
Politisch-rechtliche Risiken (z. B. Rechtsunsicherheit bei Investitionen in Regimen)	→	→	→	→	→	→	→	→
Entzug von Subventionen	↗	→	→	→	↘	→	→	→
Neue gesetzliche Grundlagen (z. B. Ökosteuer, Gentechnikgesetz)	→	→	→	→	→	→	→	→
Unruhen in wichtigen Abnehmerländern	↗	→	→	→	→	→	→	→
Naturkatastrophen/Höhere Gewalt (z. B. Erdbeeben, Dürreperioden)	→	→	→	→	↗	↗	→	→
Handelseinschränkungen (bei exportorientierten Unternehmen)	↗	↗	↗	→	→	→	→	→

Tab. 9: Sonstige Frühwarnindikatoren

561 Kaum eine Dimension wird eindeutig positiv bewertet. Es dominieren »teils teils«-Einschätzungen. Im Hinblick auf die Verfügbarkeit von Informationen sind diese Bewertungen auf den ersten Blick kaum nachvollziehbar. Zum Teil handelt es sich um zentrale Ereignisse, welche in der Regel auch medial verbreitet werden. Sie stehen in keinem direkten Zusammenhang mit dem Unternehmen, haben unter Umständen aber gravierende Auswirkungen auf die betroffenen Engagements.[97] Offenbar gibt es hier Lücken im Informationswesen der Institute. Anders als bei Branchenentwicklungen sind Informatio-

---

97 Vgl. *Kastner (2006)*, S. 416.

nen zu Veränderungen der obigen Art häufig vom individuellen Interesse des Betreuers abhängig. In diesen Fällen besteht Handlungsbedarf. Ziel muss es sein, allgemein verfügbare Kriseninformationen von Bedeutung möglichst strukturiert zu sammeln und sie den Beratern sowie den Kreditüberwachungssystemen zur Verfügung zu stellen.

4.7. Checkliste für qualitative Indikatoren

Frühwarnindikatoren aus dem Bereich der Unternehmensveränderungen mit guter Beurteilung:
- Analyse der wirtschaftlichen Verhältnisse
- (z. B. Erkenntnisse aus der Kapitaldienstfähigkeit sind negativ)
- Tod oder schwere Krankheit einer verantwortlichen Person
- (Gesellschafter, Geschäftsführer, leitender Angestellter)
- Wechselprotest
- Zins- bzw. Tilgungsstreckungen vereinbart

Frühwarnindikatoren aus dem Bereich des Kreditgespräches mit guter Beurteilung:
- Wechsel von aktiver zu passiver Informationspolitik
- verspätete bis gar keine Einreichung zugesagter Unterlagen
- (z. B. über die wirtschaftlichen Verhältnisse)
- verspätete zugesagte Geldeingänge

Frühwarnindikatoren aus dem privaten Umfeld mit guter Beurteilung:
- ----------------------

Frühwarnindikatoren aus dem Markt- und Wettbewerbsumfeld mit guter Beurteilung:
- ----------------------

Frühwarnindikatoren aus dem Bereich der Auskünfte mit guter Beurteilung:
- Negative Auskünfte bei Neukunden
- Negative Auskunft einer Auskunftei
  (z. B. Schufa, Creditreform u. a.)

Sonstige Frühwarnindikatoren mit guter Beurteilung:
- ----------------------

5. Überleitung in die Intensivbetreuung

5.1. Auswahl geeigneter Überleitungskriterien

Sofern Frühwarnindikatoren aufgetreten sind, muss sich das Kreditinstitut mit wirksamen Gegensteuerungsmaßnahmen auseinandersetzen. Für eine strukturierte Betreuung identifizierter Engagements sehen die MaRisk – abhängig vom Risikogehalt und der Schwere der Krise – verschiedene Betreuungsstufen vor. Die Intensivbetreuung ist die Schnittstelle zwischen der Normalkredit- und der Problemkreditbetreuung und damit integraler Bestandteil des Risikofrüherkennungsprozesses. In diesem Rahmen dient sie als Überwachungsinstanz, in der bei ersten weniger gravierenden Krisenanzeichen ein weiteres Abdriften in die Unternehmenskrise verhindert werden soll. Ziel ist die zügige Rückführung in die Normalkreditbetreuung.[98]

Eine erfolgreiche Intensivbetreuung hängt insbesondere von diesen Faktoren ab:

- effektives Frühwarnsystem,
- sinnvolle Überleitungskriterien,
- geeignete Ansiedlung in der Aufbauorganisation und
- geeignete Prozesse in der Ablauforganisation.

Daraus ergeben sich unter anderem folgende Fragen:

- Welche Kernkompetenzen benötigt ein Intensivbetreuer?
- Wo sollte Intensivbetreuung stattfinden?
- Wann sollte sie angestoßen werden?

Alle drei Fragen sind Inhalte des Forschungsprojekts und im Rahmen der empirischen Studie untersucht worden. Dieser Beitrag widmet sich ausschließlich der Frage »Wann?« und beleuchtet die Überleitungskriterien für den Wechsel eines Engagements in die Intensivbetreuung.

Als Entscheidungskriterium kann ein Punktesystem zum Einsatz kommen, bei dem für einen ausgewählten Kreis an Indikatoren jeweils eine nach Risikorelevanz gestaffelte Punktzahl vergeben wird. Alternativ kann das Kreditinstitut eine Überleitung auch einfach bei Vorliegen mehrerer Co-Kriterien oder eines schwerwiegenden »k.o.«-Kriteriums vornehmen.[99] Der vorliegende Beitrag

---

98 Vgl. *Theewen (2004)*, S. 17 f.
99 Vgl. *Theewen (2004)*, S. 38.

beschäftigt sich mit der letzten Variante. Aus den Ergebnissen lassen sich auch Gestaltungshinweise für eine Überleitung mittels Co-Kriterien oder Punktesystem ableiten.

567 In der Praxis ist eine große Spannbreite an Überleitungskriterien im Einsatz. Da es sich bei der Intensivbetreuung um eine Art »Sanierung light« handelt, wird der gleiche Indikator auch nicht immer für die gleiche Betreuungsstufe zum Einsatz kommen.[100] Abhängig von individuellen Risikoeinstellungen kann z. B. eine einmalige oder mehrfache Dauerüberziehung von mehr als 90 Tagen in einem Kreditinstitut die Überführung in die Intensivbetreuung bewirken, während ein anderes Haus in diesem Fall bereits die Sanierung einleitet.

568 Bezogen auf die Beurteilungskriterien für die Prüfung der generellen Eignung eines Frühwarnindikators sind für die »k.o.«-Überleitung in erster Linie die Merkmale »Eindeutigkeit« und »Frühzeitigkeit« von Bedeutung. Ein mitunter aufwendiger Prozess wie die Intensivbetreuung sollte schließlich nicht umsonst durchlaufen werden. Andererseits gilt nach wie vor die Anforderung, in der Unternehmenskrise wirksame Gegenmaßnahmen so früh wie möglich einzuleiten. Fragen der Verfügbarkeit und ökonomischen Vertretbarkeit fallen demgegenüber zurück. Für die kritische Prüfung eines Engagements auf eine Überleitung in die nächste Betreuungsstufe zählen alle vorliegenden Informationen. Was man nicht hat, kann eben nicht berücksichtigt werden.

569 Im Anschluss an diese Ausführungen werden aus dem Katalog der Frühwarnindikatoren die meistgenannten »k.o.«-Kriterien dargestellt. Zu deren Ermittlung beinhaltete die empirische Studie folgende Frage:

> »Welche der eben beurteilten qualitativen Krisenindikatoren eignen sich in Ihren Augen als »k.o.«-Kriterien für die sofortige Überleitung in den Status einer Intensivbetreuung? *(ggf. nach Eingrenzung weiterer Engagementmerkmale, z. B. dem Blankoanteil)*«

570 Ein Indikator wird nur dann dargestellt, wenn er von wenigstens 25 % der Befragten genannt wurde. Alle anderen Indikatoren liegen unter dieser Grenze.

5.2. Quantitative Frühwarnindikatoren als »k.o.«-Kriterien

571 Zunächst folgt die Darstellung der Kriterien aus Sicht der Firmenkundenberater. Anschließend werden die Einschätzungen der Betreuer der Früherkennungsprozesse abgebildet.

---

[100] Vgl. *Theewen (2005)*, S. 33.

Quantitative »k.o.«-Kriterien für die sofortige Überleitung in den Status der Intensivbetreuung	Anteile der Berater
(mehrfacher) Verzug auf Darlehenskonten >= 90 Tage	74,8 %
(mehrfache) Dauerüberziehung Giro >= 90 Tage	69,9 %
(mehrfacher) Verzug auf Darlehenskonten >= 60 Tage	56,1 %
(mehrfacher) Verzug auf Darlehenskonten >= 30 Tage	26,0 %
Nicht binnen 5 Arbeitstagen erledigte Pfändung	26,0 %

Tab. 10: Quantitative »k.o.«-Kriterien aus Beratersicht

Quantitative »k.o.«-Kriterien für die sofortige Überleitung in den Status der Intensivbetreuung	Anteile der Systembetreuer
(mehrfache) Dauerüberziehung Giro >= 90 Tage	68,3 %
(mehrfacher) Verzug auf Darlehenskonten >= 90 Tage	66,3 %
(mehrfacher) Verzug auf Darlehenskonten >= 60 Tage	44,6 %
Verschlechterung des Ratings	44,6 %
(mehrfache) Dauerüberziehung Giro >= 60 Tage	35,6 %
Nicht binnen 5 Arbeitstagen erledigte Pfändung	31,7 %
(mehrfacher) Verzug auf Darlehenskonten >= 30 Tage	26,7 %
Mindestens 3 Lastschriftrückgaben	26,7 %

Tab. 11: Quantitative »k.o.«-Kriterien aus Sicht der Betreuer der Risikofrüherkennungsprozesse

Ganz oben auf der Liste stehen Überziehungs- und Verzugssachverhalte über längere Zeiträume. Alle von den Beratern genannten Überleitungskriterien finden sich auch in den Einschätzungen der Betreuer der Früherkennungsprozesse wieder. Dort ergänzen die Merkmale zu Ratingverschlechterungen und Lastschriftrückgaben die Aufstellung.

Die Ergebnisse decken sich weitgehend mit den grundsätzlichen Einschätzungen zur Eignung quantitativer Frühwarnindikatoren in Kapitel 3.

574 Über die zur Auswahl stehenden Indikatoren hinaus werden individuell weitere Merkmale genannt:

- Veränderungen der KONDAN-Note und
- das Rating erreicht die Ausfallklasse 16.

5.3. Qualitative Indikatoren als »k.o.«-Kriterien

575 Auch bei den qualitativen Überleitungskriterien folgt zuerst die Darstellung der Kriterien aus Sicht der Firmenkundenberater. Im Anschluss werden die Einschätzungen der Betreuer der Früherkennungsprozesse abgebildet.

Qualitative »k.o.«-Kriterien für die sofortige Überleitung in den Status der Intensivbetreuung	Anteile der Berater
Bildung einer Wertberichtigung	77,0 %
Kündigung von Kreditrahmen bei kreditgebenden Banken	74,0 %
Falschaussagen	73,2 %
Analyse der wirtschaftlichen Verhältnisse *(z. B. Erkenntnisse aus der Kapitaldienstfähigkeit sind negativ)*	70,7 %
Gefährdung der Unternehmensführungskompetenz *(z. B. körperliche oder geistige Beeinträchtigung)*	58,5 %
Betrugsfälle *(z. B. durch Geschäftsführer)*	57,7 %
verspätete bis gar keine Einreichung zugesagter Unterlagen	43,1 %
Nachfrageeinbruch *(z. B. durch eine kritische Veränderung des wirtschaftlichen Umfeldes)*	39,8 %
Wechselprotest	36,6 %
Wegfall von Großaufträgen	35,2 %
Zins- bzw. Tilgungsstreckungen vereinbart	31,7 %
Tod oder schwere Krankheit einer verantwortlichen Person *(Gesellschafter, Geschäftsführer, leitender Angestellter)*	27,6 %

Tab. 12: Qualitative »k.o.«-Kriterien aus Beratersicht

Qualitative »k.o.«-Kriterien für die sofortige Überleitung in den Status der Intensivbetreuung	Anteile der Systembetreuer
Bildung einer Wertberichtigung	83,2 %
Analyse der wirtschaftlichen Verhältnisse *(z. B. Erkenntnisse aus der Kapitaldienstfähigkeit sind negativ)*	80,2 %
Kündigung von Kreditrahmen bei kreditgebenden Banken	71,3 %
Falschaussagen	61,4 %
Betrugsfälle *(z. B. durch Geschäftsführer)*	50,5 %
Gefährdung der Unternehmensführungskompetenz *(z. B. körperliche oder geistige Beeinträchtigung)*	48,5 %
verspätete bis gar keine Einreichung zugesagter Unterlagen	41,6 %
Wechselprotest	33,7 %
Nachfrageeinbruch *(z. B. durch eine kritische Veränderung des wirtschaftlichen Umfeldes)*	31,7 %
Zins- bzw. Tilgungsstreckungen vereinbart	29,7 %
Negative Auskünfte einer Auskunftei *(z. B. Schufa, Creditreform u. a.)*	28,7 %
Tod oder schwere Krankheit einer verantwortlichen Person *(Gesellschafter, Geschäftsführer, leitender Angestellter)*	27,6 %
Wegfall von Großaufträgen	25,7 %

Tab. 13: Qualitative »k.o.«-Kriterien aus Sicht der Betreuer der Risikofrüherkennungsprozesse

Die Aufstellungen sind auf beiden Seiten recht umfangreich. Sie enthalten einige Frühwarnindikatoren, welche in Kapitel 4 nicht in allen Beurteilungspunkten als »gut« bewertet wurden. Dies ist beispielsweise bei den häufig genannten Merkmalen »Betrugsfälle«, »Falschaussagen« und »Gefährdung der Unternehmensführungskompetenz« der Fall. Dabei scheitert deren Anwendung in der Regel nicht an den Anforderungen einer eindeutigen und frühzeitigen Warnung. Die Informationen sind schlichtweg nicht immer rechtzeitig verfügbar bzw. mit einem vertretbaren Aufwand zu beschaffen. Nimmt die Bank von diesen Sachverhalten trotz der bekannten Schwierigkeiten Kenntnis, dann ist aus Sicht der Mehrheit der Befragten die sofortige Überleitung notwendig.

577 Auch im qualitativen Bereich werden individuelle Ergänzungen vorgeschlagen:

- Abgabe Mahnbescheid,
- Haftbefehl,
- eidesstattliche Versicherung und
- Restrukturierung bzw. Umschuldung des Engagements.

5.4. Checkliste zu den »k.o.«-Überleitungskriterien

- Die Überleitung problembehafteter Engagements in die Intensivbetreuung sollte auf Basis möglichst eindeutiger und frühzeitiger Informationen erfolgen
- Als Entscheidungskriterium für eine Überleitung kommen Bewertungssysteme (z. B. mit Punkten) sowie Co-Kriterien oder »k.o.«-Kriterien infrage

Folgende quantitative Frühwarnindikatoren werden von beiden Expertengruppen gelegentlich bis häufig (mindestens 25 % der Befragten) als sinnvolle »k.o.«-Kriterien zur Überleitung genannt:

- (mehrfacher) Verzug auf Darlehenskonten >= 90 Tage
- (mehrfacher) Verzug auf Darlehenskonten >= 60 Tage
- (mehrfacher) Verzug auf Darlehenskonten >= 30 Tage
- (mehrfache) Dauerüberziehung Giro >= 90 Tage
- Nicht binnen 5 Arbeitstagen erledigte Pfändung

Folgende qualitative Frühwarnindikatoren werden von beiden Expertengruppen gelegentlich bis häufig (mindestens 25 % der Befragten) als sinnvolle »k.o.«-Kriterien zur Überleitung genannt:

- Bildung einer Wertberichtigung
- Kündigung von Kreditrahmen bei kreditgebenden Banken
- Falschaussagen
- Analyse der wirtschaftlichen Verhältnisse
- (z. B. Erkenntnisse aus der Kapitaldienstfähigkeit sind negativ)

- Gefährdung der Unternehmensführungskompetenz
- (z. B. körperliche oder geistige Beeinträchtigung)
- Betrugsfälle (z. B. durch Geschäftsführer)
- verspätete bis gar keine Einreichung zugesagter Unterlagen
- Nachfrageeinbruch (z. B. kritische Veränderung des wirtschaftlichen Umfeldes)
- Wechselprotest
- Wegfall von Großaufträgen
- Zins- bzw. Tilgungsstreckungen vereinbart
- Tod oder schwere Krankheit einer verantwortlichen Person

6. Schlusswort

578 Für eine erfolgreiche Risikofrüherkennung im Kreditgeschäft sind viele Stellschrauben zu beachten. Der vorliegende Beitrag hat einen zentralen Erfolgsfaktor, die Auswahl und Gewichtung geeigneter Frühwarnindikatoren, ausführlich beleuchtet. Dabei lag ein Schwerpunkt auf der Überprüfung qualitativer Frühwarnindikatoren, jener »soft facts«, ohne die eine wirkungsvolle Früherkennung nicht funktionieren wird. Das in den Instituten vorhandene Expertenwissen ist eine notwendige Ergänzung zu den hochentwickelten maschinellen Analyseverfahren. Aufgabe der (empirischen) Forschung ist es, dieses Wissen mittels geeigneter Konzepte besser nutzbar zu machen.

579 Die gewonnenen Experteneinschätzungen bieten eine Richtschnur für einen möglichst optimalen Einsatz von Frühwarnindikatoren. Mehr kann und soll es nicht sein. Hausindividuelle Besonderheiten müssen ihre Berücksichtigung finden. Mag die Risikofrüherkennung auf dem Papier noch so perfekt ausgestaltet sein, am Ende hat sie sich an den Realitäten der Häuser und ihrer Kunden auszurichten. Die Akzeptanz der Systeme ist der Schlüssel zu einem erfolgreichen Einsatz.

7. Literaturverzeichnis

Bea, Franz Xaver/Haas, Jürgen (1994): Möglichkeiten und Grenzen der Früherkennung von Unternehmenskrisen, in: Wirtschaftswissenschaftliches Studium, Heft 10, Jg. 23, S. 486-491.

Berlandi, Peter (2000): Kontodaten-Analyse für die Bonitätsprüfung im Firmenkundengeschäft, Wiesbaden.

Bohne, Michael (2004): Ganzheitliche Risikobeurteilung durch ein intuitives Risikomanagement, in: Zeitschrift für das gesamte Kreditwesen, Heft 3, Jg. 57, S. 38-39.

Bundesanstalt für Finanzdienstleistungsaufsicht (2005): Mindestanforderungen an das Risikomanagement, Rundschreiben 18/2005 vom 20.12.2005.

Deutscher Sparkassen- und Giroverband (o. J.): Mindestanforderungen an das Risikomanagement – Interpretationsleitfaden, Version 2.0, Berlin.

Dinkelmann, Reto (1995): Kriterien und Instrumente zur Risikofrüherkennung im Firmenkundengeschäft der Banken, Bern.

Eisenegger, Mark (2006): Von Vorteil, die Nummer 2 zu sein, in: io new management, Heft 3, Jg. 75, S. 15-18.

Eisfeld, Curt (1935): Kontenanalyse im Dienste der Kreditbeobachtung, in: Die Sparkasse, Heft 17, S. 333-345.

Fischer, Arne (2004): Qualitative Merkmale in bankinternen Ratingsystemen – Eine empirische Analyse zur Bonitätsbeurteilung von Firmenkunden, Bad Soden.

Günther, Thomas/Scheipers, Thomas (1993): Insolvenzursachen – Zum Stand der empirischen Ursachenforschung, in: Deutsches Steuerrecht, Heft 12, S. 447-452.

Hackl, Peter/Maderbacher, Michael (1999): Kreditrisiko: Früherkennung und Bewertung mittels Kontodatenanalyse, in: Österreichisches Bank-Archiv, Heft 12, Jg. 47, S. 985-995.

Hackl, Peter/Schmoll, Anton (1990): Kontodatenanalyse zur Früherkennung von Kreditrisiken – Eine empirische Analyse, Österreichisches Bank-Archiv, Heft 11, Jg. 38, S. 870-881.

Hagn, Walter (1998): Ausfallursachen im Firmenkundengeschäft sächsischer Sparkassen – Erste empirische Ergebnisse, Freiberg.

Hagn, Walter (2003): Risikomanagement im Firmenkundengeschäft von Sparkassen unter besonderer Berücksichtigung von Ostdeutschland, Stuttgart.

Hahn, Dietger/Krystek, Ulrich (1979): Betriebliche und überbetriebliche Frühwarnsysteme für die Industrie, in: Zeitschrift für Betriebswirtschaft, Heft 2, Jg. 31, S. 76-88.

Hauschildt, Jürgen (2000): Unternehmenskrisen – Herausforderungen an die Bilanzanalyse, in: Hauschildt, Jürgen/Leker, Jens (Hrsg.), Krisendiagnose durch Bilanzanalyse, 2. Auflage, Köln, S. 1-17.

Hauschildt, Jürgen (2005): Von der Krisenerkennung zum präventiven Krisenmanagement: Zum Umgang der Betriebswirtschaftslehre mit der Unternehmenskrise, in: KSI: Krisen-, Sanierungs- und Insolvenzberatung, Heft 1, Jg. 1, S. 1-7.

Hauschildt, Jürgen/Grape, Christian/Schindler, Marc (2006): Typologien von Unternehmenskrisen im Wandel, in: Die Betriebswirtschaft, Heft 1, Jg. 66, S. 7-25.

Hennings, Dorothee/Czaplinsky, Ernst (1998): Die Firmensanierung – Banken als Schrittmacher und Wegbegleiter, in: Kreditpraxis, Heft 1, Jg. 24, S. 9-12.

Karl, Eginhard (1995): Kreditüberwachung: Ein Frühwarnsystem im Rahmen der Kontendatenanalyse, Wien.

Kastner, Arno (2006): Der Einsatz von Krisenindikatoren im Rahmen des Firmenkundenkreditgeschäftes, in: Becker, Axel/Gruber, Walter/Wohlert, Dirk (Hrsg.), Handbuch MaRisk, Stuttgart.

Leidig, Guido/Jordans, André (2004): Unternehmensrisiken und Insolvenzgefahren rechtzeitig erkennen, in: Controller Magazin, Heft 4, Jg. 29, S. 323-333.

Leoprechting, Gunter von/Sender, Timo (2002): Risikofrüherkennung in Banken: Quantitative und qualitative Indikatoren zur Krisenvermeidung bei Geschäftskunden, in: Betrieb und Wirtschaft, Heft 17, Jg. 56, S. 705-710.

Littkemann, Jörn/Krehl, Harald (2000): Kennzahlen der klassischen Bilanzanalyse – Nicht auf Krisendiagnosen zugeschnitten, in: Hauschildt, Jürgen/Leker, Jens (Hrsg.), Krisendiagnose durch Bilanzanalyse, 2. Auflage, Köln, S. 19-32.

Littkemann, Jörn (2006): Konzeption des Controlling, in: Littkemann, Jörn (Hrsg.), Unternehmenscontrolling – Konzepte, Instrumente, praktische Anwendungen mit durchgängiger Fallstudie, Herne/Berlin, S. 1-128.

Middelberg, Andreas/Plegge, Dirk (2001): Anmerkungen zum Umgang mit Krisenengagements in der Praxis, in: Betriebswirtschaftliche Blätter, Heft 8, Jg. 50, S. 372-375.

o. V. (2008): Brand Index Newsletter, http://www.brandindex.com/content/newsMain.asp?jID=3&aId=6007&sid =1, hrsg. von YouGov, letzter Zugriff am 28.06.2008.

Reuter, Arnold/Welsch, Franz (1993): Wie sich frühzeitig Kreditrisiken erkennen lassen, in: Betriebswirtschaftliche Blätter, Heft 2, Jg. 42, S. 48-51.

Reuter, Arnold/Scholz, Roland/Weber, Olaf/Welsch, Franz (1994): Die Kontodatenanalyse (KONDAN), Stuttgart.

Riske, Jörg (2000): Kontodatenanalyse – Bestandteil der Risiko- und Bonitätsanalyse, Frankfurt am Main.

Thanner, Walter (1991): Die Analyse der Kontokorrentverbindung als Instrument zur Risikofrüherkennung im Firmenkundengeschäft der Banken, in: von Stein, Johann Heinrich (Hrsg.), Studienreihe der Stiftung Kreditwirtschaft an der Universität Hohenheim.

Theewen, Edgar (2004): Intensiv- und Problemkreditmanagement – Organisation der Strukturen, Prozesse und Instrumente nach MaK, Köln.

Theewen, Edgar (2005): Zauberwort »Sanierung-light«, in: Bankmagazin, Heft 8, Jg. 54, S. 32-34.

von Stein, Heinrich (1982): Früherkennung von Kreditrisiken durch Untersuchung des Unternehmerverhaltens – Teil II des Gutachtens aus dem Forschungsprojekt »Früherkennung von Kreditrisiken«, Stuttgart.

von Stein, Heinrich (1983): Früherkennung von Kreditrisiken durch Auswertung von Kontoinformationen – Teil IV des Gutachtens aus dem Forschungsprojekt »Früherkennung von Kreditrisiken«, Stuttgart.

Wimmer, Harald (2003): Probleme und Ansätze zur Früherkennung von Kreditrisiken bei Genossenschaftsbanken, Nürnberg.

IV.

Die Prüfung von Frühwarnverfahren durch die Interne Revision

IV. Die Prüfung von Frühwarnverfahren durch die Interne Revision

1. Vorwort

Durch die Folgen der Subprime-Krise werden vermehrt effektive Frühwarninstrumente von den Kreditinstituten gefordert. Eines der betriebswirtschaftlichen Ziele von Banken ist die Vermeidung von möglichen Kreditausfällen. Vor allem der verstärkte Ergebnisdruck zwingt die deutschen Kreditinstitute neben einem risikoadäquaten »Pricing« der Kreditforderungen, den Bewertungsaufwand in vertretbaren Umfang zu halten. Hier kann die wirkungsvolle Risikofrüherkennung von Kreditrisiken eine wesentliche Rolle spielen. Funktionsfähige Frühwarnverfahren versetzen die Kreditinstitute in die Lage, in einem möglichst frühzeitigen Stadium Krisensignale zu erkennen. Der hieraus erzielte Zeitgewinn kann sowohl für das Kreditinstitut als auch für den Kreditnehmer von großem Vorteil sein und sinnvoll genutzt werden. Beispiele hierfür sind rechtzeitig eingeleitete Gegenmaßnahmen wie eine wirkungsvolle Krisenberatung (z. B. in- und externe Beratung), die Einleitung von Sanierungsmaßnahmen sowie eine Weiterplatzierung der Kreditmittel auf den Kapitalmärkten (Kredithandel). Seit der Einführung der MaRisk haben Kreditinstitute – abgeleitet aus den besonderen organisatorischen Pflichten nach § 25 a KWG – angemessene organisatorische Regelungen zu schaffen, anhand derer sich die finanzielle Lage jederzeit mit hinreichender Genauigkeit bestimmen lässt.[101] Danach haben die von den Banken eingerichteten Risikosteuerungs- und Controllingprozesse sicherzustellen, dass zumindest die wesentlichen Risiken frühzeitig erkannt, vollständig erfasst und in angemessener Weise dargestellt werden.[102]

Die *Interne Revision* in Kreditinstituten hat die primäre Aufgabe, risikoorientiert und prozessunabhängig die Wirksamkeit und Angemessenheit des Risikomanagements im Allgemeinen und des Internen Kontrollsystems im Besonderen sowie die Ordnungsmäßigkeit grundsätzlich aller Aktivitäten und Prozesse zu prüfen und zu beurteilen. Dazu gehören auch die bankeigenen Früherken-

---

[101] § 25 a Abs. 1 Nr. 3 KWG.
[102] Vgl. *Becker A.*: Die Prüfung von Frühwarnverfahren durch die Interne Revision unter Berücksichtigung der Mindestanforderungen an das Risikomanagement unter: www.revision-online.de, S. 2.

PRÜFUNG VON FRÜHWARNVERFAHREN

nungsprozesse, die einer von mehreren Bausteinen eines wirkungsvollen Risikomanagement- und -überwachungssystem darstellen. Das Prüffeld »Frühwarnverfahren« hat folglich eine hohe Bedeutung für die Interne Revision.[103]

582 Die nachfolgenden Kapitel behandeln zunächst die bankaufsichtlichen Anforderungen an Frühwarnverfahren aus den MaRisk. Diese bilden die wesentliche Grundlage für die Prüfung durch die Interne Revision. Anschließend werden mögliche Prüfungsansätze aufgezeigt. Mehrere kapitelbezogene Prüfungschecklisten sowie Erfahrungen aus Kreditprüfungen ergänzen die Ausführungen. Die verschiedenen *Checklisten* zu den einzelnen Prüfungsgebieten erheben keinen Anspruch auf absolute Vollständigkeit. Denn in jedem Kreditinstitut können aufgrund der speziellen Geschäftsausrichtung bzw. der unterschiedlichen Gestaltung des Kreditgeschäfts individuelle Prüfungsleitlinien zum Einsatz kommen. Hierfür werden jedoch mit den dargestellten Checklisten hilfreiche Anregungen für die Gestaltung sowie die Inhalte gegeben.

---

[103] Vgl. Ebenda, S. 2.

2. Anforderungen aus den MaRisk

Die Grundnorm für die Einrichtung von Frühwarnverfahren leitet sich aus dem § 25a KWG ab. Die MaRisk konkretisieren die Anforderungen aus dem KWG. Folgende Anforderungen sind insbesondere bei Prüfungen durch die Interne Revision zu berücksichtigen:

Quelle/Inhalt	Prüfungsanforderung	Kommentierung
MaRisk AT 1 Vorbemerkung Tz. 1	Dieses Rundschreiben gibt auf der Grundlage des § 25a Abs. 1 KWG einen flexiblen und praxisnahen Rahmen für die Ausgestaltung des Risikomanagements in den Kreditinstituten vor. Das Risikomanagement im Sinne der MaRisk umfasst die Festlegung angemessener Strategien sowie die Einrichtung angemessener interner Kontrollverfahren. Die internen Kontrollverfahren bestehen aus dem internen Kontrollsystem und der Internen Revision. Das interne Kontrollsystem umfasst insbesondere: • Regelungen zur Aufbau- und Ablauforganisation und • Prozesse zur Identifizierung, Beurteilung, Steuerung, Überwachung sowie Kommunikation der Risiken (Risikosteuerungs- und -controllingprozesse)	Die Frühwarnverfahren sind ein Teilbereich des Risikomanagements in den Kreditinstituten. Daher ist die Prüfung der Frühwarnverfahren bereits in der risikoorientierten Prüfungsplanung der Internen Revision zu berücksichtigen. Bei Erstellung einer konkreten Prüfungsstrategie für die Prüfung von Frühwarnverfahren ist insbesondere auf eine angemessene aufbau- und ablauforganisatorische Ausgestaltung zu achten. Der Prüfer hat dabei die Erfordernisse des Internen Kontrollsystems und die Funktionsfähigkeit des Systems zu prüfen und zu beurteilen. In den Prüfungsberichten der Internen Revision sollte neben einer risikoadäquaten Beurteilung der Aufbau- und Ablauforganisation auch eine Aussage zur Funktionsfähigkeit des Frühwarnverfahrens

	Das Rundschreiben zielt insofern vor allem auf die Einrichtung angemessener institutsinterner Leitungs-, Steuerungs- und Kontrollprozesse ab.	und zur Funktionsfähigkeit des internen Kontrollsystems getroffen werden.
MaRisk AT 4.3.1 Aufbau- und Ablauforganisation, Tz. 1, 2 *in Verbindung mit BTO Anforderungen an die Aufbau- und Ablauforganisation, Tz. 1 ff.*	Bei der Ausgestaltung der Aufbau- und Ablauforganisation ist sicherzustellen, dass miteinander unvereinbare Tätigkeiten durch unterschiedliche Mitarbeiter durchgeführt werden. Prozesse sowie die damit verbundenen Aufgaben, Kompetenzen, Verantwortlichkeiten, Kontrollen sowie Kommunikationswege sind klar zu definieren und aufeinander abzustimmen.	Die Zuständigkeit für die Überwachungsaufgabe aus dem Frühwarnverfahren muss in der Zuständigkeit von »Marktfolge« oder »Gesamtbanksteuerung/Risikomanagement« liegen. Das bedeutet nicht, dass nicht auch der Markt die Erkenntnisse aus dem Frühwarnverfahren nutzen sollte. Bei Prüfungen der Internen Revision ist darauf zu achten, dass die Verantwortlichkeit, Kompetenz sowie die Kontrollhoheit bei einem marktunabhängigen Bereich liegt = Gebot der funktionalen Trennung.
MaRisk AT 4.3.2 Risikosteuerungs- und -controllingprozesse, Tz. 1	Das Kreditinstitut hat angemessene Risikosteuerungs- und -controllingprozesse einzurichten, die eine a) Identifizierung, b) Beurteilung, c) Steuerung sowie d) Überwachung und Kommunikation der wesentlichen Risiken gewährleisten. Diese Pro-	Auch die Frühwarnverfahren müssen eine Identifizierung, Beurteilung, Steuerung, Überwachung und Kommunikation der Risiken beinhalten. Bei Prüfungen durch die Interne Revision ist hierüber eine Aussage zu treffen. Wichtig ist die Erfassung der wesentlichen Risikopositionen im Frühwarnverfahren. Es ist nicht erforderlich, dass unwesent-

	zesse sollten in ein integriertes System zur Ertrags- und Risikosteuerung (Gesamtbanksteuerung) eingebunden werden.	liche Risikopositionen durch ein Frühwarnverfahren erfasst werden. Hierfür können die Kreditinstitute auch Öffnungsklauseln = »Erleichterungsregelungen« nutzen. Ein Beispiel hierfür sind Erleichterungen – d. h. die Herausnahme von Teilbereichen des Kreditgeschäfts aus der Frühwarnfunktion (z. B. standardisiertes Massengeschäft), wenn die Risiken insgesamt für das Kreditinstitut nicht schlagend werden können.
MaRisk AT 4.3.2 Risikosteuerungs- und -controllingprozesse, Tz. 2	Die Risikosteuerungs- und -controllingprozesse müssen gewährleisten, dass die wesentlichen Risiken frühzeitig erkannt, vollständig erfasst und in angemessener Weise dargestellt werden können. Wechselwirkungen zwischen unterschiedlichen Risikoarten sollten berücksichtigt werden.	Bei Prüfungen durch die Interne Revision ist die »Wesentlichkeitsgröße« zu hinterfragen. Viele Institute nutzen hierbei eine absolute Betragsgrenze oder die Erkenntnisse aus Risikokennziffern. Bezüglich der Vollständigkeit ist insbesondere die Datenqualität zu hinterfragen. Die angemessene Darstellung der Erkenntnisse aus den Frühwarnverfahren beinhaltet auch die plausible Darstellung der Ergebnisse, z. B. in Form eines Ampelsystems (rot, gelb, grün).
AT 4.4 Interne Revision, Tz. 3	Die Interne Revision hat risikoorientiert und prozessunabhängig die Wirksamkeit und Angemessenheit des Risikomanagements im	Die Prüfung der Frühwarnverfahren zählt zu den bedeutenden Prüffeldern der Internen Revision. Es ist von der Internen Revision

	Allgemeinen und des internen Kontrollsystems im Besonderen sowie die Ordnungsmäßigkeit grundsätzlich aller Aktivitäten und Prozesse zu prüfen.	zu berücksichtigen, ob die Prüfung der Frühwarnverfahren angemessen im risikoorientierten Prüfungsplan der Internen Revision abgebildet wird.
		Insbesondere sind die Prüfungsziele »Ordnungsmäßigkeit des Verfahrens« sowie »Funktionsfähigkeit« des Systems sowie der internen Kontrollen bei Prüfungen der Internen Revision zu berücksichtigen.
AT 5 Organisationsrichtlinien, Tz. 1 – 4	Das Kreditinstitut hat sicherzustellen, dass die Geschäftsaktivitäten auf der Grundlage von Organisationsrichtlinien betrieben werden. Der Detaillierungsgrad der Organisationsrichtlinien hängt von Art, Umfang, Komplexität und Risikogehalt der Geschäftsaktivitäten ab. Die Organisationsrichtlinien müssen schriftlich fixiert und den betroffenen Mitarbeitern in geeigneter Weise bekannt gemacht werden. Es ist sicherzustellen, dass sie den Mitarbeitern in der jeweils aktuellen Fassung zur Verfügung stehen. Die Richtlinien sind bei Veränderungen der Aktivitäten und Prozesse zeitnah anzupassen.	Bei allen Prüfungen der Internen Revision ist zu beurteilen, ob die den Prüfungshandlungen zu Grunde liegenden Prozesse, Verfahren, Funktionen ordnungsgemäß in den aufbau- und ablauforganisatorischen Regelungen beschrieben sind. Fehlende Prozessbeschreibungen wesentlicher Prüffelder führen im schlimmsten Fall zu einer nicht ordnungsgemäßen Organisation und deren Weiterentwicklung nach § 25 a KWG bzw. MaRisk. Hierfür hat die Geschäftsleitung die primäre Verantwortung (vgl. MaRisk AT 3 Gesamtverantwortung für die Geschäftsleitung).

	Die Organisationsrichtlinien haben vor allem Folgendes zu beinhalten: a) Regelungen für die Aufbau- und Ablauforganisation b) Regelungen hinsichtlich der Ausgestaltung der Risikosteuerungs- und -controllingprozesse, c) Regelungen zur Internen Revision sowie d) Regelungen, die die Einhaltung gesetzlicher Bestimmungen sowie sonstiger Vorgaben gewährleisten Die Ausgestaltung der Organisationsrichtlinien muss es der Internen Revision ermöglichen, in die Sachprüfung einzutreten.	
BTO 1 Kreditgeschäft, Tz. 1	Dieses Modul stellt Anforderungen an die Ausgestaltung der Aufbau- und Ablauforganisation, die Verfahren zur Früherkennung von Risiken und die Verfahren zur Klassifizierung der Risiken im Kreditgeschäft. Bei Handelsgeschäften und Beteiligungen kann von der Umsetzung einzelner Anforderungen dieses Moduls abgesehen werden, soweit deren Umsetzung vor dem Hintergrund der Besonderheiten dieser Geschäftsarten nicht zweckmäßig ist.	Im BTO erfolgt der Hinweis, dass in den folgenden Ausführungen des BTO spezielle Anforderungen an die Verfahren zur Früherkennung von Risiken aufgeführt sind.

BTO 1.2.2 Kreditweiterbearbeitung, Tz. 4	Außerordentliche Überprüfungen von Engagements einschließlich der Sicherheiten sind zumindest dann unverzüglich durchzuführen, wenn dem Kreditinstitut aus externen oder internen Quellen Informationen bekannt werden, die auf wesentliche negative Änderungen der Risikoeinschätzung der Engagements oder der Sicherheiten hindeuten. Derartige Informationen sind unverzüglich an alle einzubindenden Organisationseinheiten weiterzuleiten.	Auch Erkenntnisse aus den Frühwarnverfahren können zu außerordentlichen Überprüfungen von Kreditengagements führen. Hierbei hat die Interne Revision bei ihren Prüfungen zu berücksichtigen, inwieweit die Ergebnisse der Frühwarnverfahren im fortlaufenden Kreditprozess »Kreditweiterbearbeitung« berücksichtigt werden.
BTO 1.2.4 Intensivbetreuung, Tz. 1	Das Kreditinstitut hat Kriterien festzulegen, wann ein Engagement einer gesonderten Beobachtung (Intensivbetreuung) zu unterziehen ist. Die Verantwortung für die Entwicklung und Qualität dieser Kriterien sowie deren regelmäßigen Überprüfung muss außerhalb des Bereichs Markt angesiedelt sein.	In den Kreditinstituten gehören regelmäßig die Ergebnisse aus den Frühwarnverfahren (z. B. Ampelfarbe, Notensystem) zu den Auswahlkriterien für die Intensivbetreuung von Kreditengagements. Die Interne Revision hat auch im Rahmen ihrer Prüfungen zu beurteilen, ob die durch das Frühwarnergebnis einzuleitenden Prozessschritte – wie Intensivbetreuung oder Problemkreditbearbeitung (Sanierung, Abwicklung) – auch tatsächlich durchgeführt werden.
BTO 1.2.4 Intensivbetreuung, Tz. 2	Die einer Intensivbetreuung unterliegenden Engagements sind nach einem	Hierbei ist von der Internen Revision zu prüfen, inwieweit die Frühwarnnote als

	festgelegten Turnus auf ihre weitere Behandlung hin zu überprüfen (weitere Intensivbetreuung, Rückführung in die Normalbetreuung, Abgabe an die Abwicklung oder die Sanierung).	»Kriterium« für die weiteren Bearbeitungsschritte im Rahmen der Kreditprozesse herangezogen wird. Die »Ordnungsmäßigkeit« der Überleitung von Kreditengagements in die Intensivbetreuung kann durch die Interne Revision durch wirkungsvolle Funktionsprüfungen geprüft werden.
BTO 1.2.5 Behandlung von Problemkrediten, Tz. 1	Das Kreditinstitut hat Kriterien festzulegen, die eine Abgabe eines Engagements an die auf die Sanierung bzw. Abwicklung spezialisierten Mitarbeiter oder Bereiche bzw. deren Einschaltung regeln. Die Verantwortung für die Entwicklung und die Qualität dieser Kriterien sowie deren regelmäßige Überprüfung muss außerhalb des Bereichs Markt angesiedelt sein.	Sowohl die Ratingnote als auch die Einstufung im Frühwarnsystem ist eines der Kriterien für die Abgabe der Engagements in die Problemkreditbearbeitung. Bei der Prüfung von Frühwarnverfahren ist zu beachten, wie genau/treffsicher die Kriterien für den Übergang der Engagements gewählt werden. Als Prüfungsansatz eignen sich die Funktionsprüfung von Kreditengagements, die in den Prozess der Problemkreditbearbeitung übergeleitet werden und die Engagements, die direkt vom Markt an die Abwicklung abgegeben werden (ggf. nicht funktionierendes Frühwarnverfahren).
BTO 1.3 Verfahren zur Früherkennung von	Das Verfahren zur Früherkennung von Risiken dient insbesondere der rechtzeitigen Identifizierung von	Die BaFin schreibt den Kreditinstituten keine bestimmte Methode zur Früherkennung von Risiken vor.

Risiken Tz. 1 – 2	Kreditnehmern, bei deren Engagements sich erhöhte Risiken abzuzeichnen beginnen. Damit soll das Kreditinstitut in die Lage versetzt werden, in einem möglichst frühen Stadium Gegenmaßnahmen einleiten zu können (z. B. Intensivbetreuung von Engagements). Für diese Zwecke hat das Kreditinstitut auf der Basis quantitativer und qualitativer Risikomerkmale Indikatoren für eine frühzeitige Risikoidentifizierung zu entwickeln.	Banken nutzen daher sowohl DV-gestützte Systeme als auch manuelle Verfahren wie kurzfristige Bearbeitung der Überziehungsliste/Engage-ments mit Leistungsstörungen etc. Das genutzte Frühwarnverfahren hat die Interne Revision im Rahmen ihres risikoorientierten Prüfungsplanes zu prüfen und zu beurteilen. Dabei sind die qualitativen als auch quantitativen Kriterien – die für die Einstufung des Ergebnisses aus der Frühwarnanwendung relevant sind – anzusehen. Unter quantitativen Merkmalen werden »harte Indikatoren« wie Kontendaten und/oder Daten zur Bilanz- und G+V verstanden. Qualitative Faktoren sind »weiche Indikatoren« wie Managementqualität oder Dauer der Geschäftsbeziehung.
BTO 1.3 Verfahren zur Früherkennung von Risiken Tz. 3	Das Kreditinstitut kann bestimmte, unter Risikogesichtspunkten festzulegende Arten von Kreditgeschäften oder Kreditgeschäfte unterhalb bestimmter Größenordnungen von der Anwendung des Verfahrens zur Früherkennung von Risiken ausnehmen. Die Funktion	Die Interne Revision hat sich auch im Rahmen ihrer Prüfungen von der Nutzung von Öffnungsklauseln (siehe auch AT 4.3.2) zu überzeugen und deren Angemessenheit zu beurteilen. So werden bei einzelnen Instituten spezielle Geschäftsbereiche, die geringen Ausfallrisiken

	der Früherkennung von Risiken kann auch von einem Risikoklassifizierungsverfahren wahrgenommen werden, soweit es eine Früherkennung von Risiken ermöglicht.	unterliegen (z. B. Konsumentenkreditgeschäft) von dem Frühwarnverfahren ausgenommen. Die Ausnahmen sollten im Prüfungsbericht dargestellt und auch bewertet werden. Der ideale Prüfungsansatz der Internen Revision besteht in der umfassenden Systemprüfung des Früherkennungsprozesses, die eine Prüfung des geregelten und gelebten Ablaufs sowie die Funktionsfähigkeit der internen Kontrollen beinhaltet.

Abbildung 1: Anforderungen an Frühwarnverfahren aus den MaRisk[104]

2.1. Begriff des Frühwarnverfahren

Darunter wird ein Verfahren verstanden, welches bereits geringe Veränderungen der Bonität des Kreditnehmers anhand von geeigneten Risikokriterien[105] erkennt und diese in Form eines Ergebnisses (wie Ampelsystem, Schulnotensystem) darstellt. Das Ziel des Frühwarnverfahrens besteht in der frühzeitigen Erkennung des Risikos und der dadurch gewonnen Reaktionszeit, um risikomindernde Maßnahmen zeitnah und effektiv anzusetzen und die Engagements einem risikoadäquaten Bearbeitungsprozess zuzuführen (z. B. Überleitung in die Problemkreditbearbeitung). Die bankaufsichtlichen Anforderungen an die Frühwarnverfahren leiten sich sowohl aus § 25a KWG im Allgemeinen und den MaRisk im Speziellen ab. Nach § 25a KWG haben Kreditinstitute angemessene Regelungen zu implementieren, anhand derer sich die finanzielle Lage des Instituts jederzeit mit hinreichender Genauigkeit bestimmen lässt.[106] Dies ist die Grundanforderung für funktionsfähige Frühwarnverfahren in Kreditinstituten. Spezielle Anforderungen zum Frühwarnverfahren

---

104 Vgl. *Becker A.*: Die Prüfung von Frühwarnverfahren durch die Interne Revision unter Berücksichtigung der Mindestanforderungen an das Risikomanagement unter: www.revision-online.de, S. 3-6.
105 Quantitative und qualitative Kriterien.
106 Vgl. § 25a Abs. 1 Nr. 3 KWG.

sowie eine bankaufsichtliche Begriffsdefinition sind in den MaRisk enthalten.[107] Danach dient das Verfahren zur Früherkennung von Risiken insbesondere der rechtzeitigen Identifizierung von Kreditnehmern, bei deren Engagements sich erhöhte Risiken abzuzeichnen beginnen.[108]

2.2. Frühwarnindikatoren

585 In der Bankpraxis werden je nach Komplexität der eingesetzten Frühwarnanwendungen verschiedene Indikatoren genutzt. Bei einfachen und teils manuellen Verfahren wie im Bereich der Privat- und Gewerbekunden konzentrieren sich die Institute zum Teil auf wenige, aber schlagende Kriterien wie »Schufa-Merkmale« oder »Kontoüberziehungen« aus der täglichen Überziehungsliste. Bei aufwändigen und anspruchsvollen DV-Anwendungen, die vor allem mittlere und größere Institute einsetzen, werden teils eine Vielzahl von Frühwarnindikatoren genutzt. Dabei können sowohl interne als auch externe Informationsquellen berücksichtigt werden.

Interne Informationen	Externe Informationen
▪ Liquiditätskennzahlen (intern ermittelt) ▪ Bilanzkennzahlen (intern ermittelt) ▪ Überziehungen ▪ Kontobewegungen/-auslastung ▪ Mahnstatus ▪ Verspätetes Einreichen von Unterlagen ▪ Zukunftsanalysen ▪ Veränderungen der Ratingnote	▪ Negative Zwischenzahlen ▪ Haftungsverbundinformationen ▪ Mitarbeiterfluktuation ▪ Externe Ratings ▪ Marktbewegungen (Spread/Aktienkurs) ▪ Branchenanalysen ▪ Nachrichten und Informationssysteme ▪ SCHUFA-Auskunft ▪ Fremdverschuldung

Abbildung 2: In- und externe Informationsquellen[109]

586 Die Interne Revision in den Kreditinstituten muss sich bei den Prüfungen der Frühwarnverfahren an der individuellen Risikostruktur des eigenen Instituts orientieren und dabei vor allem die MaRisk berücksichtigen.[110] Auch klassische Risikoklassifizierungsverfahren, die folgende bankaufsichtlich vorgegebene Komponenten beinhalten, sind als Frühwarnverfahren geeignet:

---

[107] Vgl. MaRisk, BTO 1.3 Verfahren zur Früherkennung von Risiken, Tz. 1 ff.
[108] Vgl. Ebenda, Tz. 1.
[109] DSGV(2004): Organisation und Gestaltung der Prozesse zur Früherkennung von Kreditrisiken (Früherkennungsprozesse) – Umsetzungshandbuch, Berlin, S. 6 ff.
[110] Vgl. MaRisk, BTO 1.3 Verfahren zur Früherkennung von Risiken – Regelungstext mit Erläuterungen, Tz. 1 ff.

Komponente	Erläuterung
Indikatoren-bezogene Komponente	Die dem Verfahren zugrunde liegenden Indikatoren wie Kontoumsätze, Scheck- und Lastschriftrückgaben sollten dazu geeignet sein, dass sich abzeichnende Risiken möglichst frühzeitig erkannt werden können.
Zeitraumbezogene Komponente	Auf Basis der Indikatoren sollte eine laufende Identifizierung von sich abzeichnenden Risiken möglich sein.
Prozessbezogene Komponente	Signale des Verfahrens zur Früherkennung von Risiken sollten zeitnah zu geeigneten Maßnahmen des Kreditinstituts führen (wie Intensivierung des Kundenkontakts, Hereinnahme neuer Sicherheiten, Tilgungsaussetzungen), so dass sich Risiken möglichst nicht in Form von Verlusten materialisieren.

Abbildung 3: Bankaufsichtlich vorgegebene Komponenten des Frühwarnverfahren[111]

Die Kreditinstitute haben auf Basis von qualitativen und quantitativen Risikomerkmalen Indikatoren für eine frühzeitige Risikoidentifizierung zu entwickeln.[112] Diese Risikomerkmale können sich vergleichsweise häufig – deutlich innerhalb eines Jahres – ändern.[113] Die unterschiedlichen Arten von Frühwarnkriterien lassen sich wie folgt unterscheiden:

Kategorie	Erläuterung
Kontoinformationen (quantitative Kriterien)	• Kontoüberziehungen (Häufigkeit der Überziehung, Betrachtung von Tagesgrenzen (30/60/90 Tage) etc.) • Rückstände (Zinsen und/oder Tilgung)

---

[111] Vgl. MaRisk, BTO 1.3 Verfahren zur Früherkennung von Risiken – Regelungstext mit Erläuterungen, Tz. 1 ff.
[112] Vgl. MaRisk, BTO 1.3 Verfahren zur Früherkennung von Risiken, Tz. 2.
[113] *Rehbein* R.(2004): Frühzeitige Identifizierung der Risiken des Kreditgeschäfts unter »www.1plusi.de«, S. 2.

	• Rückgaben (Scheck und Lastschriften) • Kontopfändungen
Analyse der wirtschaftlichen Verhältnisse (quantitative Kriterien)	• Negative Entwicklung der Vermögens-/und Ertragslage • Zwischenzahlen des Unternehmens sind negativ z. B. Quartalszahlen, Zwischenabschlüsse, betriebswirtschaftliche Auswertungen) • Verspätete Vorlage von Unterlagen zu den wirtschaftlichen Verhältnissen des Kreditnehmers (Unterlagen werden nicht rechtzeitig eingereicht, Mahnungen erfolgen) • Negative Cash Flow-Entwicklung
Unternehmensspezifisches Umfeld (qualitative Kriterien)	• Wirtschaftliche Abhängigkeiten z. B. Großabnehmer fallen weg • Offene Nachfolgeregelung/oder Rechtsverfahren • Missmanagement (z. B. Liquiditätsentzug durch Entnahmen, Qualitätsdefizite in den Produkten und Dienstleistungen etc.)
Externe Informationen (quantitative/qualitative Kriterien)	• Presse (z. B. anhaltende Negativpresse wg. Streiks etc. • Branchendienste • Auskünfte von Dritten (i. d. R. Kreditinstitute) • SCHUFA, weitere Auskunfteien

Abbildung 4: Kategorien von Frühwarnkriterien[114]

---

[114] *Becker A./Schöffler S./Rosner-Niemes S.*(2004): Frühwarnverfahren nach den MaK und deren Bedeutung für die Interne Revision in: ZIR 3/2004, S. 120.

2.3. Eignung von Ratingsystemen als Frühwarnverfahren

Nach den Anforderungen der MaRisk kann die Funktion der Früherkennung von Risiken auch von einem Risikoklassifizierungsverfahren wahrgenommen werden, soweit es eine Früherkennung von Risiken ermöglicht. Wichtig ist hierbei, dass die bankaufsichtlich vorgegebenen Mindestkomponenten – *indikatorenbezogene, zeitraumbezogene* und *prozessbezogene Komponenten* – durch das Risikoklassifizierungsverfahren dargestellt werden können. Die Bankenaufsicht möchte dadurch sicherstellen, dass die Risikoklassifizierungsverfahren kontobezogene und weitere kurzfristige Informationen berücksichtigen, eine fortlaufende Risikoidentifizierung sicherstellen und angemessen in die kreditspezifischen Frühwarnprozesse eingebunden sind. Gerade in Bezug auf den zeitlichen Turnus der Auswertungen reicht eine jährliche Auswertung – wie bei den Risikoklassifizierungsverfahren üblich – nicht aus, um einen geeigneten Frühwarnturnus sicherzustellen. Die Frühwarnauswertungen sollten zumindest vierteljährlich vorgenommen werden, um eine kurzfristige Früherkennung und adäquate Handlungsmöglichkeiten zu gewährleisten.

588

Die bankaufsichtlichen Anforderungen sind von der Internen Revision bei den Prüfungen der Risikoklassifizierungsverfahren zu berücksichtigen. Insbesondere ist darauf zu achten, dass die Frühwarnindikatoren regelmäßig von dem zuständigen Fachbereich auf ihre Trennschärfe hin untersucht werden. Auch die Prüfung der fortlaufenden Qualitätssicherung und die Pflege des Systems durch eine fachlich qualifizierte Organisationseinheit – in der Regel das Kreditrisikocontrolling – gehören mit zu den Aufgaben der Internen Revision.

589

2.4. Checkliste MaRisk-Anforderungen an Frühwarnverfahren

Die nachfolgende Checkliste bezieht sich im Wesentlichen auf die Anforderungen nach den MaRisk und ist als allgemeiner Überblick über das Prüfungsgebiet Frühwarnverfahren geeignet.[115]

590

---

[115] Vgl. Deutscher Sparkassen- und Giroverband (DSGV): Fachausschuss Kontrolle und Prüfung: Konzept zur Prüfung des Kreditgeschäftes und des Handelsgeschäftes unter Berücksichtigung der MaRisk, Berlin 2007, Prüffeld 4.6.

Inhalt	Prüfungsfragen
Bereich Risikofrüherkennung Kredit-Allgemein	• Wurde bankintern festgelegt, was unter erhöhte Risiken im Sinne der Früherkennung zu verstehen ist?
	• Existiert ein System zur Früherkennung von Risiken im Kreditgeschäft?
	• Wurden bestimmte Kreditgeschäfte von der Früherkennung ausgenommen (Nutzung von Öffnungsklauseln)?
	• Wurde die Nutzung der Öffnungsklauseln revisionsgerecht begründet und dokumentiert (insbesondere vor dem Hintergrund externer Prüfungen)?
	• Erfolgte die Festlegung/Nutzung dieser Öffnungsklauseln durch Beschluss des Vorstands?
	• Verfügen die Mitarbeiter über eine ausreichende Qualifikation?
	• Werden die Prozesse der Frühwarnverfahren ausreichend und schlüssig in den Organisationsrichtlinien dokumentiert?
	• Ist die Nutzung der Erleichterungen unter Risikogesichtspunkten gerechtfertigt?
Funktionale Trennung/Risikofrüherkennung	• Ist bankintern festgelegt, welche Organisationseinheit für die Entwicklung und Anwendung des Systems zuständig ist?
	• Ist diese Stelle funktional vom Bereich »Markt« getrennt?
	• Werden die Aspekte des internen Kontrollsystems konsequent in allen Prozessabschnitten berücksichtigt?
	• Ist auch systemseitig gewährleistet, dass die Anforderungen an ein wirksames internes Kontrollsystem erfüllt werden (Marktfunktion/Marktfolgefunktion)?

	- Werden die Grundsätze der funktionalen Trennung auch in der Aufbauorganisation eingehalten (Organigramm, Kompetenzen, Verantwortlichkeiten)?
- Ist auch im Vertretungsfall eine funktionale Trennung gewährleistet?
- Erfolgt die Umsetzung der funktionalen Trennung bis auf Geschäftsleitungsebene?
Verfahrensanforderungen Risikofrüherkennung	- Wurden bankintern geeignete Indikatoren festgelegt, die sicherstellen, dass Kreditnehmer, bei denen sich erhöhte Risiken abzuzeichnen beginnen, rechtzeitig identifiziert werden?
- Erfolgt die Festlegung dieser Indikatoren auf Basis quantitativer und qualitativer Faktoren?
- Betrachtet das Kreditinstitut – falls erforderlich – diese Risiken auch auf Gruppenebene?
- Werden die Risiken auch auf Portfolioebene identifiziert, dargestellt und überwacht?
- Verfügt das Kreditinstitut über ein separates Frühwarnverfahren oder wird zur Früherkennung ein klassisches Ratingsystem genutzt?
- Wenn ein klassisches Ratingsystem genutzt wird – ist dies mit entsprechenden Frühwarnindikatoren ausgestattet?
- Ist festgelegt, in welchen Zeitabständen die Frühwarnindikatoren auf ihre Angemessenheit überprüft werden?
- Sind die Zeitabstände angemessen und wird die regelmäßige Überprüfung auch ausreichend und nachvollziehbar dokumentiert?
- Ist gewährleistet, dass die auf die Ratingnote wirkenden Faktoren bzw. die wesentlichen Risikomerkmale unver-

züglich erfasst werden und wurde danach auch in der Bankpraxis verfahren?

- Ist durch den Frühwarnprozess gewährleistet, dass Veränderungen der Ratingnote unverzüglich an die zuständigen Entscheidungsträger im Kreditinstitut weiter geleitet werden?
- Wird diese Verfahrensweise auch in der Bankpraxis angewandt?
- Wird bankintern sichergestellt, dass bereits in einem frühen Stadium Gegenmaßnahmen zur Risikoreduzierung eingeleitet wurden?
- Werden diese Maßnahmen auch tatsächlich durchgeführt?
- Gewährleisten die Prozesse eine sachgerechte Dokumentation der als risikobehaftet ermittelten Engagements?
- Wird eine Watchlist oder eine Aufstellung über als »risikobehaftet« gekennzeichnete Engagements geführt?
- Ist sichergestellt, dass die im Rahmen der Dokumentation geführten Engagements auch vollständig und korrekt abgebildet wurden?
- Verfügen die Frühwarnprozesse über ein ausreichend wirksames internes Kontrollsystem (IKS)?
- Werden auch Objekt- und Projektrisiken angemessen und ausreichend im Frühwarnverfahren eingebunden?
- Ist das Verfahren zur Früherkennung von Kreditrisiken mit den weiteren Prozessen im Kreditbereich (z. B. Intensivbetreuung, Problemkreditbearbeitung) abgestimmt?
- Werden die erforderlichen Engagements in adäquater Weise die Planung bzw. Bildung von Einzelwertberichtigungen mit einbezogen?

	▪ Ist gewährleistet, dass (den Fortbestand des Kreditinstituts) gefährdende Entwicklungen früh (rechtzeitig) erkannt werden? ▪ Wurden dabei die geeigneten Maßnehmen zur Risikobegrenzung getroffen?

Abbildung 5: Checkliste MaRisk-Anforderungen an Frühwarnverfahren

3. Prüfung von Frühwarnprojekten

591 Der *risikoorientierte Prüfungsansatz* der Internen Revision beinhaltet auch die Prüfung von Projekten in Kreditinstituten. Danach sollte die Revision unter Wahrung ihrer Unabhängigkeit und unter Vermeidung von Interessenkonflikten bei wesentlichen Projekten begleitend tätig sein.[116] Folgende Gründe sprechen für eine Prüfung von Frühwarnprojekten in Kreditinstituten durch die Interne Revision:

- Frühwarnverfahren habe eine große Bedeutung – insbesondere im Hinblick auf die rechtzeitige Risikofrüherkennung und damit der Nutzung von Zeitvorteilen, die auf eine Konsolidierung des/der Kreditverhältnisse ausgerichtet sein können *(ökonomische Komponente)*.

- Ein wirkungsvolles und angemessenes Risikomanagement wird bankaufsichtlich gefordert (§ 25a KWG). Konkret fordern die MaRisk im BTO 1.3 die Implementierung von Frühwarnverfahren im Kreditgeschäft *(bankaufsichtliche/ regulatorische Komponente)*.

- In den intensiven Wettbewerb im Finanzdienstleistungsbereich gewinnen leistungsfähige Instrumente zur Früherkennung von Risiken stark an Bedeutung. Diese Instrumente können auch Zielrichtung bei strategischen Unternehmenszusammenschlüssen/Konzentrationen sein *(Wettbewerbs-Komponente)*.

3.1. DIIR- Standard zur Prüfung von Projekten

592 Das Deutsche Institut für Interne Revision e.V. (DIIR) hat am 13. Mai 2008 einen neuen *DIIR-Prüfungsstandard* »Standard zur Prüfung von Projekten – Definitionen und Grundsätze« veröffentlicht, um den Internen Revisionen bei der Prüfung von Projekten eine Hilfestellung zu geben. Der Standard ist insofern wichtig, da hierbei eine einheitliche Messlatte für Projektprüfungen als Orientierungshilfe den Internen Revisoren zur Verfügung gestellt wird. Häufig haben Projekte in Kreditinstituten auch eine strategische Bedeutung. Erfolgreiche Projekte sichern die Zukunftsfähigkeit von Unternehmen, denn diese gewährleisten, dass neue innovative Finanzprodukte am Markt platziert werden können oder die Bankprozesse durch den Einsatz neuer Technologien effizienter und kostengünstiger ausgestaltet werden können. Nach einer Studie der Deutschen Gesellschaft für Projektmanagement (GPM) geben über 50 % der befragten Unternehmen mehr als 10 % ihrer Gesamtkosten für Projekte aus. In der Praxis verfehlen einige Projekte jedoch ihre Ziele; das Scheitern

---

116 Vgl. MaRisk BT 2.1 Aufgaben der Internen Revision, Tz. 2.

von Projekten ist oftmals auf ein unzureichendes Projektmanagement zurückzuführen.[117] Insofern ist es von zentraler Bedeutung, dass sich die Interne Revision im Rahmen ihres risikoorientierten Prüfungsansatzes die wesentlichen Projekte des Kreditinstituts ansieht. Dabei gewinnt die Prüfung und Beurteilung des Projektmanagements an Bedeutung. Auch Bankvorstände und die beteiligten Fachabteilungen begrüßen einhellig die Projektbegleitung.

Nach dem neuen DIIR-Prüfungsstandard Nr. 4 gliedern sich die Revisionen in Projekten in drei wesentliche Arten:

Projekt Management Revision	Business Case Revision	Revision der fachlichen Anforderungen
Diese besteht in der Untersuchung der Organisation, der Prozesse und der Produkte des Projekt- und Portfoliomanagements	Der Prüfungsinhalt liegt in der Untersuchung der Prozesse zur Erstellung des Business Case eines Projektes oder die Beurteilung des Business Case selbst.	Diese besteht in der Prüfung von fachlichen Anforderungen des Projektes sowie deren Umsetzung im Rahmen der Projektarbeit.

Abbildung 6: Arten von Projektrevisionen[118]

3.2. Erfahrungen aus der Prüfung von Projekten

Es ist wichtig für die Interne Revision, Prüfungserfahrungen aus der Revision in Projekten zu sammeln. Denn neben den bankaufsichtlichen Erfordernissen wird die Prüfungsdienstleitung der »Projektrevision« immer stärker nachgefragt. Für die Kreditinstitute sind in der Bankpraxis folgende *Aspekte für Projektrevisionen* relevant:

- Einhaltung bankaufsichtlicher Anforderungen insbesondere der MaRisk
- Projekte dienen der Erfüllung von wesentlichen Unternehmenszielen, wie beispielsweise den betriebswirtschaftlichen oder strategischen Ziele, z. B. der Entwicklung leistungsfähiger Frühwarnverfahren

---

117 Deutsches Institut für Interne Revision (DIIR): DIIR Prüfungsstandard Nr. 4 – Standard zur Prüfung von Projekten – Definitionen und Grundsätze, Frankfurt 2008, S. 2.

118 Deutsches Institut für Interne Revision (DIIR): DIIR Prüfungsstandard Nr. 4 – Standard zur Prüfung von Projekten – Definitionen und Grundsätze, Frankfurt 2008, S. 7.

- Projekte dienen auch der Erfüllung spezieller Marktanforderungen wie
  - Kundenwünschen (Produkte, neue Finanzdienstleistungen etc.)
  - Marktbedingungen (Einhaltung von Marktusancen, Gesetzen etc.)
- Projekte binden zum Teil erhebliche Ressourcen (Mitarbeiter sowie Kapital). Dies beinhaltet auch
  - die Gefahr/das Risiko der Nichterfüllung der Projektziele
  - finanzielle Risiken/ökonomische Risiken

Ziele der Internen Revision

595 Aus der Bankpraxis ergeben sich für die Interne Revision folgende Zielrichtungen in Projekten:

1. Zeitnahe und unabhängige Informationen über den Projektstand

   Die Interne Revision hat eine prozessneutrale, d. h. prozessunabhängige Funktion im Unternehmen. Projektrevisionen haben den Vorteil, dass die Revision im Rahmen ihrer Prüfungen eine Plausibilisierung des Projektcontrollings vornehmen kann. Se kann weiterhin im Rahmen ihrer Prüfungstätigkeit über bestehende Projektrisiken informieren und damit wichtige Handlungsempfehlungen an das Projektmanagement geben.

2. Info über Einhaltung des Projekterfolgs

   Das Ergebnis der Projektrevision kann Anstöße bzw. Handlungsempfehlungen für Korrekturen bei laufenden Projekten geben. Dies sind z. B.:

   - Ressourcenfragen
   - Inhalte/Zeitplanung

3. Hinweise auf Schwächen im Internen Kontrollsystem (IKS)

   Das Ergebnis der Projektrevision kann weiterhin Hinweise auf mögliche Systemschwächen, wie z. B. IKS-Schwächen im Projektcontrolling liefern.

Ansätze von Projektrevisionen

596 Für die Interne Revision ergeben sich im Hinblick auf die zeitliche Komponente zwei mögliche Ansätze, den *Ex-Post-* und den *Ex-Ante-Ansatz*. Ist die Revision bereits frühzeitig, d. h. in der Entstehungsphase des Projektes mit der Projektrevision betraut, stellt dies den *Ex-Ante-Ansatz* dar. Wird die Projektrevision im Nachhinein durchgeführt, d. h. sind die Projekte bereits abgeschlossen, wenn die Projektrevision beginnt, bezeichnet man dies als *Ex-Post-Ansatz*. Die Vorteile des Ex-Ante-Ansatzes liegen klar auf der Hand. Durch

die frühzeitig beginnende Projektrevision können auch frühzeitige Hinweise/Feststellungen der Internen Revision zu Korrekturmaßnahmen in dem laufenden Projekt führen. Diese Maßnahmen können wirtschaftlich positive Effekte beinhalten (Kosten/Ressourcen). Auch teure Korrekturmaßnahmen z. B. aufgrund von bankaufsichtlichen Erfordernissen können von vorne herein vermieden werden.

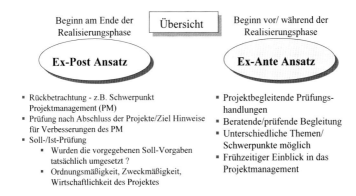

Abbildung 7: Ex-Post- und Ex-Ante Ansatz

Einbindung der Projektrevisionen in die Prüfungsplanung

Für die Projektrevisionen wie z. B. die Einführung von Frühwarnverfahren im Kreditgeschäft hat die Interne Revision entsprechende Planungsbudgets bereit zu halten. Diese orientieren sich an den Erfahrungswerten vergangener Jahre und/oder an der aktuellen Projektplanung des Kreditinstituts. Hierbei ist zu berücksichtigen, dass die Revision lediglich *beschränkte Kapazitäten* zur Projektrevision zu Verfügung hat. Daher konzentriert sicht diese lediglich auf die *wesentlichen Projekte* im Institut. Die Wesentlichkeit wird anhand interner Kriterien wie Bedeutung des Projektes für das Kreditinstitut, aufsichtsrechtliche Erfordernis, Umfang des Projektaufwands (zeitlich/finanziell) gemessen.

Beispiel Kreditrevision

Prüffeld	Risikopunkte	Jahr	Turnus
Sonderprüfungen und -aufträge	0,00	2008, 2009, 2010	1-jährlich
Unterstützung Externer	0,00	2008, 2009, 2010	1-jährlich
Projektbegleitung	0,00	2008, 2009, 2010	1-jährlich
Prüfungsnahe Tätigkeiten	0,00	2008, 2009, 2010	1-jährlich
Zeitkontingent Vorjahr	0,00	2008, 2008, 2010	1-jährlich

Abbildung 8: Beispiel für die Planung der Projektbegleitung

598 Folgende Punkte sollten im Sinne einer *Checkliste* von der Internen Revision bei der *Planung* berücksichtigt werden:

Inhalt	Erläuterung
Wesentliche Planungsaspekte	▪ ausreichende Ressourcen für Projektrevisionen im Prüfungsplan (kurz- mittelfristig) bereit halten ▪ eine Übersicht über alle Projekte (ggf. mit interner Bewertung wie Risikoklassifizierung) beim Projektmanagement anfordern ▪ ein Jahresgespräch mit Projektmanager/-in führen – kritische Projekte des Instituts wie die Einführung von Frühwarnverfahren – erkennen ▪ den ressourcenabhängigen Einsatz mit den Revisionseinheiten intern vorbesprechen (was ist machbar) ▪ einen konkreten Vorschlag in der risikoorientierten Jahresplanung mit aufnehmen – dies kann in Form einer verbalen Erläuterung geschehen

Abbildung 9: Checkliste – wesentliche Punkte bei Planung

Arten von Projektrevisionen

Aus der Praxis der Projektrevision ergeben sich verschiedene Formen der Einbindung. Zum einen informieren sich die in Projekte eingebundene Fachbereiche/Projektbeteiligte fallweise bei der Internen Revision über die Handhabung verschiedener Sachverhalte wie rechtliche oder bankaufsichtliche Behandlung. Dies kann bei Frühwarnprojekten gerade vor dem Hintergrund der Bestimmung einzelner Frühwarnindikatoren oder bei der Einhaltung der MaRisk-Erfordernisse in Frühwarnprozessen erfolgen. 599

Zum anderen wird oftmals von den Fachbereichen/der Projektleitung eine aktive Einbindung der Internen Revision in die Projektarbeit gewünscht. Hierbei ist zu berücksichtigen, dass Aufträge für Projektrevisionen durch den Vorstand und nicht durch die Fachabteilung/Projektleitung erteilt werden. Wichtig ist auch die Beachtung der *Selbständigkeit* und *Unabhängigkeit* der Internen Revision, die nach den MaRisk zwingend erforderlich sind.[119] Daher ist die Übernahme von Leitungsfunktionen wie Projektleitung/Teilprojektleitung durch die Interne Revisoren ausgeschlossen. Diese Aufgaben sind nicht mit der Unabhängigkeit und Selbständigkeit der Internen Revision vereinbar. 600

Als geeigneter Prüfungsansatz ist eine umfassende *System- und Verfahrensprüfung* des *gesamten Projektmanagements* im Kreditinstitut zu empfehlen. Hierbei wird erkennbar, inwieweit Projekt im Hause umgesetzt werden und inwieweit das Projektmanagement und –controlling funktioniert. Es bietet sich weiterhin an, gezielt das Projektmanagement einzelner Projekte im Rahmen von Funktionstests zu prüfen. Dabei kommt den laufenden Projekten wie die Implementierung/Weiterentwicklung von Frühwarnverfahren eine besondere Bedeutung zu. 601

---

119 Vgl. MaRisk, BT 2.2 Grundsätze für die Interne Revision, Tz. 1.

Projektbegleitung

- Informelle Begleitung
- Fortlaufende Projektarbeit (Revisionsmitarbeiter im Projektteam)
- Mitglied der Revision im Lenkungsausschuss (beratende Funktion)

Projektprüfung

- Prüfung spezieller Projektthemen
- Statusprüfungen (innerhalb der verschiedenen Projektphasen)
- System-, Verfahrens-, Prozess-, Ablaufprüfungen

Abbildung 10: Arten der Projektrevision – praktische Ansätze

Projektrevision – Regelungen im Revisionshandbuch

602 Externe Prüfer fordern von der Internen Revision in Kreditinstituten, dass die Form der *Projektrevision* hausintern definiert wird. Die relevante Regelung ist das Revisionshandbuch, welches häufig die für die Interne Revision relevanten Arbeitsanweisungen, innerbetrieblichen Abläufe sowie die Grundsätze für die Berichtseinstufung etc. regelt. Wichtig ist gerade für den externen Prüfer der Anlass der Berichtserstellung z. B. wenn ein expliziter Prüfungsauftrag an die Interne Revision erteilt wurde. Übernehmen Mitarbeiter der Internen Revision jedoch fallweise Beratungsfunktionen in Einzelfragen muss kein separater Prüfungsbericht erstellt werden. Hier reicht oftmals ein kurzer Aktenvermerk oder auch ein e-mail, welches schlüssig die revisionsseitige Antwort auf die Anfrage des Fachbereichs oder Projektleiter dokumentiert. Bei fortlaufender Projektbegleitung der Internen Revision sind regelmäßig auch alle projektrelevanten Ergebnisse/Zwischeninformationen im Rahmen der fortlaufenden Projektdokumentation enthalten. Hier muss nach Auffassung des Verfassers auch kein separater Prüfungsbericht erstellt werden. Wünscht jedoch der Vorstand eine separate Berichterstattung, obwohl die Interne Revision projektbegleitend eingebunden ist, besteht die Notwendigkeit für eine Prüfungsberichterstellung. Dies kann von Fall zu Fall individuell abgeklärt werden. In der nachfolgenden Abbildung ist eine mögliche innerbetriebliche Regelung aus dem Revisionshandbuch exemplarisch dargestellt.

Arten Projektbegleitung

Projektbegleitende Prüfung	<ul><li>Statusprüfung, Prüfung einzelner Sachverhalte auf Basis eines Prüfungsauftrages vom Vorstand</li><li>Über das Ergebnis der Prüfung ist ein Prüfungsbericht zu erstellen</li></ul>
Projektbegleitende Beratung	<ul><li>Beratungen während des Projektverlaufs, Teilnahme an Projektsitzungen</li><li>Dokumentation im Rahmen der Sitzungsprotokolle</li></ul>
Beratung von Einzelthemen	<ul><li>Anlassbezogene Beratung auf Anfrage z.B. aus einem Projekt bzgl. der Einhaltung gesetzlicher/bankaufsichtlicher Anforderungen</li><li>Dokumentation des Ergebnisses in Form eines Vermerks</li></ul>

Abbildung 11: Arten der Projektbegleitung – Regelung im Revisionshandbuch

Projektmanagement – Behandlung von typischen Projektrisiken

Eine wichtige Aufgabe des erfolgreichen Projektmanagements besteht darin, entstehende oder bestehende Risiken erfolgreich zu managen und zu bewältigen. Neben den bereits bekannten klassischen bankaufsichtlichen Risikoarten (Adressenausfallrisiken, Marktpreisrisiken, operationellen Risiken und Liquiditätsrisiken) gibt es noch weitere Risikokomponenten, die bei Bankprojekten von Bedeutung sein können.

603

Abbildung 12: Arten von Projektrisiken

604 Gerade beim Management in kritischen Situationen zeigt sich die Qualität und Erfahrung des Projektleiters als »Manager« vor Ort. Denn er und das Projektteam müssen mit den internen und externen Einflüssen auf das Projekt umgehen können. Letztendlich entscheidet über den Erfolg des Projektes, ob die Krisensituationen gut bewältigt werden können. Die Interne Revision hat darauf zu achten, dass die wesentlichen Projekte des Kreditinstituts auch mit entsprechend fachlich und persönlich erfahrenen Projektleitern und Mitarbeitern besetzt werden.

Projekt Weiterentwicklung eines Frühwarnverfahren

605 Die Interne Revision wird in der Praxis auch mit Projektrevisionen betraut, die eine Prüfung von Projekten mit der Weiterentwicklung des Frühwarnverfahren im Kreditgeschäft beinhalten.[120] Aufgabe des Projektes ist die Einführung des OSPlus-Frühwarnverfahrens. Dies ermöglicht dem Kreditinstitut die frühzeitige Identifizierung und Bewertung von Kreditausfallrisiken und unterstützt die dauerhafte und effiziente Überwachung der auffälligen Kreditnehmer im gewerblichen Bereich. Das Frühwarnverfahren stellt eine Ergänzung zu dem von der Sparkassen Rating und Risikosysteme GmbH entwickelten Risikoklassifizierungsverfahren dar. Das Frühwarnverfahren ist als unterjähriges Ampelsystem konzipiert und dient dem unterjährigen Monitoring der Kreditnehmer.

---

120 Beispielsweise das OSPlus Frühwarnverfahren in der Sparkassenorganisation.

In einer bereits laufenden Projektphase kann die Interne Revision auch eine *projektbegleitende Statusprüfung* als möglichen Prüfungsansatz wählen. Diese kann von der Geschäftsleitung beauftragt werden, wenn beispielsweise der Vorstand von einer neutralen Organisationseinheit wie der Internen Revision wissen möchte, ob die wesentliche Projekte in dem Kreditinstitut ordnungsgemäß, zeit- und budgetgerecht gehandhabt werden. Hierbei ergeben sich folgende Themenstellungen:

Das Ziel der Prüfung kann in der Beantwortung folgender Fragestellungen liegen:

- Werden verschiedene Projektphasen sowohl zeitlich als auch inhaltlich adäquat umgesetzt?
- Phase 1 (Initiierung und Start)
  - (Vor-) Planung
  - Genehmigung
  - Auftaktveranstaltung (kick-off)
- Phase 2 (Umsetzung)
  - Aufgabenbündel 1 (Ausgestaltung des Verfahrens)
    - Definition der relevanten Kreditnehmer (Portfolios), die dem Frühwarnverfahren unterliegen
    - Festlegung der relevanten Frühwarnkriterien
    - ....
  - Aufgabenbündel 2
    - Organisation des Kreditgeschäfts/Kreditprozesse/Modellierung der Frühwarnprozesse
      - Funktionstrennung
      - Prozess Intensivbetreuung
      - Schnittstelle zur Problemkreditbearbeitung (Sanierung/Abwicklung)
      - ......
- Phase 3 (Projektabschluss)
  - Erstellung eines Projektabschlussberichtes
  - Information über die Projektergebnisse

Wichtige Prüfungsaspekte für die praktischen Projektrevisionen sind in folgender *Checkliste* dargestellt:

Inhalt	Prüfungsfragen
Eingangspunkte bei Projektrevisionen (Vorstrukturierung)	▪ Festlegung der Vorgehensweise/des Zeit- und Stufenplans
	▪ Angabe des Projektleiters (wichtig ist hierbei das Erfahrungspotenzial)
	▪ Auswahl der Projektmitarbeiter, Bestimmung des Projektleiters
	▪ Kurze verbale Erläuterung zum Projekt z. B. Kurzbeschreibung Frühwarnverfahren im Kreditgeschäft
	▪ Angabe des Mentors (bei wesentlichen Projekten z. B. der Vorstand/oder einzelne Vorstandsmitglieder bzw. Bereichsleiter etc.)
	▪ Angabe des Ressourcen (Projekttage, ggf. externe Kosten)
	▪ Controlling-Informationen (wie bisheriger Verbrauch an Tagen/Kosten etc.)
	▪ Übersicht über bereits laufende Projekte/geplante Projekte
	▪ Festlegung des Lenkungsausschusses
	▪ Bestimmung der Ressourcen/Kommunikationswege
Prüfung des Projektmanagements	▪ Wurde ein erfahrener Projektleiter für das Projekt benannt?
	▪ Ist sichergestellt, dass für das wesentliche Projekt des Kreditinstituts ein qualifiziertes und erfahrenes Projektteam gefunden wurde?
	▪ Wurden Projektsteuerungsgremien (wie Lenkungsausschuss) ausreichend eingerichtet und besetzt?
	▪ Wurden ausreichende Eskalationsmechanismen eingerichtet?
	▪ Finden regelmäßige Projektsitzungen statt?
	▪ Wird ein ausreichendes Projektcontrolling vorgenommen?

Projektdurchführung und Abschluss	- Wurde der Projektplan eingehalten (Zeit- und Meilensteinplan)? - Liefert das fortlaufende Projektcontrolling kurze aber prägnante Informationen über die Einhaltung des Projektes wie z. B. anhand eines Ampelsystems? - Wurde ausgehend von den Einzelanforderungen der MaRisk zu den Frühwarnverfahren ein Abgleich mit den bestehenden Organisationshandbuch/Regelungen vorgenommen? - Ist sichergestellt, dass der Änderungsbedarf im Organisationshandbuch hinreichend gekennzeichnet ist? - Erfolgte die Ist-Aufnahme (Gap-Analyse) in Form eines Workshops der originären Bestandsaufnahme durch die betroffenen Fachbereiche? - Unterliegen die Umsetzungslösungen aus den Handlungserfordernissen des Projektes einer hinreichenden Qualitätssicherung? - Wurden alle betroffenen Fachbereiche in die Lösungsfindung mit einbezogen? - Erfolgte eine Priorisierung der Arbeitspakete nach Dringlichkeitsstufen wie hoch, mittel, niedrig? - Wurden in den Prozessanforderungen mögliche Öffnungsklauseln genutzt? - Hat das Institut mögliche Optimierungsvorschläge in den Arbeitsprozessen (z. B. bzgl. der Effizienz von Prozessen) mit umgesetzt? - Existieren ausreichende Fach- und IT-Konzepte bzw. wurden diese qualitätsgesichert und abgenommen? - Wurde ein ordnungsgemäßer Projektabschluss zzgl. Abnahme, Projektkritik durchgeführt?

Kommunikationsprozess im Projekt	Die Projektdurchführung und der Projektabschluss setzt ein funktionierendes Berichtswesen innerhalb und außerhalb des Projektes voraus. Liegt dies zwischen allen Beteiligten in ausreichendem Umfang vor? ▪ zwischen allen Projektbeteiligten? ▪ zwischen Projektleitung und Vorstand? ▪ zwischen Projektleitung und Projektmanagement? ▪ zwischen Projektleitung und Interner Revision? ▪ zwischen Projektleitung und externer Revision/Abschlussprüfer/Bankenaufsicht (z. B. Neuentwicklung von Frühwarnverfahren im Kreditgeschäft)?
Behandlung von Projektrisiken	▪ Werden die bankaufsichtlichen Risikokategorien im Rahmen der Projekte mit berücksichtigt? ▪ Werden auch operationelle Risiken dargestellt und bewertet – insbesondere im Zusammenhang mit der Projektorganisation und dem Projektmanagement? ▪ Erfahren interne Kontrollen/das interne Kontrollsystem im Zusammenhang mit den operationellen Risiken eine angemessene Aufmerksamkeit? ▪ Ist sichergestellt, dass auch weitere – nachfolgend dargestellte – Risikokategorien mit berücksichtigt werden? ▪ Werden Nichteinhaltungen/Abweichungen von dem Projektplan in ausreichendem Maße gemanaged? ▪ Ist eine ausreichende personelle und inhaltliche Unterstützung durch die betroffenen Fachbereiche gegeben?

	- Sind die aus dem Projekt adressierten Handlungsempfehlungen/Arbeitsergebnisse qualitativ und quantitativ ausreichend? - Ist sichergestellt, dass das Projektziel nicht ständig verändert wird? - Werden Konflikte/Differenzen im Projektteam erfolgreich bewältigt? - Ist eine ausreichende Projektdokumentation gegeben?

Abbildung 13: Praktische Checkliste Projektrevision

3.3. Checkliste Prüfung von Projekten

Nachfolgend wird eine *Checkliste* dargestellt, die sich im Wesentlichen an dem DIIR-Prüfungsstandard Nr. 4 orientiert.

609

Inhalt	Prüfungsfragen

Bereich Grundlagen/Definition Projektmanagement	- Liegt eine institutseinheitliche Definition von Projekten vor?
	- Ist geregelt, dass das Projektziel klar und verständlich festzulegen ist?
	- Sind die Projekte im Einklang mit dem Geschäftsplan (business case) festgelegt worden?
	- Beinhaltet das Projektmanagement die Planung, den Einsatz und die Steuerung aller dafür notwendigen Unternehmensressourcen?
	- Werden für Projekte personelle und finanzielle Ressourcen festgelegt?
	- Beinhalten die Projekte folgende Kernelemente?
	   – Zeitlich befristete Aufbau- und Ablauforganisation
	   – Besondere Managementumgebung
	   – Business Case/Projektauftrag als Basis
	   – Definierte Endprodukte

	– Definierter Anfangs- und Endzeitpunkt – Zugewiesene Ressourcen • Umfasst das Gesamtprojektmanagement alle Organisationen und Verfahren, die zur erfolgreichen Durchführung notwendig sind? • Ist das Projektmanagement in die zwei wesentlichen Bereiche »direktives und operatives Projektmanagement« unterteilt? • Wird das direktive Projektmanagement durch den Lenkungsausschuss repräsentiert? • Enthält das direktive Projektmanagement alle Organisationen und Verfahren des Projektauftraggebers zur Entscheidungsfindung? • Wird die Entscheidungsfindung in Projekten durch die Steuerungs- und Eskalationsfunktion des direktiven Projektmanagements wahrgenommen? • Ist sichergestellt, dass das operative Projektmanagement die Organisationen und das Verfahren zur operativen Planung eines bestimmten Projektes auf Basis des Projektauftrags klar definiert? • Existiert ein funktionsfähiges Projektportfoliomanagement? • Umfasst dies alle Organisationen und Verfahren, die zur Generierung Priorisierung und/oder die methodische Unterstützung zur Durchführung mehrere Projekte notwendig sind? • Existiert ein funktionsfähiges Projektsteuerungssystem?

	▪ Umfasst dies die in dem Kreditinstitut notwendige Koordination, d. h. Generierung, Priorisierung und Durchführung von Projekten?
	▪ Umfasst das Projektsteuerungssystem in ausreichendem Maße die Organisation, Verfahren und Prozesse im Bankbetrieb?

Abbildung 14: Checkliste zur Prüfung von Projekten nach dem DIIR-Prüfungsstandard Nr. 4

4. Prozessanforderungen für Frühwarnverfahren

610 Die wesentlichen Prozessanforderungen für Frühwarnverfahren leiten sich aus verschiedenen Erfordernissen der MaRisk ab. Prozessanforderungen ergeben sich sowohl aus aufbau- als auch ablauforganisatorischen Erfordernissen der MaRisk.

4.1. Anforderungen an die Aufbauorganisation

611 Neben dem Grundsatz der funktionalen Trennung des »Marktes« zur »Marktfolge« gibt es bezüglich der Ausgestaltung der Frühwarnverfahren wenige allgemeine Anforderungen im AT (Allgemeinen Teil). Es ist für Frühwarnverfahren derzeit in den MaRisk nicht – wie bei den im Bankbetrieb eingesetzten Risikoklassifizierungsverfahren – erforderlich, dass die Verantwortung für Entwicklung, Qualität und Überwachung der Anwendung durch eine funktional getrennte Einheit vorzunehmen ist (=Grundsatz der funktionalen Trennung). Die Interne Revision sollte jedoch bei der praktischen Anwendung der Frühwarnverfahren bewusst darauf achten, dass die *Grundsätze* der *funktionalen Trennung* auch bei der Zuordnung der Funktionen innerhalb der Aufbau- und Ablauforganisation eingehalten sind. Danach könnte ein Bereich Gesamtbanksteuerung/Controlling für die fortlaufende Pflege und Entwicklung der im Kreditinstitut eingesetzten Frühwarnverfahren verantwortlich sein. Insbesondere ist die Genauigkeit und Validität der Frühwarnindikatoren vom zuständigen Fachbereich im Sinne einer fortlaufenden Qualitätssicherung regelmäßig zu überprüfen und ggf. anzupassen.

612 Bei der Ausgestaltung der Prozesse innerhalb der Aufbau- und Ablauforganisation ist sicherzustellen, dass miteinander unvereinbare Tätigkeiten durch unterschiedliche Mitarbeiter vorgenommen werden.[121] Dies ist der *Grundsatz* der *funktionalen Trennung*, der wesentlich bei der Gestaltung der Prozesse bzw. Vergabe von Kompetenzen und Verantwortlichkeiten ist. Aufbauorganisatorisch sind die Bereiche Markt und Handel bis einschließlich der Geschäftsleitungsebene von den weiteren Organisationsbereichen (z. B. Marktfolge, Abwicklung und Kontrolle, Risikocontrolling) zu trennen.[122]

---

121 Vgl. MaRisk, AT 3.3.1 Aufbau- und Ablauforganisation.
122 Vgl. MaRisk, BTO Anforderungen an die Aufbau- und Ablauforganisation, Tz. 3.

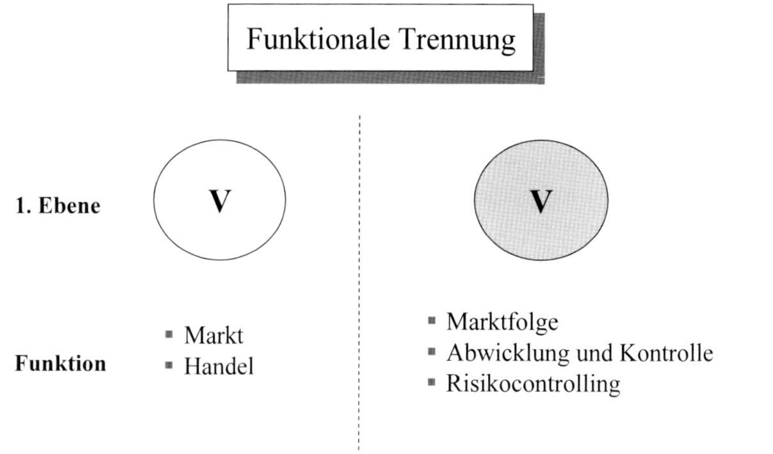

Funktionale Trennung

1. Ebene   V   V

Funktion   • Markt   • Marktfolge
               • Handel   • Abwicklung und Kontrolle
                                    • Risikocontrolling

Abbildung 15: Funktionale Trennung nach den MaRisk

Im Einzelnen ergeben sich folgende Anforderungen aus den Grundsätzen der funktionalen Trennung, die auch bei der Gestaltung der Prozesse der Frühwarnverfahren zu beachten sind:

Inhalt	Erläuterung
MaRisk-Anforderungen Funktionale Trennung	• BTO 1.1 Tz. 7 = Überprüfung bestimmter – unter Risikogesichtspunkten festzulegender – Sicherheiten
	• Vorschläge über die Risikovorsorge bei bedeutenden Engagements
	• BTO 1.2 Tz. 1 = Verantwortung für die Entwicklung und Qualität der Prozesse der Kreditbearbeitung muss außerhalb des Marktes angesiedelt sein
	• BTO 1.2.5 Tz. 1 = Verantwortung für die Entwicklung und Qualität der Kriterien für die Abgabe von Engagements an die Sanierung bzw. Abwicklung
	• BTO 1.2.5 Tz. 1 = Die Federführung für den Sanierungs- bzw. Abwicklungsprozess oder die Überwachung dieser Prozesse sind außerhalb des Bereichs Markt wahrzunehmen

PRÜFUNG VON FRÜHWARNVERFAHREN

	▪ BTO 1.4 Tz. 2 = Die Verantwortung für Entwicklung, Qualität und Überwachung der Anwendung der Risikoklassifizierungsverfahren muss außerhalb des Bereichs Markt angesiedelt sein

Abbildung 17: Checkliste Funktionale Trennung

4.2. Anforderungen an die Ablauforganisation

614   Die Anforderungen an die Ablauforganisation von Früherkennungsverfahren leiten sich zum großen Teil aus den klassischen Kreditprozessen ab. So wird bei den Erläuterungen zu den bankaufsichtlichen Anforderungen an die Frühwarnverfahren in den MaRisk direkt auf die möglichen Handlungsempfehlungen bei der Intensivbetreuung von Engagements hingewiesen.[123] Denn das Ergebnis aus dem Frühwarnverfahren wird bei den Kreditinstituten häufig als Kriterium für die Intensivbetreuung von Engagements herangezogen. Die Interne Revision hat bei Prüfungen des »Intensivbetreuungsprozesses« darauf zu achten, dass die Verantwortung für die Entwicklung und Qualität der Kriterien im Prozess der Intensivbetreuung durch eine funktional getrennte Einheit außerhalb des Bereichs »Markt« zugeordnet ist (= Grundsatz der funktionalen Trennung).[124]

615   Ein weiteres Gebiet des Intensivbetreuungsprozesses ist das Führen von »Watchlisten oder Überwachungslisten« für kritische Kreditengagements. Die Kriterien für die Intensivbetreuung von Engagements führen in vielen Häusern dazu, dass die kritisch erkannten Engagements automatisch auf einer gesonderten »Watchlist« geführt werden. Diese ist ein Dokumentationshilfsmittel für die enge Engagementbegleitung/-überwachung und wird auch im laufenden Forderungsbewertungsprozess genutzt.[125] Die Watchlist dient auch häufig den kreditüberwachenden Organisationseinheiten wie der Marktfolge für die Dokumentation der Handlungsalternativen im Rahmen der Engagementbetreuung und Berichtsmedium im Rahmen des Kreditberichtswesens. In der Watchlist werden regelmäßig aktuelle Erkenntnisse aus dem Frühwarnverfahren berücksichtigt.[126]

---

123   Vgl. MaRisk, BTO 1.3 Verfahren zur Früherkennung von Risiken, Tz. 1, Satz 2.
124   Vgl. MaRisk, BTO 1.2.4 Intensivbetreuung, Tz. 1.
125^ Vgl. *Becker A./Helfer M./Kastner A./Weis, D.*(2005): Prüfungsleitfaden für Problemkreditbereiche – System-, Funktions- und Einzelengagement-Prüfungen/Umsetzung der MaRisk-Vorgaben, Heidelberg, S. 56 – 57.
126   Ebenda, S. 57.

4.2.1. Prozess der Normalbetreuung

Im Sinne der MaRisk wird die *Normalbetreuung* als regulärer Kreditprozess wie Kreditgewährung, Kreditweiterbearbeitung, Kreditbearbeitungskontrolle definiert.[127] Die Normalbetreuung grenzt sich daher von der Intensivbetreuung und Problemkreditbearbeitung ab. Aber schon in dieser Phase werden Kreditengagements durch Frühwarnverfahren erfasst, soweit die folgenden Voraussetzungen hierfür gegeben sind:

616

- Für die Engagements muss eine *Kontoführung/Kontoverbindung im Hause* geführt werden, denn eine Vielzahl von Frühwarninformationen werden anhand der Kontodaten sichtbar
- Die *Kreditarten müssen der Frühwarnselektion zugeordnet sein*. Nicht alle Kreditportfolien unterliegen dem Frühwarnverfahren. Die MaRisk sehen hierzu einige Erleichterungen (Öffnungsklauseln) vor. Dabei kann das Kreditinstitut bestimmte, unter Risikogesichtspunkten festzulegende Arten von Kreditgeschäften oder Kreditgeschäfte unterhalb bestimmter Größenordnungen von der Anwendung des Verfahrens zur Früherkennung von Risiken ausnehmen.[128] In der Bankpraxis untersuchen die Kreditinstitute aus Kosten-/Nutzengesichtspunkten die Prozesse und nutzen auch aktiv die mögliche Erleichterungsregelung gerade im kleinteiligen Geschäft (Kreditgeschäft unterhalb bestimmter intern festgelegter Größenordnungen).
- Die festgelegten *Risikomerkmale* (quantitative und qualitative) müssen geeignet sein, auch tatsächlich Risiken frühzeitig zu erkennen. Dies bedeutet, dass die Trennschärfe der Kriterien regelmäßig durch eine für die fortlaufende Qualitätssicherung zuständige Organisationseinheit idealerweise das Risikocontrolling überprüft wird.
- Es müssen neben den DV-gestützten Frühwarnverfahren *funktionsfähige Frühwarnprozesse* implementiert sein, die einen klaren und zeitnahen Ablauf im Rahmen der Risikofrüherkennung sicherstellen.
- Die Ergebnisse der Frühwarnverfahren müssen innerhalb des Kreditrisikoreportings implementiert sein. Insbesondere eignen sich hierzu Frühwarnportfoliodarstellungen in dem mind. vierteljährlich zu erstellenden *Kreditrisikoberichtswesen* nach MaRisk.[129]

---

127 Vgl. MaRisk, BTO 1.2.1 – 1.2.3.
128 Vgl. MaRisk BTO 1.3 Verfahren zur Früherkennung von Risiken.
129 Vgl. MaRisk BTR 1 Adressenausfallrisiken, Tz. 7.

4.2.2. Prozess der Intensivbetreuung

617 Das Kreditinstitut hat Kriterien festzulegen, wann ein Kreditengagement einer gesonderten Beobachtung, d. h. der *Intensivbetreuung* unterzogen wird. Die Verantwortung für die Entwicklung und Qualität dieser Kriterien sowie deren regelmäßigen Überprüfung muss außerhalb des Bereichs Markt zugeordnet sein.[130] Generell stellt sich die Frage, zu welchem Zeitpunkt sich bestimmte Krisensymptome bei dem Kreditnehmer abzeichnen. Hier sind in der Bankpraxis fließende Grenzen zu beobachten.

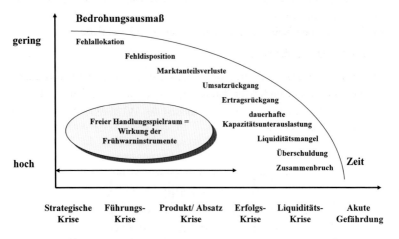

Abbildung 18: Krisensymptome bei Kreditengagements[131]

618 Häufig beginnt eine strategische Krise relativ frühzeitig, in dem das Unternehmen Produkte entwickelt, die sich im Markt schwierig absetzen lassen. Auch interne Streitigkeiten und/oder eine Führungskrise kann/können zu Problemen führen. Tritt die Erfolgskrise ein, d. h. die Produkte und/oder Dienstleistungen lassen sich am Markt nicht/oder nicht in ausreichendem Maße absetzen, ist die Liquiditätskrise bereits vorprogrammiert. Liquiditätsengpässe lassen sich dann auch sehr schnell im Rahmen der Kontoführung erkennen. Spätestens hier sprechen eine Fülle von Frühwarnhinweisen an, die von den üblichen Frühwarnverfahren sehr schnell erkannt werden.

---

130 Vgl. MaRisk BTO 1.2.4 Intensivbetreuung, Tz. 1.
131 Vgl. *Hennings E./Czaplinsky D.*: Die Rolle der Bank in Sanierungsfällen in: Bank Magazin 12/97, S. 33.

Prozesskennzeichen der Intensivbetreuung

Kredite, die der *Intensivbetreuung* unterliegen, werden aufgrund der negativen Auffälligkeitsmerkmale (wie Einstufung im Frühwarnsystem) zwar noch im Markt betreut, stehen jedoch unter besonderer Beobachtung durch eine dem Markt nachgelagerten Organisationseinheit (Marktfolge). Im Rahmen der *Intensivbetreuung* ist dann regelmäßig unter Einbindung der Marktfolge zu entscheiden, wie mit dem Engagement weiter zu verfahren ist (betreuende Stelle). In vielen Kreditinstituten sind intensiv betreute Engagements auch auf einer *»Watchlist«* (Beobachtungsliste) zu führen; die Engagementstrategie ist regelmäßig (vierteljährlich) zu überprüfen. Die Kriterien für die Aufnahme in die Watchlist sind innerhalb der Prozessbeschreibungen beschrieben.

619

Instrumente der Intensivbetreuung

Innerhalb des Prozesses der *Intensivbetreuung* werden verschiedene Instrumente wie *Frühwarnverfahren* und/oder *Watchlist* genutzt, um das Risiko des Kreditnehmers frühzeitig zu erfassen. Die Abgrenzung der einzelnen Instrumente zeigt nachfolgende Grafik:

620

Abgrenzung Frühwarnsystem /Watchlist

Frühwarnsystem

- Automatisiertes, standardisiertes Verfahren, welches anhand von festgelegten Frühwarnkriterien turnusgemäß sowie dv-technisch Millionen von Stamm- und Bewegungsdaten selektiert, bewertet und klassifiziert (Ampelsystem)

Watchlist

- Dokumentationshilfsmittel, als Teil des Forderungsbewertungsprozesses, welches bereits frühzeitig, unterjährig möglichen Wertberichtigungsbedarf identifiziert
- Dokumentation der Bewertung, der Handlungsalternativen als Ergänzung zum Frühwarnindikator/Berichtsmedium
- Erkenntnisse aus dem Frühwarnsystem werden mit berücksichtigt

Abbildung 19: Abgrenzung des Frühwarnsystems zur Watchlist

621 Die Prozesse der Intensivbetreuung sind in den einzelnen Kreditinstituten teils sehr unterschiedlich gestaltet. Nachfolgend eine exemplarische Prozessdarstellung, die die wesentlichen Arbeitsschritte der Intensivbereuung enthält.

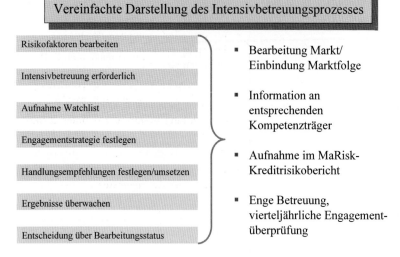

Abbildung 20: Vereinfachte Prozessdarstellung[132]

4.3. Checkliste Prozessanforderungen

622 Die folgende Checkliste soll noch einmal die wesentlichen Punkte, die im Rahmen der Prozessanforderungen zu beachten sind, aufführen:

---

132 *Becker A*: Die Prüfung von Frühwarnverfahren durch die Interne Revision, DSGV-Fachseminar für leitende Innenrevisoren Modul 2- Gesamtbanksteuerung und Controlling 31.03.2008 in Bonn.

Inhalt	Prüfungsfragen
Prüfungsfragen Aufbauorganisation	• Ist sichergestellt, dass die den Bereichen Markt und Handel nachgelagerten Organisationseinheiten bis einschließlich der Geschäftsleitungsebene funktional getrennt werden?
	• Werden alle Grundsätze der funktionalen Trennung im Rahmen der Frühwarnprozesse eingehalten?
	• Ist sichergestellt, dass insbesondere folgende Anforderungen erfüllt werden?
	• Überprüfung bestimmter – unter Risikogesichtspunkten festzulegender – Sicherheiten
	• Vorschläge über die Risikovorsorge bei bedeutenden Engagements
	• Verantwortung für die Entwicklung und Qualität der Prozesse der Kreditbearbeitung muss außerhalb des Marktes angesiedelt sein
	• Verantwortung für die Entwicklung und Qualität der Kriterien für die Abgabe von Engagements an Sanierung bzw. Abwicklung
	• Die Federführung für den Sanierungs- bzw. Abwicklungsprozess oder die Überwachung dieser Prozesse sind außerhalb des Bereichs Markt wahrzunehmen
	• Die Verantwortung für Entwicklung, Qualität und Überwachung der Anwendung der Risikoklassifizierungsverfahren muss außerhalb des Bereichs Markt angesiedelt sein
	• Wird die funktionale Trennung auch im Vertretungsfall und/oder Abwesenheit erfüllt?

PRÜFUNG VON FRÜHWARNVERFAHREN

Prüfungsfragen Prozess Normalbetreuung	▪ Ist gewährleistet, dass für die frühwarnrelevanten Engagements eine Kontoführung/Kontoverbindung im Hause geführt wird? ▪ Werden, die Frühwarnindikatoren auch anhand der Kontodaten sichtbar? ▪ Ist sichergestellt, dass die Kreditarten müssen der Frühwarnselektion zugeordnet sind? ▪ Hat das Kreditinstitut klar definiert, welche Kreditportfolien dem Frühwarnverfahren unterliegen? ▪ Werden im Rahmen der Frühwarnprozesse Erleichterungen = Öffnungsklauseln der MaRisk genutzt? ▪ Sind die gewählten Öffnungsklauseln angemessen und ordnungsgemäß dokumentiert? ▪ Werden bei Nutzung der Öffnungsklauseln die unter Risikogesichtspunkten festzulegende Arten von Kreditgeschäften oder Kreditgeschäfte unterhalb bestimmter Größenordnungen von der Anwendung des Verfahrens zur Früherkennung von Risiken ausgenommen? ▪ Werden bei der Gestaltung der Frühwarnprozesse auch Kosten-/Nutzenbetrachtungen durchgeführt? ▪ Nutzt das Institut auch aktiv die mögliche Erleichterungsregelung gerade im kleinteiligen Geschäft? ▪ Sind die festgelegten *Risikomerkmale* (quantitative und qualitative) geeignet, auch tatsächlich Risiken frühzeitig zu erkennen? ▪ Wird die Trennschärfe der Kriterien regelmäßig durch eine für die fortlaufende Qualitätssicherung zuständige Organisationseinheit idealer weise das Risikocontrolling überprüft?

	- Ist gewährleistet, dass die Ergebnisse der Frühwarnverfahren innerhalb des Kreditrisikoreportings implementiert sind?
- Werden die Frühwarnportfoliodarstellungen in dem mindestens vierteljährlich zu erstellenden Kreditrisikoberichtswesen nach MaRisk integriert?
Prüfungsfragen Prozess Intensivbetreuung	- Hat das Kreditinstitut festgelegt, wann ein Kreditengagement der gesonderten Beobachtung = Intensivbetreuung unterliegt?
- Liegt die Verantwortung für die Entwicklung und regelmäßige Überprüfung der Frühwarnkriterien in einem Organisationsbereich außerhalb des »Marktes«?
- Wird regelmäßig untersucht, welche Krisensymptome sich bei den Kreditnehmern abzeichnen?
- Werden für die verschiedenen Phasen der Krise auch adäquate Frühwarnkriterien festgelegt?
- Ist eindeutig festgelegt, welche Organisationseinheit für die Darstellung des Prozesses der Intensivbetreuung zuständig ist?
- Wird regelmäßig innerhalb eines kürzeren Bearbeitungsintervalls (z. B. 3 Monate) entschieden, wie mit dem Engagement weiter verfahren wird?
- Ist festgelegt, wann ein Engagement an die Problemkreditbearbeitung weiter gegeben wird?
- Ist definiert, wann ein Engagement wieder in die Normalbetreuung zurückgeführt wird?
- Welche Instrumente werden in dem Prozess der Intensivbetreuung eingesetzt?
- Ist gewährleistet, dass intensiv betreute Engagements ab einer intern definierten Größenordnung auf einer Watchlist (Beobachtungsliste) geführt werden?

	- Wird für die Watchlist-Engagements eine adäquate Strategie festgelegt? - Werden die Kriterien für die Aufnahme auf die Watchlist transparent in den Organisationsrichtlinien festgelegt? - Sind die Kriterien allen Prozessbeteiligten bekannt? - Nutzt das Institut ein funktionsfähiges Frühwarnverfahren im Rahmen der Intensivbetreuung? - Ist der Prozess des Frühwarnverfahrens angemessen beschrieben? - Sind die Schnittstellen des Prozesses ausreichend beschrieben?

Abbildung 21: Checkliste Frühwarnprozesse

5. Frühwarnverfahren/-lösungen aus der Bankpraxis

Frühwarnverfahren für Privatkunden

Frühwarnverfahren für Privatkunden haben zum Ziel, für die als Privatkunden definierte Kundengruppe erhöhte Kreditrisiken rechtzeitig zu erkennen, um geeignete risikoreduzierende Gegenmaßnahmen zu initiieren. Dabei sollten die Signale aus dem Frühwarnverfahren genutzt werden, um für die relevanten Kreditnehmer den Prozess der Intensivbetreuung einzuleiten (z. B. durch die für Privatkunden verantwortliche Organisationseinheit).[133]

623

Aus einem in der Fachliteratur diskutierten Frühwarnsystem für Privatkunden wird eine statistisch fundierte Auffälligkeitskennzahl (Risikowahrscheinlichkeit) ermittelt, die mit dem Nettorisiko pro Kreditnehmer (Inanspruchnahme abzüglich der bewerteten Sicherheiten) multipliziert wird. Als besonders risikobehaftet werden die Engagements mit hoher Risikowahrscheinlichkeit und hohem Nettorisiko gewertet.[134]

624

Für die Ermittlung der *Auffälligkeitskennzahl* werden Daten aus folgenden Risikokategorien DV-technisch selektiert:[135]

625

- Kontoführung (z. B. Kontoumsätze, Ausdehnung der Kreditlinie, relative/absolute Linienausnutzung)
- Kredithistorie (wie Pfändungen, Mahnungen, SCHUFA-Auskünfte)
- Wirtschaftliche Situation (wie Vermögen, Einkommenssituation, Einhaltung von § 18 KWG)
- Persönliche Situation (wie Alter, Familienstand, Wohnort)

Der Vorteil solcher DV-Lösungen liegt in einheitlich definierten und angewandten Frühwarnkriterien und einer entsprechenden Kapazität im Hinblick auf die ausgewerteten Datenmengen. Bei diesem System werden rund 100 Mio. Datensätze zyklisch verarbeitet und die Daten per Data-Warehouse Lösung bereitgehalten.[136]

626

---

133 *Hanenberg L./Kreische K./Schneider A.*(2003): Mindestanforderungen an das Kreditgeschäft der Kreditinstitute – zum Inhalt des Rundschreibens 34/2002 (BA) der BaFin in: Die Wirtschaftsprüfung Heft 8/2003, Düsseldorf, S. 407.

134 *Morgenschweis B./Boehme T./Ebersbach K.*(2003): Kreditrisikomessung in der Praxis – der Credit Risk Indicator als Frühindikation in: Lück W.: Band 7 – Risikomanagement in der Unternehmenspraxis – Neue Anforderungen an die Corporate Governance und deren Umsetzung in Industrie- und Dienstleistungsunternehmen, München, S. 154 ff.

135 Ebenda, S. 155.

136 *Morgenschweis B.*(2002): Risiko- und Portfoliomanagementsystem (RPS) auf Basis eines Risikofrühwarnindikators; Vortrag auf der IIR-Arbeitskreissitzung »Revision des Kreditgeschäfts« am 21.10.2002 in Riderau.

Frühwarnverfahren für Geschäfts-, Gewerbe- und Firmenkunden

627 Ein weiteres in der Bankpraxis erprobtes Frühwarnverfahren, welches auf die Zielgruppe der Geschäfts-, Gewerbe- und Firmenkunden ausgerichtet ist, basiert auf einer Lotus-Notes-Lösung.[137] Dabei werden wesentliche Basis- und Bewegungsdaten von dem Sparkassenrechenzentrum über eine Schnittstelle in die Lotus-Notes-Anwendung übertragen. Die *Basisdaten* basieren auf Daten aus dem DSGV Standard-Rating (wie Erfolgsrechnung, Aktiv- und Passivseite und weitere Bilanz- und G+V-Kennzahlen).

628 Die *Bewegungsdaten* basieren auf folgenden Kriterien:

- Haben-Umsätze
- Liquiditätskennzahl
- Überziehungstage
- § 14 KWG-Rückmeldungen
- Rückgaben (Lastschriften, Schecks)
- Rückstände (Zins-/Tilgung)

629 Alle Kriterien werden mit einer Gewichtung unterlegt und nach einer mathematischen Bewertung in Schulnotenklassen eingruppiert. Die Ergebnisse werden in Form einer Ergebnismatrix dargestellt:

Bewegungsdaten/ Basisdaten	Problemlos	Problembehaftet	Katastrophal
Gut	Grün	Grün	Gelb
Mittel	Grün	Gelb	Rot
Schlecht	Gelb	Rot	Rot

Abbildung 22: Ergebnismatrix Frühwarnsystem[138]

---

137 *Gundlach D.* (2004): Mindestanforderungen an das Kreditgeschäft der Kreditinstitute (MaK) – Anforderungen an das Kreditrisikosystem von mittelgroßen Sparkassen in. Becker A./ Gruber W./Wohlert D. (Hrsg.) Handbuch bankaufsichtliche Entwicklungen, Stuttgart, S. 235 ff.
138 Ebenda, S. 326.

Das in der Bankpraxis implementierte System liefert sowohl den Fachbereichen als auch der Internen Revision über klassische Risikomanagement-Systeme hinausgehende Frühwarninformationen. Die Kreditrevision erhält dabei Informationen für die risikoorientierte Auswahl von zu prüfenden Kreditengagements.

5.1. Mögliche Prüfungsansätze

Von einem gut funktionierenden Frühwarnverfahren profitiert nicht nur das Risikomanagement, sondern auch die Interne Revision. Dadurch kann sie ihre Prüfungshandlungen im Rahmen des risikoorientierten Prüfungsansatzes direkt auf die mittels der Frühwarnanwendung als »kritisch« identifizierten Kreditengagements fokussieren.[139] Während die Menge der bisherigen bei den klassischen Krediteinzelfallprüfungen selektierten Engagements – oft relativ groß war – erlaubt das Frühwarnverfahren eine gezielte Vorselektion. Dementsprechend kann die Interne Revision dadurch weniger Kreditengagements prüfen, erhöht aber durch die Berücksichtigung der Frühwarnanwendung ihre Trefferquote. Das Frühwarnverfahren trägt insoweit mit zur Effizienzsteigerung bei und ermöglicht der Internen Revision einen effektiven Einsatz bei geringeren Ressourcen.[140] Allerdings ist zu berücksichtigen, dass nicht alle Frühwarnverfahren Kennzahlen bezüglich der Besicherung der Kreditengagements – und damit zur Berechnung des Blankoanteils – enthalten. Damit relativiert sich die singuläre Aussagekraft der Frühwarnnote in der Prüfungspraxis.

Systemprüfungen

Der geeignete Prüfungsansatz der Internen Revision besteht in der System- und Verfahrensprüfung des Frühwarnprozesses. Der Ansatz der Internen Revision ist risikoorientiert auszurichten und sollte sich verstärkt mit den internen Prozessen und Verfahren des Risikomanagements auseinandersetzen.[141] Durch den ganzheitlichen Ansatz können sowohl das Frühwarnverfahren insgesamt als auch das Zusammenspiel mit den im Verfahren implemen-

---

139 *Rehbein* R. (2004): Frühzeitige Identifizierung der Risiken des Kreditgeschäfts unter »www.1plusi.de«, S. 2.
140 Ebenda, S. 2.
141 DSGV (2006): Mindestanforderungen an das Risikomanagement – Interpretationsleitfaden Version 1.0, Berlin, S. 192.

PRÜFUNG VON FRÜHWARNVERFAHREN

633 tierten internen Kontrollen geprüft, bewertet und beurteilt werden. Aus den Prüfungsergebnissen lassen sich regelmäßig wertvolle Handlungsempfehlungen für den/die Fachbereiche und die Geschäftsleitung ableiten.[142]

633 Der *Begriff* der *Systemprüfung* lässt sich wie folgt definieren:

> Systemprüfung beinhaltet die Prüfung von ganzheitlichen Verfahren oder Teilbereichen von Systemen, Verfahren oder Betriebsabläufen im Hinblick auf die erforderlichen gesetzlichen, bankaufsichtlichen sowie organisatorischen Regelungen.
>
> Als wesentliches Ergebnis der Systemprüfung sollte eine Beurteilung des Verfahrens/Ablaufs im Hinblick auf Aufbau- und Ablauforganisation, Funktionsfähigkeit, Wirksamkeit des Risikomanagements, der Internen Kontrollen, des Berichtswesens/der Informationssysteme, des Finanz- und Rechnungswesens sowie der Einhaltung der gesetzlichen, bankaufsichtlichen sowie internen Regelungen (z. B. Arbeits-/Organisationsanweisungen) stehen.
>
> Die Prüfungsschwerpunkte sollten aus der Prüfungsstrategie abgeleitet werden und können von Prüfung zu Prüfung gewichtet werden.

Abbildung 23: Begriff der Systemprüfung[143]

Funktionsprüfungen

634 Die Funktionsprüfung bezieht sich auf die Prüfung von wenigen oder einzelnen zentralen Funktionen innerhalb eines Verfahrens/Prozesses. Die Prüfungsauswahl erfolgt nach risikoorientierten Kriterien. Beispiele hierfür sind zentrale interne Kontrollfunktionen innerhalb von Arbeitsprozessen, die eine wesentliche Rolle im Hinblick auf das interne Kontrollsystem, Qualität/Ergebnis des Prozesses und auch die Einhaltung gesetzlicher, bankaufsichtlicher sowie interner Vorgaben spielen. Ein Beispiel hierfür ist die Prüfung der Funktionsfähigkeit einer Daten-Schnittstelle innerhalb einer DV-gestützten

---

142 Vgl. *Becker A.*: Die Prüfung von Frühwarnverfahren durch die Interne Revision unter Berücksichtigung der Mindestanforderungen an das Risikomanagement unter: www.revisiononline.de, S. 15.
143 *Becker A.* (2004): Die Bedeutung von Systemprüfungen für die Interne Revision in: Becker A./Gruber W./Wohlert D. (Hrsg.) – Handbuch Bankenaufsichtliche Entwicklungen, Stuttgart, S. 415.

Frühwarnanwendung. Der Fokus der Prüfung kann in der Funktionsfähigkeit der Datenübertragung aus externen Datenbanken (z. B. Rechenzentrum, SCHUFA etc.) in die Frühwarnanwendung liegen.[144]

5.2. Checkliste Frühwarnverfahren

Zum Thema der Frühwarnverfahren existieren in verschiedenen Häusern revisionsintern entwickelte Checklisten als auch Musterleitfäden von Verbänden.[145] Die Checklisten, ergänzende Literatur sowie unternehmensinterne Informationen sollten zur zielgerichteten und effektiven Prüfungsvorbereitung genutzt werden. Es bietet sich für die Interne Revision an, eine individuell an dem Kreditinstitut ausgerichtete Prüfungschecklist bereits vor Beginn der Prüfung zu erstellen. Diese sollte als »Leitfaden« oder »roter Faden« dienen. Die aus der Prüfung resultierenden Erkenntnisse und aktuelle prüfungsrelevante Informationen sollten in der Checkliste ergänzt werden. Die Checkliste kann im praktischen Prüfungseinsatz der Internen Revision beliebig erweitert werden.[146]

Inhalt	Erläuterung
Prüfungsziel	Prüfung, ob die bankaufsichtlichen sowie internen Erfordernisse an die Frühwarnverfahren im Kreditinstitut eingehalten werden. Berücksichtigung der weiteren Prüfungsziele, je nach gewähltem Prüfungsschwerpunkt: Risiko Ordnungsmäßigkeit Zweckmäßigkeit Interne Kontrollen/Sicherheit Wirtschaftlichkeit

---

144 Becker A.(2006): Prüfung von Frühwarnverfahren im Kreditgeschäft durch die Interne Revision; Vortrag im Rahmen des DSGV-Fachseminars Innenrevisoren Modul 1 – Bankenaufsichtsrecht vom 10. Mai 2006 in Bonn, S. 68.
145 DSGV (2003): Fachausschuss Kontrolle und Prüfung – Konzept zur Prüfung des Kreditgeschäfts unter Berücksichtigung der MaK – Version 1.0; Prüffeld 17 »System zur Identifizierung von Risiken (Frühwarnsystem)«.
146 Becker A. (2005): Die Prüfung der Kreditrisikostrategie durch die Interne Revision in: Becker A./Wolf M. (Hrsg.): Prüfungen in Kreditinstituten und Finanzdienstleistungsunternehmen, Stuttgart, S. 163.

PRÜFUNG VON FRÜHWARNVERFAHREN

Prüfungsunterlagen	<ul><li>Regelungen/Arbeitsanweisungen zum Frühwarnverfahren, Risikohandbuch des Kreditinstituts (ablauforganisatorische Regelungen)</li><li>Organigramm, Geschäftsverteilungsplan, Stellenpläne/Stellenbeschreibungen, Kompetenzen (aufbauorganisatorische Regelungen)</li><li>Programmbeschreibungen (bei DV-gestützten Lösungen)</li><li>KWG, MaRisk (Verlautbarung mit der einschlägigen Kommentierung der BaFin)</li><li>Protokolle zu den MaRisk-Fachgremiumssitzungen</li><li>MaRisk-Fachliteratur und Kommentierungen von Experten (auch über Bankenverbände erhältlich)</li><li>Weiterführende Literatur zur Prüfung von Frühwarnverfahren/Risikomangementsystemen</li></ul>

Checkliste/Prüfungsfragen

Grundlage	Abgeleitete Prüfungsfrage
KWG § 25 a Abs. 1	Ermöglichen die Regelungen des Frühwarnverfahrens – als Teilbereich der Risikosteuerung/-controlling – eine jederzeit mit hinreichender Genauigkeit mögliche Bestimmung der finanziellen Lage?
MaRisk AT 4.3.2 Tz. 2	Gewährleistet das vom Kreditinstitut eingesetzte Frühwarnverfahren eine frühzeitige Erkennung der wesentlichen Risiken? <ul><li>(Der wesentliche Schwerpunkt der Frühwarnverfahren liegt beim Kreditrisiko – siehe BTO 1.3).</li></ul>
MaRisk BTO 1.3 Tz. 1	Kann das Verfahren zur Früherkennung von Risiken solche Kreditnehmer identifizieren, bei denen sich erhöhte Risiken abzuzeichnen beginnen?

	• Hierbei ist insbesondere die »Treffsicherheit« der relevanten Risikomerkmale zu prüfen und zu bewerten.
MaRisk BTO 1.3 Tz. 1	Versetzt der Frühwarnprozess das Kreditinstitut in die Lage, möglichst frühzeitig adäquate Gegenmaßnahmen einzuleiten?
	• Beispiele für Gegenmaßnahmen sind: – Intensivbetreuung des Engagements – Intensivierung des Kundenkontakts – Weitere Besicherung (Hereinnahme neuer Sicherheiten) – Obligoreduzierung (falls möglich) – Intensivierung der Controllingmaßnahmen – Sanierungsstrategie (falls möglich/gewünscht) – Ausstiegsstrategie (falls möglich/gewünscht)
MaRisk BTO 1.3 Tz. 2	Werden in dem Frühwarnverfahren sowohl quantitative als auch qualitative Risikomerkmale genutzt?
	• Die Interne Revision hat sich davon zu überzeugen, dass sowohl »harte« als auch »weiche« Faktoren im Frühwarnverfahren berücksichtigt werden. Dies wird von der Bankenaufsicht gefordert. Siehe hierzu Abbildung 4 – Kategorien für Frühwarnkriterien
MaRisk BTO 1.3 Tz. 3	Welche Erleichterungsregelungen werden bezüglich des Frühwarnverfahrens genutzt und sind diese angemessen?
	• Hierbei ist eine Bewertung durch die Interne Revision notwendig. Kriterien für die Nutzung von Öffnungsklauseln sind Größe, Geschäftsschwerpunkt und Risiko der Geschäftsart.
MaRisk BTO 1.3 Tz. 3	Wird die Funktion des Frühwarnverfahrens von einem Risikoklassifizierungsverfahren wahrgenommen? Wenn ja, erfüllt dies die Voraussetzungen an Frühwarnverfahren nach den MaRisk?

	• Siehe hierzu Abbildung 3: Bankaufsichtlich vorgegebene Komponenten des Frühwarnverfahrens.
MaRisk BTO 1.3/Erläuterungen zum Regelungstext	Verfügt das Frühwarnverfahren über eine indikatoren-bezogene Komponente? • Nutzung von geeigneten Indikatoren, die eine wirkungsvolle Früherkennung ermöglichen (wie Informationen aus der Kontoführung)
MaRisk BTO 1.3/Erläuterungen zum Regelungstext	Verfügt das Frühwarnverfahren über eine zeitraumbezogene Komponente? • Dadurch soll eine fortlaufende und in kurzen Intervallen vorgenommene Identifizierung ermöglicht werden. Die derzeitige Usance beim Auswertungsturnus des Frühwarnverfahrens liegt zwischen einem Monat bis zu drei Monaten.
MaRisk BTO 1.3/Erläuterungen zum Regelungstext	Ist das Frühwarnverfahren adäquat in die Bankprozesse miteingebunden (prozessbezogene Komponente)? Erfolgt eine Kommentierung der »auffälligen Engagements« durch den Kundenbetreuer/Sachbearbeiter? Werden geeignete Maßnahmen innerhalb der Bearbeitungsprozesse angestoßen? • Beispiele sind Hereinnahme neuer Sicherheiten, Tilgungsaussetzungen, Intensivierung des Kundenkontaktes

Abbildung 24: Checkliste MaRisk-Frühwarnverfahren

5.3. Prüfungserfahrungen

636 Die nachfolgenden Ausführungen behandeln verschiedene eigene Prüfungserfahrungen, die bei der Prüfung von Frühwarnverfahren oder auch der Schnittstellen zu den Frühwarnprozessen gesammelt wurden.

Krediteinzelfall-prüfungen	Funktions-prüfungen	System-prüfungen
• Berücksichtigung der Frühwarnergebnisse sowie der Watchlist bei der Engagementauswahl der Kreditprüfungen • Individuelle Berücksichtigung bei Risikoeinstufung des Einzelengagements durch die Interne Revision • Ermöglicht individuelle Aussage über engagementnahe Betreuung	• Prüfung von zentralen Funktionen wie Funktionsfähigkeit von DV-Schnittstellen • Prüfung selektiver Bereiche in einzelnen Prozessen wie Datenqualität, Bearbeitungsintensität etc.	• Vollständige oder selektive Prüfung von Verfahren z.B. • Risikosteuerung • Frühwarnverfahren • Backtesting • Weiterentwicklungen

Abbildung 25: Erfahrungen in der Prüfungspraxis[147]

Krediteinzelfallprüfungen

Die Interne Revision verfügt traditionsgemäß über eine große Erfahrung bei der Nutzung von Risikoindikatoren, die auch zum Teil in Frühwarnanwendungen mit genutzt werden. Dies sind beispielsweise:

- Kontobewegungen (z. B. Soll- und Haben-Umsätze)
- Überziehungskennzeichen
- Wirtschaftliche Verhältnisse (§ 18 KWG-Erfüllung oder auch die institutsinterne Offenlegungsgrenze)
- Umsatzlose Konten (keine Habenumsätze)/eingefrorene Salden
- Rückgaben (Schecks- und Lastschriften)

Weiterhin werden bei den klassischen Krediteinzelfallprüfungen immer konsequenter die Ergebnisse aus dem Frühwarnverfahren mit berücksichtigt (z. B. Frühwarnergebnis wie die Ampelfarbe/Notensystem). Es kann allerdings auch vorkommen, dass sich negative Erkenntnisse aus der Krediteinzelfallprüfung noch nicht im Ergebnis der Frühwarnauswertung widerspiegeln.[148]

Funktionsprüfungen

Aus der Prüfung von wesentlichen Funktionen (internen Kontrollen) innerhalb der Frühwarnverfahren lassen sich wertvolle Erkenntnisse ableiten. Der Schwerpunkt kann dabei auf inhaltlichen Themen – wie die Erfüllung der

---

147 *Becker A.* (2006).: Prüfung von Frühwarnverfahren im Kreditgeschäft durch die Interne Revision; Vortrag im Rahmen des DSGV-Fachseminars Innenrevisoren Modul 1 – Bankenaufsichtsrecht vom 10. Mai 2006 in Bonn, S. 29.

148 Vgl. *Becker A.*: Die Prüfung von Frühwarnverfahren durch die Interne Revision unter Berücksichtigung der Mindestanforderungen an das Risikomanagement unter: www.revision-online.de, S. 19.

bankaufsichtlichen Vorgaben – liegen als auch auf Themen der Datenverarbeitung/Datenqualität. Die Prüfungserfahrungen sind vielfältig. Nachfolgend werden einige mögliche Themen aus Funktionsprüfungen aufgezeigt:

- Nutzung der Frühwarnnote im Bearbeitungsprozess der Intensivbetreuung/Problemkreditbearbeitung

- Bearbeitungsintensität der Hinweise für »auffällige« Kreditengagements mit einer negativen Frühwarneinstufung im Kreditprozess, d. h. für Engagements mit dringendem Handlungsbedarf für Intensivbetreuungsmaßnahmen

- Art der gewählten Gegenmaßnahmen und Plausibilität der eingeleiteten Maßnahmen

- Fortlaufende Qualitätssicherung/Pflege des Frühwarnverfahrens/der DV-gestützten Anwendung

Systemprüfungen

640 Der von der Bankenaufsicht favorisierte Prüfungsansatz besteht in der Systemprüfung des Frühwarnverfahrens. Für die BaFin werden Prozess- und Systemprüfungen weiter an Bedeutung gewinnen.[149] Folgende Aspekte können aus der Systemprüfung von Frühwarnverfahren abgeleitet werden:

- Ordnungsmäßigkeit der aufbau- und ablauforganisatorischen Regelungen

- Wirtschaftlichkeit des Verfahrens (Bei umfangreichen Datenmengen ist eine DV-gestützte Frühwarnanwendung ein »Muss« für die Kreditinstitute)

- Funktionsfähigkeit der Internen Kontrollen (Funktionstests mehrerer wesentlicher Kontrollen im Ablauf geben einen Hinweis über die Funktionsfähigkeit des Internen Kontrollsystems = IKS)

- Funktionsfähigkeit der Frühwarnverfahren (Diese kann durch Beeinträchtigungen bei der Datenversorgung oder auch durch fehlende Daten (z. B. Kontoverbindungen bei Drittinstituten = keine kontenbezogene Daten verfügbar) eingeschränkt werden)

- Risiko (Sowohl die Darstellung des Portfolios als auch die Inhalte können durch Fehler in der Anwendung beeinträchtigt werden)

---

149 BaFin (2006): Protokoll zur 1. Sitzung des Fachgremiums MaRisk am 4.5.2006 in der Bundesanstalt für Finanzdienstleistungsaufsicht abrufbar unter: www.bafin.de.

Weiterhin können von der Internen Revision wertvolle Hinweise im Zusammenhang mit der Darstellung des Frühwarnportfolios herausgearbeitet werden. Dies sind z. B. Anregungen für »Wanderungsbewegungen« im Frühwarnportfolio sowie Aussagen dazu im Kreditrisikobericht.[150]

Die Interne Revision sollte auch bei Systemprüfungen der Frühwarnverfahren berücksichtigen, dass bestimmte Ereignisse die Frühwarnnote unzulässigerweise positiv beeinträchtigen können. Beispiele hierfür sind von Kreditnehmern »künstlich« herbeigeführte Haben-Umsätze (z. B. durch Umbuchungen generiert) oder punktuelle Saisonumsätze bei Unternehmen mit starken saisonalen Schwankungen (z. B. Weihnachtsgeschäft etc.). Hierbei ist auf eine ausgewogene Berücksichtigung der Frühwarnindikatoren zu achten.

Prüfungsfeld Datenqualität

Wesentlich für die Nutzung von dv-technischen Frühwarnverfahren ist die Verfügbarkeit sowie die Qualität der Daten, die für die Frühwarnanwendung genutzt werden. Sowohl die fehlende Datenverfügbarkeit als auch eine unzureichende Datenqualität können die Ergebnisse aus dem Frühwarnverfahren stark beeinträchtigen.[151]

Für die Interne Revision stellen sich im Zusammenhang mit der Datenqualität folgende Prüfungsfragen, die auch in einer *Checkliste* aufgenommen werden können:

---

150 Vgl. *Becker A.*: Die Prüfung von Frühwarnverfahren durch die Interne Revision unter Berücksichtigung der Mindestanforderungen an das Risikomanagement unter: www.revisiononline.de, S. 20.
151 Vgl. *Becker A.*: Die Prüfung von Frühwarnverfahren durch die Interne Revision unter Berücksichtigung der Mindestanforderungen an das Risikomanagement unter: www.revisiononline.de, S. 20.

Inhalt	Erläuterung
Wesentliche Fragen zur Datenqualität	▪ Bestehen ausreichende Schnittstellen, die eine reibungslose und vollständige Übertragung der Rechnungswesendaten in das Frühwarnsystem gewährleisten können? ▪ Wird die Datenqualität der für das Frühwarnsystem genutzten Daten regelmäßig geprüft? ▪ Liefern sowohl die internen als auch die externen Datenquellen gesicherte Informationen für das Frühwarnsystem? ▪ Werden die Aussagen aus dem Frühwarnverfahren im Hinblick auf die Datenqualität regelmäßig durch eine vom Markt unabhängigen Stelle (z. B. Kreditcontrolling) validiert/überprüft?

Abbildung 26: Prüfungsfragen zur Datenqualität

6. Ausblick

Die MaRisk übernehmen weitgehend die bankaufsichtlich vorgegebenen Anforderungen aus den MaK. Aufgrund der Bedeutung von Frühwarnverfahren für die Banken im Rahmen einer effizienten Gesamtbanksteuerung sowie der möglichen Risikoprävention für das Institut handelt es sich um ein wichtiges Prüffeld der Internen Revision. Gerade durch die MaRisk wird der Prüfungsschwerpunkt der Bankenaufsicht auf die Funktionsfähigkeit der Risikosteuerungs- und -controllingverfahren in den Kreditinstituten gelegt. Die Interne Revision ist nach den MaRisk ein Teilbereich des Risikomanagements und hat als »neutrale Organisationseinheit« vor allem die Wirksamkeit und Angemessenheit aller übrigen Elemente des Risikomanagements sowie der Funktionsfähigkeit internen Kontrollen zu prüfen und zu beurteilen.[152] Dabei gewinnen vor allem risikoorientierte System- und Verfahrensprüfungen der Frühwarnverfahren durch die Interne Revision weiter an Bedeutung.

645

---

152 *Schneider A./Hannemann R.* (2006): MaRisk: Herausforderung für die Interne Revision in: Betriebswirtschaftliche Blätter 01/2006, Berlin, S. 15.

7. Literaturverzeichnis

Bundesanstalt für Finanzdienstleistungsaufsicht (BaFin): Rundschreiben 18/2005 – Mindestanforderungen an das Risikomanagement, S. 1 ff.

Bundesanstalt für Finanzdienstleistungsaufsicht (BaFin): Anschreiben zur Veröffentlichung der MaRisk (Rundschreiben 18/2005) vom 20.12.2005, S. 4, 7-8

Bundesanstalt für Finanzdienstleistungsaufsicht (BaFin): Protokoll zur 1. Sitzung des Fachgremiums MaRisk am 4.5.2006 in der Bundesanstalt für Finanzdienstleistungsaufsicht abrufbar unter: www.bafin.de

Bundesanstalt für Finanzdienstleistungsaufsicht (BaFin): Rundschreiben 34/2002 (BA) Mindestanforderungen an das Kreditgeschäft der Kreditinstitute vom 20.12.2002, Bonn, S. 1 ff.

Becker A./Helfer M./Kastner A./Weis D.: Prüfungsleitfaden für Problemkreditbereiche, Heidelberg 2005, S. 50 ff., 113 – 114

Becker A.: Abweichungsanalyse der bestehenden Rundschreiben der BaFin (MaH, MaK und MaIR) zu den Mindestanforderungen an das Risikomanagement (MaRisk) – mit besonderer Bedeutung für die Interne Revision in: ZIR 1/2006, S. 26

Becker A.: Die EWB-Ursachenanalyse im Kreditgeschäft: wirklich entfallen in den neuen MaRisk in: Banken-Times Ausgabe Juni 2006, S. 21

Becker A./Eisenbürger B.: Die Prüfung von Sanierungs- und Abwicklungskrediten durch die Interne Revision in: BankPraktiker 02/2007, S. 100 ff.

Becker A./Schöffler S./Rosner-Niemes S.: Frühwarnverfahren nach den MaK in: ZIR 3/2004, S. 121

Becker A.: Auswirkungen der neuen MaK sowie Basel II auf die Tätigkeit der Internen Revision in: Handbuch MaK – Eller R./Gruber W./Reif M. (Hrsg.), Stuttgart 2003, S, 123 ff.

Becker A.: Die Prüfung von Frühwarnverfahren durch die Interne Revision unter Berücksichtigung der Mindestanforderungen an das Risikomanagement unter: www.revision-online.de, S. 2 ff.

Becker A.: Die EWB-Ursachenanalyse im Kreditgeschäft: wirklich entfallen in den neuen MaRisk in: Banken-Times, Juni 2006, S. 21- 22

Deutscher Sparkassen- und Giroverband (DSGV): Organisation und Gestaltung der Prozesse zur Früherkennung von Kreditrisiken (Früherkennungsprozesse) – Umsetzungshandbuch, Berlin, S. 6 ff.

Deutscher Sparkassen- und Giroverband (DSGV): Modell Pro – Organisation und Prozesse der Problemkreditbearbeitung – Umsetzungshandbuch (Version 1.0), Berlin 2004, S. 98 ff.

Deutscher Sparkassen- und Giroverband (DSGV) – Fachausschuss Kontrolle und Prüfung: Konzept zur Prüfung des Kreditgeschäfts und des Handelsgeschäfts unter Berücksichtigung der MaRisk, Berlin, den 10.01.2007, Prüffeld 2.5 – Prozess Problemkredite

Deutscher Sparkassen- und Giroverband (DSGV) – Fachausschuss Kontrolle und Prüfung: Konzept zur Prüfung des Kreditgeschäfts unter Berücksichtigung der MaK – Version 1.0, November 2003, Prüffeld Nr. 11 – Prozess Problemkredite

Deutscher Sparkassen- und Giroverband (DSGV): Fachausschuss Kontrolle und Prüfung: Konzept zur Prüfung des Kreditgeschäftes und des Handelsgeschäftes unter Berücksichtigung der MaRisk, Berlin 2007, Prüffeld 4.6 – System zur Identifizierung von Risiken (Frühwarnsystem)

Deutsches Institut für Interne Revision (DIIR): DIIR Prüfungsstandard Nr. 4 – Standard zur Prüfung von Projekten – Definitionen und Grundsätze, Frankfurt 2008, S. 7

Eisenbürger B.: Die Prüfung der Problemkreditbearbeitung durch die Interne Revision in: Handbuch Prüfungen in Kreditinstituten und Finanzdienstleistungsunternehmen Becker A./Wolf M. (Hrsg.), Stuttgart 2005, S. 169ff, 171, 183

Habel F.-M.: Bank-Checklisten für Sanierungsgutachten in: BankPraktiker 03/2006, S. 112 ff.

Hannemann R./Schneider A./Hanenberg L.: Mindestanforderungen an das Risikomanagement (MaRisk) – Eine einführende Kommentierung, Stuttgart 2006, S. 360

Hennings E./Czaplinsky D.: Die Rolle der Bank in Sanierungsfällen in: BANK MAGAZIN 12/97, S. 33 ff.

Kunze, R.: »Neue« bankgeschäftliche Prüfungen als Vor-Ort-Prüfungen der Deutschen Bundesbank in: Blümler P./Euler M./Geyer C./Hauke S./Kleinmann S./Kunze R./Lange L./Piatek D./Schnabel C./Struwe H. (Hrsg.) § 44 KWG-Prüfungen im Kreditgeschäft, Heidelberg 2006, S. 46 – 47

Lauer J.: Das Kreditengagement zwischen Sanierung und Liquidation, Stuttgart 2005, S. 24

Rosner-Niemes S./Kastner A.: Abweichungsanalyse der bestehenden Rundschreiben der BaFin (MaH, MaK und MaIR) zu den Mindestanforderungen an das Risikomanagement (MaRisk) – mit besonderer Bedeutung für die Interne Revision in: ZIR 2/2006, S. 74 ff.

Rosner-Niemes S.: System-/Ablaufprüfungen im Rahmen eines prozessorientierten Prüfungsansatzes in: Becker A./Wolf M. (Hrsg.) Prüfungen in Kredit- und Finanzdienstleistungsunternehmen, Stuttgart 2005, S. 291 ff.

Schackmann-Fallis K.-P.: Freiheiten der MaRisk nutzen – Bürokratie abbauen in: Sparkassen-Zeitung vom 13.01.2006

Schneider C./Caryot R.: BHI beherrscht Problemkreditbearbeitung – Ein starkes Kompetenzcenter für das Forderungsmanagement in: Betriebswirtschaftliche Blätter 07/2006, S. 394

Schneider A./Hannemann R.: MaRisk: Herausforderung für die Interne Revision in: Betriebswirtschaftliche Blätter 01/2006, S. 13

Statistisches Bundesamt, Pressemitteilung vom 8. Dezember 2006 unter www.destatis.de/presse/deutsch/pm2006/p5140132.htm

Ullrich W.: Ausgestaltung der MaK-Prüffelder in MaK-Prüferhandbuch Fischer P./Koch C./Laffler C./Löhr T./Maurer T./Mehring S./Ullrich W. (Hrsg.), Heidelberg 2005, S. 282 ff.

V.

Dienstleistungen im Bereich der Risikofrüherkennung

V. Dienstleistungen im Bereich der Risikofrüherkennung

1. Praxiserfahrungen zur Implementierung eines Frühwarnsystems auf Primärbankenebene

1.1. Einführung

In den vorhergehenden Kapiteln dieses Buches ist umfangreich beschrieben worden, wie sinnvoll ein funktionsfähiges Frühwarnsystem ist und welche technischen bzw. systemischen Voraussetzungen notwendig sind.

In diesem Kapitel wird dargestellt, worauf geachtet werden muss, wenn ein praxisnahes Frühwarnsystem in einem kleineren Kreditinstitut eingeführt werden soll. Um nicht wiederholt auf die Besonderheiten im Bereich der Sparkassen und Genossenschaftsbanken eingehen zu müssen, wird in diesem Kapitel der Begriff »Primärbank« verwendet.

Warum benötigt eine Primärbank ein Frühwarnsystem? Über die Regelungen im Aufsichtsrecht ist in diesem Buch schon einiges geschrieben worden. Jeder Entscheider in einer Primärbank weiß, dass es sinnvoll und notwendig ist, ein Frühwarnsystem zu installieren. Aber wie sieht es in der Praxis aus? Welche Schwierigkeiten bestehen im Arbeitsalltag? Diese Fragen sollen im Folgenden besprochen werden.

Das Kapitel ist wie folgt gegliedert:

- Frühwarnsystem mit Spätwarnkriterien
- Bestandsaufnahmen und Akzeptanzprobleme
- Der Kreditzyklus in der Praxis
- Ziele und Aufgaben eines Frühwarnsystems
- Anforderungen an ein **echtes** Frühwarnsystem
- Aufbau eines **echtes** Frühwarnsystems in einer Primärbank
- Frühwarnkriterien
- Frühzeitiges Aufdecken von möglichen Kreditrisiken
- Fachkompetenz des Kreditüberwachers
- Methodische Vorgehensweise zur Einführung eines Frühwarnsystems
- Fazit

DIENSTLEISTUNGEN IM BEREICH DER RISIKOFRÜHERKENNUNG

1.2. Frühwarnsystem mit Spätwarnkriterien

650 In fast allen Praxisprojekten zur Geschäftsprozessoptimierung im Kreditgeschäft kommt auch das Thema des Frühwarnsystems auf. Was stellt man dabei fest?

651 Viele Primärbanken sind den Empfehlungen ihrer Verbände gefolgt und haben im Rahmen der MaK-/MaRisk-Umsetzung Arbeitsanweisungen zum Thema Problemkreditbearbeitung und Intensivkundenbetreuung eingeführt. Sie basieren in der Regel auf den Musterarbeitsanweisungen der Verbände. Dabei sind die Kriterien, die eine Bestandsaufnahme auslösen, fast immer die gleichen:

- Änderungen der Risikogruppenschlüssel gemäß PrüfbV
- Limitüberschreitungen ab einer bestimmten Größenordnung
- Zahlungsverzug von mehr als 30/60 oder 90 Tagen
- Deutliche Ratingverschlechterungen
- Eingang von Pfändungs- und Überweisungsbeschlüssen
- Retouren mangels Deckung
- Rückgabe von Überweisungsaufträgen

652 Doch sind das wirklich **Früh**warnkriterien? Bei genauerer Betrachtung stellt man fest, dass es sich eher um **Spät**warnkriterien handelt. Weshalb? Eine Limitüberschreitung an sich ist schon ein klassisches Negativmerkmal, unabhängig davon, wie lange sie besteht oder wie hoch sie ist. Eine Pfändung ist ein eindeutiges Indiz für eine Krisensituation des Kreditnehmers. (Auch wenn das zahlreiche Kundenbetreuer in Primärbanken anders sehen mögen: eine Pfändung vom Finanzamt ist kein Kavaliersdelikt!). Ratingverschlechterungen werden festgestellt, wenn die auslösenden Faktoren bereits eingetreten sind. Diese Beispiele zeigen, dass der Begriff eines Frühwarnsignals hier nicht richtig ist.

653 Dennoch bleibt festzuhalten, dass in vielen Primärbanken nur diese Art der Risikoerkennung verbreitet ist.

1.3. Bestandsaufnahmen und Akzeptanzprobleme

654 Das Auftreten eines Frühwarnsignals setzt immer einen bestimmten Geschäftsprozess in Gang. Das Schaubild 1 stellt dar, wie ein solcher Geschäftsprozess bei vielen Primärbanken abläuft.

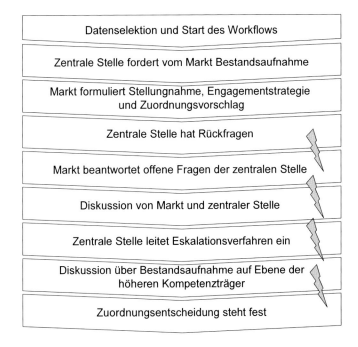

Abbildung 1: Bestandsaufnahme führt zu Akzeptanzproblemen

Die Bestandsaufnahme stellt oftmals den Einstieg in die Frühwarnsystematik dar. In zahlreichen Primärbanken werden die Frühwarnsysteme – insbesondere die Bestandsaufnahmen – von den Vertriebsmitarbeitern nicht akzeptiert. Im Folgenden sind fünf Hauptursachen für die Akzeptanzprobleme dargestellt.

1. Sehr häufig werden die Hinweise über mögliche Kreditrisiken durch elektronische Datenbankverfahren gefiltert und über Workflow-Systeme an den zuständigen Kundenbetreuer geleitet. Dieser hat dann eine Bestandsaufnahme durchzuführen, in der er das Engagement bewertet, ggf. Kundengespräche führt und eine Strategie zur weiteren Handhabung entwickelt. Das alles ist in den Workflow-Systemen zu dokumentieren und anschließend mit einer zentralen Stelle abzustimmen. Als zentrale Stelle werden häufig die Sachbearbeiter aus der Marktfolge Kredit herangezogen. Aufgrund einer oftmals verbesserungswürdigen Datenqualität kommt es immer wieder vor, dass ein »Fehlalarm« ausgelöst wird. Mit fatalen Folgen: die Akzeptanz der Überwachungssysteme nimmt bei den Marktmitarbeitern drastisch ab.

2. Es lässt sich beobachten, dass immer wieder die gleichen Kunden in den Fokus gelangen. Das heißt, der Vertriebsmitarbeiter bemüht sich um eine Stellungnahme und dokumentiert parallel dazu die angestrebte Engagementstrategie. Solche Strategien sind üblicherweise auf einen längeren Zeithorizont ausgerichtet. Doch bereits nach 3 bis 6 Monaten taucht das Kreditengagement wieder in der Liste der durchzuführenden Bestandsaufnahmen auf, weil einige der festgelegten Parameter immer noch zutreffen. Die Berater haben oftmals kein Interesse das gesamte Engagement noch einmal umfangreich darzustellen und lösen damit über einen Eskalationsmechanismus Rückfragen und Abstimmungsgespräche aus.

3. Selbst wenn ein Kundenverantwortlicher eine umfassende Stellungnahme zu einer Bestandsaufnahme dokumentiert hat, heißt das nicht, dass die Angelegenheit damit für ihn erledigt ist. Es kommt immer wieder vor, dass sich die Vorstellungen des Marktmitarbeiters über die weitere Vorgehensweise nicht mit denen der zentralen Stelle decken. Es kommt zu Rückfragen und Abstimmungsgesprächen. Bis schlussendlich feststeht, wer künftig als Ansprechpartner für den Kreditnehmer zur Verfügung steht, hat die ganze Bestandsaufnahme viel Zeit, Geld und Nerven gekostet.

4. Bei den Primärbanken, die eine zentrale Kreditüberwachung installiert haben, werden häufig Auswertungen und Portfoliobetrachtungen nach dem Gießkannenprinzip durchgeführt. Das bedeutet, es werden zahlreiche Kredite identifiziert, bei denen erhöhte Risiken bestehen könnten. Aber die eigentliche Arbeit beginnt erst nach der Identifikation. Nur wird diese Arbeit nicht von der Kreditüberwachung selbst durchgeführt, sondern an andere delegiert. In erster Linie sind hier die Vertriebsmitarbeiter gefordert. Der Kreditüberwacher wird nur selten selbst tätig, indem er einen Blick in die Kundendaten oder die Kreditakten wirft. Auch das ist ein Grund dafür, warum diese Art der Früherkennung keine hohe Akzeptanz bei den Kundenverantwortlichen hat.

5. Schwierigkeiten gibt es aber auch in anderen Bereichen. Nicht selten kommt es zu Kompetenzgerangel zwischen der Unternehmenssteuerung und der Stelle, die für das Kreditrisikocontrolling verantwortlich ist. Mit dem Ergebnis, dass bestimmte Aufgaben doppelt erledigt werden (z. B. der Kreditrisikobericht) oder gar nicht. Die Hauptursache für dieses Problem liegt in der ungeklärten Frage der Verantwortung für das Frühwarnsystem. Ohne eine klare Aufgabenzuordnung lässt sich ein effizientes Frühwarnsystem nicht umsetzen.

6. Die Nettomarktzeit der Vertriebsmitarbeiter wird durch die unprofessionellen Bestandsaufnahmen zum Teil ganz erheblich belastet. Darüber hinaus kann nicht ausgeschlossen werden, dass die Freude am Vertrieb durch die Auseinandersetzungen mit der zentralen Stelle beeinträchtigt wird. Daraus kann abgeleitet werden, dass die bisherige Art des Frühwarnsystems negative Auswirkungen auf den Vertrieb haben kann.

Zusammenfassend lässt sich feststellen, dass die Geschäftsprozesse zum Frühwarnsystem oftmals sehr aufwendig sind und die Vertriebsmitarbeiter erheblich eingebunden werden. Diese Zeit steht nicht für Vertriebsaktivitäten zur Verfügung. Darunter leidet die Akzeptanz des gesamten Systems. Hinzu kommt die mangelnde Konsequenz im Handeln, die sich häufig über mehrere Führungsebenen hinweg zieht. Oft stehen eindeutige Hinweise über mögliche Kreditrisiken zur Verfügung, aber im entscheidenden Augenblick wird gezögert, nicht deutlich angesprochen oder nicht nachgehakt. Die Begründungen sind vielfältig. Man kenne diesen Kreditnehmer seit vielen Jahren, man könne jetzt nicht hart durchgreifen oder man sei doch eine Bank mit Tradition am Ort, die es sich jetzt nicht erlauben könne, als erste den Geldhahn zuzudrehen.

1.4. Der Kreditzyklus

Es ist notwendig den Kreditzyklus in der Praxis zu kennen, um einen zielführenden Einsatz eines Frühwarnsystems beurteilen zu können.

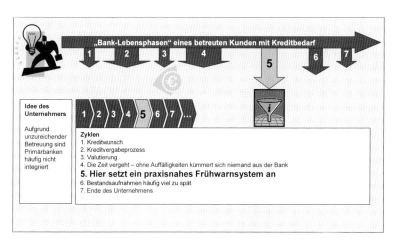

Abbildung 2: Der Kreditzyklus

658 Bei einer ganzheitlichen Betrachtung beginnt alles mit einer Idee, mit Planungen, Schätzungen und Zuversicht. Nach ausführlichen Gesprächen mit einem Firmenkundenbetreuer soll die Idee Realität werden. Doch bevor die Finanzierung zugesagt werden kann, greifen umfangreiche Systeme mit mehr oder weniger aufwendigen Prozessen. Da werden Unterlagen angefordert und elektronisch erfasst, Analysen dokumentiert und Ratingverfahren angewendet, Stellungnahmen von Markt und Marktfolge geschrieben, Voten abgegeben, hinterfragt und schlussendlich Genehmigungen ausgesprochen. Das alles dauert seine Zeit, bindet erhebliche Mitarbeiterkapazitäten und produziert viel Papier. Dann wird valutiert und die Idee des Kunden wird zur Realität. Aber was folgt danach? Im Firmenkundengeschäft werden – eine bestimmte Größenordnung vorausgesetzt – unterjährige Analysen der wirtschaftlichen Verhältnisse durchgeführt und Ratings erneuert. Weitere Überwachungsmaßnahmen finden in vielen Primärbanken nicht statt. Es kommt immer wieder vor, dass Marktmitarbeitern von der Durchführung einer Bestandsaufnahme überrascht werden. Was fehlt hier? Es mangelt sicher nicht am Know-how zur Beurteilung von Kreditrisiken, aber an einer frühzeitigen systematischen Suche nach möglichen Risiken. In vielen Primärbanken gibt es keine **echte** Überwachung der Kreditengagements im laufenden Geschäft. Es gibt zahlreiche Spätwarnsignale und diese werden auch erkannt. Aber es ist gibt nur selten eine Suche nach echten Frühwarnsignalen.

659 Als Ergebnis lässt sich feststellen, dass immer noch zu häufig Einzelwertberichtigungen gebildet werden müssen oder Direktabschreibungen erforderlich sind.

1.5. Ziele und Aufgaben eines Frühwarnsystems

660 Die Ziele und Aufgaben eines Frühwarnsystems lassen sich aus zwei Sichtweisen darstellen. Aus Sicht der Bank und aus Sicht eines Kunden. Schaubild 3 zeigt die Ziele und Aufgaben eines Frühwarnsystems aus Sicht einer Primärbank.

Aus Sicht der Bank sollte ein Frühwarnsystem

... keinen „Datendschungel" liefern, sondern entscheidungsorientiert ausgestaltet sein	...nur einen möglichst geringen Aufwand verursachen und geringe Ressourcen binden (effizient sein)
... rechtzeitig Kredite identifizieren, bei denen sich erhöhte Risiken abzuzeichnen beginnen (§ 25a KWG)	... von Markt und Marktfolge akzeptiert sein
... die Bank befähigen, frühzeitig zu reagieren, um die Entstehung erhöhter Risiken möglichst zu verhindern	... die Nettomarktzeit der Vertriebsmitarbeiter möglichst gering belasten
... gut in die übrigen Systeme und Prozesse der Bank integrierbar sein	... den Kunden gegenüber Fachkompetenz der Bank verdeutlichen

Abbildung 3: Ziele und Aufgaben eines Frühwarnsystems aus Sicht einer Primärbank

Aus Sicht eines Bankkunden kann man von einem gut strukturierten Frühwarnsystem erwarten, dass Kunden von ihrer Bank frühzeitig über Krisensymptome informiert und dadurch vor eventuellem Schaden bewahrt werden. 661

1.6. Anforderungen an ein echtes Frühwarnsystem

Aus den vorangegangenen Abschnitten ergeben sich diese Anforderungen an ein echtes Frühwarnsystem: 662

- Es soll früher ansetzen, als die bisherigen Bestandsaufnahmen
- Der Vertrieb muss entlastet werden
- Es muss eine klare Aufgabenzuordnung ermöglichen
- Es muss eine hohe Akzeptanz erreichen – auch bei den Marktmitarbeitern
- Es sollte eine vertriebliche Nutzung der Signale ermöglichen.

1.7. Aufbau eines echten Frühwarnsystems in einer Primärbank

Es steht fest, dass in vielen Primärbanken die bisherigen Systeme nicht sonderlich effizient sind. Aber was muss getan werden, um ein echtes Frühwarnsystem umzusetzen? Dabei gilt es einige Faktoren zu beachten: 663

- Klare Regelung der Verantwortung für das Frühwarnsystem

- Zielführende aufbauorganisatorische Ansiedlung der Kreditüberwachung
- Hohe Fachkompetenz der Kreditüberwachung

664 Die Aufgaben der Kreditüberwachung sind keine »Randaufgaben«, die man nebenher erledigen kann. Deshalb ist die Kreditüberwachung auch aufbauorganisatorisch sinnvoll abzubilden. Oft liegt die Verantwortung bei solchen Mitarbeitern der Marktfolge, die ohnehin schon die komplexeren Aufgaben bewältigen müssen. Eine Kreditüberwachung im wahren Wortsinne ist eine Hauptaufgabe im Rahmen eines Frühwarnsystems, die ab einer bestimmten Bankgröße einen Fulltimejob darstellt. Und diese Aufgabe muss so verstanden werden, dass der Vertrieb massiv entlastet wird.

665 Doch wo gliedert man eine Kreditüberwachung sinnvoll an? Dazu gibt es verschiedene Möglichkeiten.

666 Im ersten Beispiel wird die Kreditüberwachung als eigenständiger Bereich aufgebaut. Der Leiter ist der zweiten Führungsebene angesiedelt.

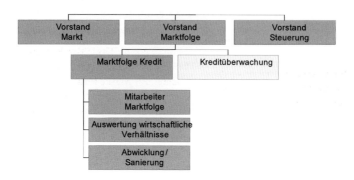

Abbildung 4: Kreditüberwachung als eigenständiger Bereich

Vorteil:
- die Kreditüberwachung ist unabhängig vom Tagesgeschäft im Kreditbereich
- durch die Ausgestaltung als Bereichsleitung wird der Funktion eine besondere Bedeutung beigemessen

Nachteil:
- Ausweitung der Bereichsleitungsfunktionen

Im zweiten Beispiel wird die Kreditüberwachung mit den Aufgaben des Problemkreditmanagements zusammengelegt.

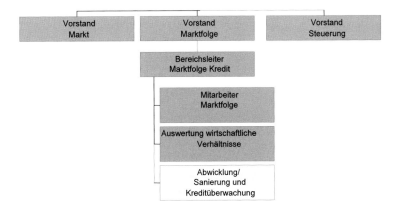

Abbildung 5: Kreditüberwachung im Bereich des Problemkreditmanagements

Vorteil:

- die Kreditüberwachung ist unabhängig
- sie profitiert vom Know-how zum Krisenmanagement bei problembehafteten Engagements

Nachteil:

- Es besteht die Gefahr, dass die Hinweise und Tipps des Kreditüberwachers keine besondere Resonanz am Markt finden, weil die übrigen Kontakte mit dieser Abteilung stets mit echten Problemfällen zu tun haben.
- Die Aufgaben der Kreditüberwachung könnten durch das Tagesgeschäft negativ beeinflusst werden.

In der dritten Variante ist die Kreditüberwachung als eigenständige Abteilung innerhalb des Bereiches Marktfolge Kredit dargestellt.

DIENSTLEISTUNGEN IM BEREICH DER RISIKOFRÜHERKENNUNG

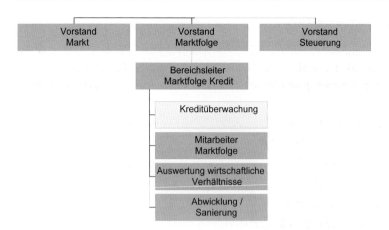

Abbildung 6: Kreditüberwachung als eigenständige Abteilung in der Marktfolge Kredit

Vorteil:	Nachteil:
• Die Kreditüberwachung ist eine eigenständige Abteilung innerhalb der Marktfolge Kredit und hat daher uneingeschränkten Zugang zu Informationen, z. B. um selbst Kreditakten zu sichten. • Es gibt keine bereichsübergreifenden Kompetenzstreitigkeiten. • Vertretungsregelung kann problemlos dargestellt werden.	

669   Es gibt noch viele weitere Möglichkeiten, um eine Kreditüberwachung aufbauorganisatorisch zu integrieren. Aus der Erfahrung in zahlreichen Praxisfällen empfiehlt der Autor in einer Primärbank die Kreditüberwachung in Form der dritten Variante anzusiedeln. Die Nahtstellen innerhalb der Marktfolge sind problemlos zu bewältigen. Ferner spricht der direkte Bezug zu aktuellen Kreditfällen für diese Alternative.

1.8. Frühwarnkriterien

Es kommt bei einem Frühwarnsystem darauf an, dass die Kriterien **echte** Frühwarnkriterien sind. Die Praxis zeigt, dass bislang fast ausschließlich mit solchen Kriterien gearbeitet wird, die als Spätwarnkriterien bezeichnet werden müssen.

In diesem Abschnitt wird dargestellt, welche Frühwarnkriterien geeignet sind, eventuelle Ausfallrisiken früher zu erkennen.

Bei den Frühwarnkriterien kommt es im Wesentlichen auf drei Parameter an:

1. die Einstufung als echtes Frühwarnkriterium
2. die Trennschärfe
3. die technische Selektierbarkeit.

So ist z. B. die hohe Auslastung eines Kreditlimits (> 80 %) über einen längeren Zeitraum ein echtes Frühwarnkriterium, das eine hohe Trennschärfe besitzt und ohne weiteres technisch selektierbar ist. Die Checkliste 1 zeigt eine Reihe weiterer Frühwarnkriterien, die ebenfalls unter diese Kategorie fallen:

Frühwarnsignal	Früh	Trenn-scharf	Technik
Hohe Auslastung des Kreditlimits (> 85%) über längeren Zeitraum	ja	hoch	ja
Ausbleibende Habenumsätze	ja	hoch	ja
Rückläufige Habenumsätze	ja	hoch	ja
Ratenrückstand Darlehen	ja	hoch	ja
Retouren von Schecks oder Lastschriften	ja	hoch	ja
Wertminderungen aufgrund von Änderungen von Gesetzen	ja	hoch	ja
Scheidung / Getrennt lebend	ja	hoch	ja
Arbeitslosigkeit	ja	hoch	ja
Negative SCHUFA-Nachmeldungen	ja	hoch	ja

Checkliste 1

Die Checkliste 2 enthält Frühwarnkriterien, die ebenfalls als echtes Frühwarnkriterium zu bezeichnen sind, technisch selektierbar sind, aber nur eine mittlere Trennschärfe besitzen:

Frühwarnsignal	Früh	Trenn-scharf	Technik
steigende durchschnittliche Sollsalden	ja	mittel	ja
Vermehrte Rückgaben eingereichter Lastschriften	ja	mittel	ja
Eklatante Wertminderung der Sicherheiten bei gleichbleibender Kreditinanspruchnahme	ja	mittel	ja
Wegfallen von Subventionen	ja	mittel	ja
(Groß-)Arbeitgeber entlassen Mitarbeiter	ja	mittel	ja
Ruinöser Wettbewerb, Konzentrationsprozesse	ja	mittel	ja

Checkliste 2

675 Die Checkliste 3 zeigt echte Frühwarnkriterien mit einer hohen Trennschärfe, die aber nicht technisch selektierbar sind:

Frühwarnsignal	Früh	Trenn-scharf	Technik
Prämienrückstände bei als Kreditsicherheiten dienenden Versicherungen (Gebäude-, Lebensversicherung etc.)	ja	hoch	nein
Zu hohe Außenstände	ja	hoch	nein
Zu ehrgeizige Expansion	ja	hoch	nein
Umschichtung von Lieferantenverbindlichkeiten in Bankschulden	ja	hoch	nein
Private Probleme, z.B. Krankheit, Todesfall, Sucht	ja	hoch	nein
Strafverfahren eingeleitet	ja	hoch	nein
Unzuverlässigkeit und Nichteinhaltung von Absprachen	ja	hoch	nein
Nachfinanzierungswünsche, vor allem mit besonderer Eilbedürftigkeit	ja	hoch	nein

Checkliste 3

676 Die Frühwarnkriterien der Checkliste 4 sind echte Frühwarnsignale mit mittlerer Trennschärfe, die aber nicht technisch selektierbar sind:

Frühwarnsignal	Früh	Trenn-scharf	Technik
Personalfluktuation / Entlassungen	ja	mittel	nein
Negative Auffälligkeiten aus Betriebsbesichtigung beim Kreditnehmer	ja	mittel	nein
Schwächen im Rechnungswesen	ja	mittel	nein
Starke Veränderung von Produktzyklen	ja	mittel	nein
Steigende Rohstoffpreise - global	ja	mittel	nein
Hinweise über kritische Bonität durch andere Banken, Prüfer, Außendienstler der Verbundunternehmen, etc.	ja	mittel	nein

Checkliste 4

Neben den vorgenannten Frühwarnkriterien gibt es noch eine ganze Reihe weiterer Signale mit mehr oder weniger hohe Trennschärfe.

- Ausbleiben von avisierten Geldeingängen
- Scheckziehungen auf eigene Konten bei anderen Banken
- schleppende Zahlung von Löhnen und Sozialleistungen
- Ausdehnung der Zahlungsziele oder Verzicht auf Skontoausnutzung
- vermehrte Nutzung von Kreditkartenlimiten
- vermehrte Barauszahlungen mit Kreditkarten
- vermehrte Scheckanfragen durch Einreicherbanken
- seitens der Bank nicht ausgeführte Überweisungen oder Daueraufträge
- Eintragung von Zwangssicherungshypotheken
- Bürgen drängen auf Entlassung bzw. auf Einschränkung ihrer Haftung
- Verpfändung von bei der Bank unterhaltener Konto-/Depotgegenwerte zu Gunsten Dritter
- zunehmende Abhängigkeit von Lieferanten und Abnehmern
- zu hohe Außenstände
- Umschichtung von Lieferantenverbindlichkeiten in Bankschulden
- Umschichtung von Gesellschafterdarlehen in Bankverbindlichkeiten
- Ablehnung eines Rangrücktritt eines Gesellschafterdarlehens
- Änderung von Bilanzierungsansätzen
- Offenlegung stiller Reserven
- Gewinn übersteigende Entnahmen

DIENSTLEISTUNGEN IM BEREICH DER RISIKOFRÜHERKENNUNG

- finanziell aufwändiger Lebensstil (teurer Autos, Hobbys, Wohnungen)
- Strafverfahren eingeleitet, z. B. wegen eines Steuerdeliktes
- ...

678 Diese Aufstellung ist nicht vollständig, gibt aber einen guten Überblick und kann als praktische Hilfestellung für die Verantwortlichen in der Kreditüberwachung dienen.

1.9. Frühzeitiges Aufdecken von möglichen Kreditrisiken

679 In dem vorangegangenen Abschnitt sind viele Frühwarnkriterien und -signale aufgeführt. Anzustreben ist hier, die Frühwarnkriterien im Zusammenhang zu betrachten und richtig zu beurteilen. Gerade die Frühwarnkriterien, die nicht technisch selektierbar sind, stellen eine besondere Schwierigkeit bei der Suche dar (z. B. eine hohe Personalfluktuationen oder ein schlechtes Betriebsklima bei einem Kreditnehmer.) Die Herausforderung besteht darin, die Mitarbeiter der Bank zu sensibilisieren, genau diese Hinweise in den Systemen der Bank festzuhalten und an die Kreditüberwachung zu leiten.

680 Es gibt etliche Frühwarnkriterien, die sowohl technisch selektierbar sind als auch eine hohe Trennschärfe besitzen. Es kommt nun darauf an, das gesamte Kreditportfolio im Hinblick auf diese Frühwarnkriterien zu untersuchen.

681 Zunächst einmal ist es notwendig, eine Vielzahl von Daten zum Kreditportfolio aus den Rechenzentrumsdaten zu generieren. Diese Daten können anschließend vielfältig gefiltert werden. Doch mit welchem Medium sollen die Daten gefiltert werden? Dazu kann man aufwändige und teure EDV-Lösungen anschaffen. Es ist aber auch möglich, die Daten mit einem einfachen Tabellenkalkulationsprogramm zu bearbeiten. So kann z. B. mit MS Excel® auch ein Datenbestand mit tausenden von Kundendaten problemlos gefiltert werden.

682 Bei allen technischen Möglichkeiten ist eines ganz besonders wichtig: die Datenqualität. Wenn in dem Datenbestand so wichtige Angaben wie »Arbeitgeber« oder »Gehalt« nicht vorhanden sind, dann müssen diese Daten in einem ersten Schritt eingespielt werden. Dazu bietet es sich an, eine Zahlungsstromanalyse durchzuführen und die relevanten Daten anschließend in den Rechenzentrumsdatenbestand zu übernehmen.

683 Auch solche Daten wie »Scheidung/getrennt lebend« oder »Bezug von Arbeitslosengeld« lassen sich problemlos aus dem vorhandenen Datenbestand generieren. Angaben zu »Scheidung/getrennt lebend« können zum Beispiel

dem Datenbestand zur Freistellungsverwaltung entnommen werden. Den Eingang von Arbeitslosengeld innerhalb einer Periode kann man mit wenig Aufwand aus einer Zahlungsstromanalyse ermitteln.

Was geschieht nun, wenn eine Kreditüberwachung festgestellt hat, dass aus einem Kundendatenbestand von tausenden von Kunden eine handvoll Kunden erstmals Arbeitslosengeld bezogen haben? In vielen Banken ist es üblich, dass diese Informationen dem Kundenverantwortlichen zur Verfügung gestellt werden. Dann sind wieder die Berater gefordert, um zu recherchieren. In einem effizienten Frühwarnsystem übernimmt diese Aufgabe die Kreditüberwachung selbst. Der Kreditüberwacher kann eigenständig prüfen, ob der Eingang von Arbeitslosengeld bei diesen Kunden ein Problem darstellt. Sollte sich herausstellen, dass weitere regelmäßige Habenumsätze eingehen, ist die Wahrscheinlichkeit eines Kreditausfalles eher sehr gering.

Die beiden vorgenannten Beispiele betreffen in erster Linie das Privatkundengeschäft. Aber wie sieht es im Firmenkundengeschäft aus? Auch hier gibt es eine Reihe von Möglichkeiten, um Kredite mit eventuellen Ausfallrisiken zu identifizieren. So ist es beispielsweise problemlos möglich, auch im gewerblichen Kreditgeschäft Datenselektionen durchzuführen. Das Schaubild 7 zeigt eine mögliche Kriterienkombination:

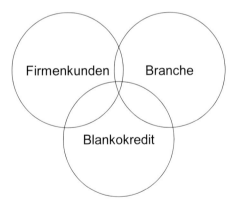

Abbildung 7: Kriterienkombination

Die Suche nach allen Firmenkunden aus der Branche Speditionen filtert solche Kreditnehmer heraus, die unter den stark gestiegenen Kraftstoffpreisen zu leiden haben. Wenn die Suche verfeinert wird, indem zum Beispiel der Blankoanteil einen Mindestbetrag von 50 TEUR übersteigen muss, dann stehen alle Speditionen mit einem für die Bank bedeutenden Blankoanteil fest. Der Kreditüberwacher hat nun die Möglichkeit durch Einsicht in die EDV, in Kreditakten oder weiteren Unterlagen selbst festzustellen, ob ein eventuelles Risiko vorliegt.

687 Nur dann, wenn der Kreditüberwacher sich kein eigenes Bild über das mögliche Kreditrisiko verschaffen kann, sollte ein Berater oder ein Sachbearbeiter eingeschaltet werden.

1.10. Fachkompetenz des Kreditüberwachers

688 In einem effizienten Frühwarnsystem kommt der Fachkompetenz des Kreditüberwachers eine besondere Bedeutung zu. Das Ziel einer maximalen Unterstützung und Entlastung des Marktes lässt sich nur erreichen, wenn der Kreditüberwacher eigenständig analysieren kann und in der Lage ist, mögliche Risiken zu erkennen und zu bewerten. Deshalb ist es wichtig, bei der Personalauswahl keine Kompromisse einzugehen. Leider lässt sich in der Praxis häufig das Gegenteil beobachten. Im Abschnitt 8 ist aufgezeigt worden, dass es vielfältige Frühwarnkriterien und -signale gibt, nach denen das Kreditportfolio von der Kreditüberwachung gefiltert werden kann. Doch was ist zu tun, wenn der Kreditüberwacher nicht zu einem abschließenden Urteil gelangen kann? Wenn er zum Beispiel auf die Informationen des Kundenverantwortlichen angewiesen ist?

689 Auch hier ist es von entscheidender Bedeutung, dass der Aufwand für die Berater möglichst gering ist. Es bietet sich an, ein Workflow-System einzusetzen, bei dem der Kreditüberwacher konkret vorgeben kann, was der Berater zu tun hat. Besonders komfortable Workflow-Systeme unterstützen die Marktmitarbeiter sogar insoweit, als dass konkrete Antworten bereits vorformuliert zur Verfügung stehen.

Das Schaubild 8 zeigt typische Aufgaben:

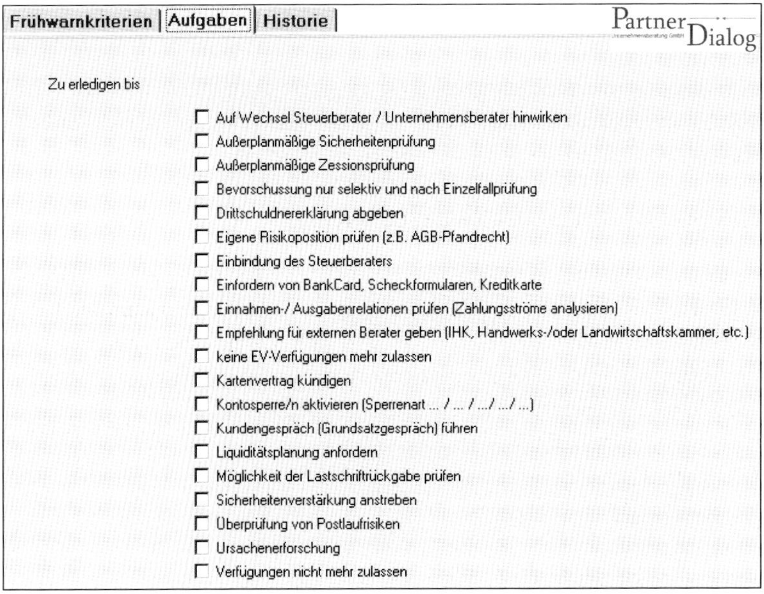

Frühwarnkriterien | Aufgaben | Historie

Partner-Dialog

Zu erledigen bis

- ☐ Auf Wechsel Steuerberater / Unternehmensberater hinwirken
- ☐ Außerplanmäßige Sicherheitenprüfung
- ☐ Außerplanmäßige Zessionsprüfung
- ☐ Bevorschussung nur selektiv und nach Einzelfallprüfung
- ☐ Drittschuldnererklärung abgeben
- ☐ Eigene Risikoposition prüfen (z.B. AGB-Pfandrecht)
- ☐ Einbindung des Steuerberaters
- ☐ Einfordern von BankCard, Scheckformularen, Kreditkarte
- ☐ Einnahmen-/ Ausgabenrelationen prüfen (Zahlungsströme analysieren)
- ☐ Empfehlung für externen Berater geben (IHK, Handwerks-/oder Landwirtschaftskammer, etc.)
- ☐ keine EV-Verfügungen mehr zulassen
- ☐ Kartenvertrag kündigen
- ☐ Kontosperre/n aktivieren (Sperrenart ... / ... / ... / ... / ...)
- ☐ Kundengespräch (Grundsatzgespräch) führen
- ☐ Liquiditätsplanung anfordern
- ☐ Möglichkeit der Lastschriftrückgabe prüfen
- ☐ Sicherheitenverstärkung anstreben
- ☐ Überprüfung von Postlaufrisiken
- ☐ Ursachenerforschung
- ☐ Verfügungen nicht mehr zulassen

Abbildung 8: Ausschnitt aus dem Lotus-Notes-Workflow-System »Partner-Dialog-Frühwarnsystem«

DIENSTLEISTUNGEN IM BEREICH DER RISIKOFRÜHERKENNUNG

691   Das Schaubild 9 zeigt vorformulierte Antworten:

Frühwarnkriterien	Aufgaben	Antworten	Historie	Partner-Dialog
Antworten:	☐ Abgabe an Problemkreditmanagement vorgesehen			
	☐ Aktuelle Unterlagen über die wirtschaftlichen Verhältnisse wurden angefordert			
	☐ Bestandsaufnahme wird / wurde durchgeführt			
	☐ Direktabschreibung vorgesehen			
	☐ EC-Karte / Kreditkarte wurde eingezogen			
	☐ Eine Neuregelung wurde beantragt bzw. genehmigt			
	☐ Engagement ist unproblematisch, weitere Maßnahmen sind nicht erforderlich*			
	☐ Individuelle Stellungnahme*			
	☐ Kundengespräch wurde geführt*			
	☐ Neues Rating / Scoring wurde erstellt			
	☐ Rückzahlungsvereinbarung liegt vor und wird eingehalten			
	☐ Rückzahlungsvereinbarung wird getroffen			
	☐ Überziehung bereits erledigt			
	☐ Umschuldung in ein Darlehen erfolgt			
Kommentar erfassen:	Kunde wird ab sofort intensivbetreut			

Abbildung 9: Ausschnitt aus dem Lotus-Notes-Workflow-System »Partner-Dialog-Frühwarnsystem«

692   Gute Workflow-Systeme bieten nicht nur die Möglichkeit von Eskalationsfunktionen und Terminvorgaben, sondern beinhalten auch eine Historienverwaltung. Gerade Letzteres bietet sich an, um den Anforderungen des § 25 a KWG zu genügen. Ein Kreditüberwacher sollte sämtliche Analysen, die er durchgeführt hat, dokumentieren – unabhängig davon, ob Kredite mit erhöhtem Risikopotenzial gefunden worden sind oder nicht. Nur so kann im Rahmen von Revisionen nachvollzogen werden, dass die Kreditüberwachung ihren Aufgaben nachgekommen ist.

1.11. Methodische Vorgehensweise zur Einführung eines Frühwarnsystems

693   Die Einführung eines echten Frühwarnsystems erfordert eine sorgfältige Projektplanung. Die Unterstützung durch einen externen Berater erleichtert nicht nur bei dem Projektmanagement, sondern sichert auch die konsequente Umsetzung. Dabei sollte insbesondere viel Wert auf die interne Kommunikation

der Ziele und Aufgaben der »neuen Kreditüberwachung« gelegt werden. Darüber hinaus ist es sinnvoll, die freiwerdende Nettomarktzeit der Vertriebsmitarbeiter für Vertriebsaktivitäten zu nutzen.

Das folgende Schaubild zeigt die Meilensteine und Verantwortlichkeiten zur Einführung eines Frühwarnsystems: 694

Nr.	Meilenstein	Verantwortlich	Bemerkungen
1.	Die Implementierung eines Frühwarnsystems ist beschlossen	Vorstand	
2.	Die Auswahl eines externen Beratungsunternehmens ist erfolgt	Vorstand	z. B. Partner Dialog Unternehmensberatung GmbH, Laupheim, www.partner-dialog.de
3.	Die Festlegung der Verantwortung für das Frühwarnsystem ist erfolgt	Vorstand	In Frage kommen: Leitung Marktfolge Kredit, Controlling, Problemkreditbearbeitung, eigenständige Stelle »Kreditüberwachung«.
4.	Der Projektplan ist aufgestellt und vom Vorstand verabschiedet	Organisation	Die Einführung erfordert eine mehrere Bereiche übergreifende Kommunikation, deshalb sollte die Implementierung als Projekt mit eigenständiger Leitung erfolgen.
5.	Das Kommunikationskonzept für die Mitarbeiter ist entwickelt	Personal	Hier geht es in erster Linie um die Verdeutlichung der Unterschiede zum bisherigen Verfahren der »Bestandsaufnahme«

DIENSTLEISTUNGEN IM BEREICH DER RISIKOFRÜHERKENNUNG

Nr.	Meilenstein	Verantwortlich	Bemerkungen
			und um die Verpflichtung aller Mitarbeiter zur aktiven Wahrnehmung von Frühwarnsignalen.
6.	Die Stelle Kreditüberwachung ist ausgeschrieben	Personal	Sofern diese Stelle noch nicht eigenständig vorhanden ist und die Verantwortung hier angesiedelt werden soll.
7.	Die ggf. anzuschaffende EDV-Technik steht fest, ein evtl. notwendiger Vorstandsbeschluss liegt vor	Organisation	In Frage kommen: Datenbanksysteme, MS Excel®, Lotus 1-2-3®, open office, InfoZoom® oder Workflow-Systeme auf Basis von Lotus Notes®
8.	Die Bewerber für die Stelle Kreditüberwachung stehen fest	Personal	
9.	Die EDV-Technik ist einsatzbereit	Organisation	
10.	Die Stelle Kreditüberwachung ist besetzt	Personal	
11.	Das Schulungskonzept für die technischen Systeme, die im Bereich der Kreditüberwachung anzuwenden sind, ist entwickelt	Organisation	Es ist abhängig von den technischen Erfahrungen und Fertigkeiten des Stelleninhabers.
12.	Die technischen Systeme sind geschult	Organisation	
13.	Die Mitarbeiter kennen und akzeptieren das neue Frühwarnsystem	Personal/Führungskräfte	Basiert auf dem Kommunikationskonzept aus Meilenstein 5.

Nr.	Meilenstein	Verantwortlich	Bemerkungen
14.	Die notwendigen Abfragen zur Rohdatenversorgung sind definiert	Kreditüberwachung	Definition der Datenversorgung aus dem Rechenzentrum oder bankeigenen elektronischen Vertriebsakten
15.	Die Zusammenführung und eine evtl. Anpassung der Rohdaten ist erfolgt	Kreditüberwachung	Integration sämtlicher Daten aus den verschiedenen Quellen in ein Auswertungsmedium.
16.	Die ersten Testszenarioanalysen sind erfolgt	Kreditüberwachung	
17.	Die Ergebnisse der Testszenarioanalysen sind validiert	Kreditüberwachung	Notwendiger Anpassungsbedarf ist erkannt und umgesetzt worden.
18.	Das Frühwarnsystem ist installiert	Vorstand	

1.12. Fazit

In diesem Kapitel wurde aufgezeigt, dass viele Primärbanken in den Empfehlungen ihrer Verbände gefolgt sind und Kriterien, die zu einer Bestandsaufnahme führen müssen, eingeführt haben. Dabei handelt es sich überwiegend um Spätwarnsignale. Gerade die Bestandsaufnahmen führen jedoch regelmäßig zu Akzeptanzproblemen bei den Marktmitarbeitern. Jede Bank verfügt über einen vielfältigen Datenbestand, der mit einfachen technischen Möglichkeiten nach echten Frühwarnkriterien gefiltert werden kann.

Bei der Einführung eines praxisnahen Frühwarnsystems geht es nicht um ein theoretisches Konzept, das nur aufgrund der aufsichtsrechtlichen Normen eingeführt wird. Es handelt sich vielmehr um ein sehr praxisorientiertes Hilfsmittel, mit dem sich anbahnende Risiken erkannt werden können. Darüber hinaus bietet es vielfältige Vertriebschancen und die Möglichkeit Kundenbindungen zu stärken.

2. Risikofrüherkennung bei der Kreditvergabe – Vorteile von Analytics-Lösungen für Banken

2.1. Kreditrisikomessung in der Praxis

2.1.1. Relevanz und Rolle der Kreditrisikomessung

697 Ein Blick in den Geschäftsbericht der Deutschen Bank zum Geschäftsjahr 2007 zeigt sehr deutlich, dass das Kreditrisiko das dominierende Risiko auf der Risikolandkarte der Bank darstellt. Am 31. Dezember 2007 betrug der ökonomische Kapitalbedarf der Bank insgesamt 13,6 Mrd. Euro und lag somit um 1,9 Mrd. Euro oder 16 Prozent über dem Stand von 11,7 Mrd. Euro am 31. Dezember 2006 (vgl. Tabelle 1). Das ökonomische Kapital zur Unterlegung der Kreditrisiken bindet etwa 62,5 Prozent des gesamten ökonomischen Kapitalbedarfs.

Gesamtrisikoposition

Ökonomischer Kapitalbedarf in Mio. Euro	31.12.2007	31.12.2006
Kreditrisiko	8.506	7.351
Marktrisiko[1]:	3.481	2.994
Marktrisiko aus Handelspositionen	1.763	1.605
Marktrisiko aus Nichthandelspositionen[1]	1.718	1.389
Operationelles Risiko	3.974	3.323
Diversifikationseffekte zwischen Kredit-, Markt- und operationellem Risiko	-2.651	-2.158
Zwischensumme Kredit-, Markt- und operationelles Risiko	13.310	11.509
Geschäftsrisiko	301	226
Ökonomischer Kapitalbedarf insgesamt[1]	**13.611**	**11.735**

[1] Änderungen des ökonomischen Kapitalbedarfs für 2006 reflektieren die Umstellung auf IFRS.

Tabelle 1: Gesamtrisikoposition der Deutschen Bank
(Quelle: Geschäftsbericht 2007 der Deutschen Bank)

698 In der Bankpraxis wird das Kreditrisiko primär durch das Bonitäts- und das Besicherungsrisiko bestimmt.[153] Das *Bonitätsrisiko* bezeichnet das Risiko, dass der Kreditnehmer nicht willens oder in der Lage ist, seine Verpflichtungen zur Tilgung und Zinszahlung zu erfüllen. Das *Besicherungsrisiko* ist das Risiko, dass

---

153 Vgl. *Schierenbeck, H.*: Ertragsorientiertes Bankmanagement, Band 2: Risiko-Controlling und Integrierte Rendite-/Risikosteuerung, 8. Auflage, Wiesbaden 2003, S. 154.

bei der Verwertung von Kreditsicherheiten nicht der erwartete Betrag erzielt wird. Ursächlich hierfür kann auch ein *Abwicklungsrisiko* sein. Dies entsteht immer dann, wenn liquide Mittel, Wertpapiere und/oder andere Werte nicht zeitgleich ausgetauscht werden können.[154]

Bei grenzüberschreitenden Kreditengagements kommt das *Transferrisiko* oder Transferstoprisiko (*Länderrisiko*) hinzu.[155] So können etwa eine Verschlechterung der wirtschaftlichen Rahmenbedingungen, politische und soziale Unruhen, Verstaatlichungen und Enteignung von Vermögenswerten, staatliche Nichtanerkennung von Auslandsschulden, Devisenkontrollen und Ab- oder Entwertung der Landeswährung zu einer Zunahme des Länderrisikos führen. Das Bonitätsrisiko im weiteren Sinne umfasst auch das Risiko von Bonitätsverschlechterungen eines Kreditnehmers ohne Ausfall. Aus einer alternativen Perspektive betrachtet können Kreditrisiken nach unterschiedlichen Analyseebenen (Einzelunternehmen, Sektor, Volkswirtschaft etc.) eingeteilt werden. Die unterschiedlichen Ebenen des Kreditrisikomanagements sind in Abbildung 1 in einem »Zwiebelmodell« zusammengefasst.

Abbildung 1: die Ebenen des Kreditrisikomanagements

---

154 Vgl. *Henking, A./Bluhm, Chr./Fahrmeir, L.*: Kreditrisikomessung – Statistische Grundlagen, Methoden und Modellierung, Berlin 2006.

155 Vgl. *Baxmann, U. G.*: Bankbetriebliche Länderrisiken – unter besonderer Berücksichtigung ihrer potentiellen Früherkennung und kreditpolitischen Behandlung, München/Florenz 1985.

DIENSTLEISTUNGEN IM BEREICH DER RISIKOFRÜHERKENNUNG

2.1.2. Quantifizierung von Kreditrisiken

700 Heute wird das Kreditrisiko mit Hilfe von Kennzahlen im *Rating- oder Scoring-Prozess* quantifiziert. Je schlechter ein Rating ausfällt, desto höher ist die Wahrscheinlichkeit eines Kreditausfalls. Demnach kann man unter Rating eine Note für die Bonität eines Kreditnehmers verstehen, der eine Ausfallwahrscheinlichkeit zugeordnet ist. In diesem Kontext ist außerdem zu berücksichtigen, dass bei einer risikoorientierten Bepreisung – insbesondere in der Folge der Baseler Eigenkapitalvereinbarung (Basel II) – Kreditnehmer mit einem schlechten Rating Aufschläge auf den Kreditzins als Risikoprämie bezahlen müssen.

701 In den vergangenen Jahren ist die Bedeutung eines proaktiven und professionellen Kreditrisikomanagements mit dem Ziel einer optimalen Allokation des ökonomischen Kapitals stark gestiegen. Wesentliche Einflussfaktoren sind in diesem Kontext neue regulatorische Anforderungen (Basel II), ein höherer Einfluss der Rating-Agenturen auf den Preisbildungsprozess, höhere Kreditrisiken sowie ausgefeiltere Bewertungsmethoden. So wurden in den vergangenen Jahren die Schwächen von existierenden Kreditrisikomodellen, die häufig auf pauschalen und wenig differenzierten Methoden beruhen, erkannt und durch fortgeschrittene Ansätze ersetzt.

702 Das Kreditrisiko von einzelnen Kreditengagements wird in der Praxis des Kreditrisikomanagements mit drei Kennzahlen charakterisiert, die auch in der neuen Baseler Eigenkapitalvereinbarung eine zentrale Rolle spielen:

- die erwartete Wahrscheinlichkeit, dass der Schuldner ausfällt (Ausfallwahrscheinlichkeit), wird als PD (»Probability of Default«) bezeichnet. Im IRB-Ansatz (Internal-Ratings-Based-Approach) ist die maßgebliche PD einer Forderung die Ein-Jahres-PD der internen Rating-Klasse, der der Schuldner zugeordnet ist, mindestens aber 0,03 Prozent.

- die erwartete Höhe der Forderung zum Zeitpunkt des Ausfalls (EAD: »Exposure at Default«). In diesem Zusammenhang können gewisse kreditrisikomindernde Instrumente berücksichtigt werden. Im Grundsatz I wird EAD auch als Kreditäquivalenzbetrag bezeichnet.

- die Verlustquote bei Ausfall (LGD: »Loss Given Default«), d. h. die Höhe des Verlustes, mit dem bei Ausfall (Default) des Kreditnehmers zu rechnen ist (Verlustquote). Gemeint ist in diesem Kontext nicht der Einzelwert, sondern ein durchschnittlicher (und deshalb erwarteter) Verlust für die Bank innerhalb eines gewissen Beobachtungszeitraumes. Somit bestimmt die Verlustquote (LGD) neben der Ausfallwahrscheinlichkeit (PD) maßgeblich den erwarteten Verlust (EL: »Expected Loss«) auf eine ausstehende Forderung (EAD) im Kreditgeschäft. Die Verlustquote wird durch den erzielbaren Wert der Sicherheiten bestimmt.

Der Expected Loss gibt den Ausfallbetrag an, der auf Basis historischer Erfahrung aus dem Kreditportfolio entstehen wird. Der Expected Loss (EL) ist eine Funktion von Ausfallwahrscheinlichkeit (PD), erwartetem Volumen bei Ausfall (EAD) und Verlustquote bei Ausfall unter Berücksichtigung der Besicherung (LGD). EL ist als Erwartungswert ein statistischer (Verteilungs-)Parameter und kann als der im Mittel realisierte Verlust interpretiert werden (siehe Abbildung 2). Da die erwarteten Verluste als Kosten zu betrachten sind, die zur Bedienung einer internen »Risikoabsicherung« verdient werden müssen, werden sie von einzelnen Autoren und in der Praxis auch als Standard-Risikokosten interpretiert.

Abbildung 2: erwarteter Verlust

Aus der Verlustverteilung eines Kreditrisikoportfolios lässt sich die Risikostruktur eines Portfolios ablesen. In Abbildung 3 ist die typische Struktur einer Verlustverteilung dargestellt. In der Bankpraxis sind die Wahrscheinlichkeiten für Kreditverluste deutlich rechtsschief verteilt, so dass die Quantifizierung mit einem klassischen Value-at-Risk-Ansatz problematisch ist, da die zentrale Bedingung – nämlich die Normalverteilung der Kreditverluste – nicht erfüllt ist.

In diesem Zusammenhang ist zu beachten, dass die eingetretenen Wertberichtigungen um den Expected Loss schwanken, je homogener ein Portfolio ist. Der so genannte Unexpected Loss entsteht insbesondere in inhomogenen Portfolios, etwa durch den Ausfall einzelner, sehr großer Kredite. Extremereignisse werden durch den »Tail« der Verlustverteilung widergespiegelt. Wie bereits skizziert haben die kalkulierten Standard-Risikokosten (linker Teil der Verlustverteilung) die Funktion, den erwarteten Verlust abzudecken, und können daher nicht mehr Gegenstand des Kreditrisikos sein. Das Kreditrisiko umfasst dementsprechend nur die (unerwarteten) Verluste, die über den bereits bei der Standard-Risikokosten-Kalkulation antizipierten Verlust hinausgeht.

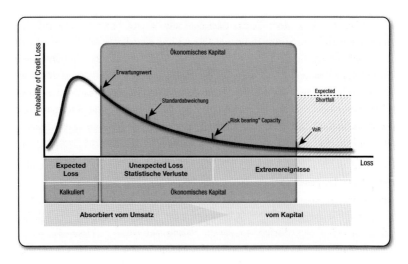

Abbildung 3: schematische Darstellung der Verlustverteilung (Quelle: RiskNET GmbH)

706 Ausgehend von der durch die Risikoaggregation der einzelnen Kreditrisiken ermittelten Verteilungsfunktion kann man unmittelbar auf den Eigenkapitalbedarf (Risk-adjusted Capital, RAC) der Bank schließen. Zur Vermeidung einer Überschuldung wird zumindest so viel Eigenkapital benötigt, wie auch Verluste auftreten können, die es reduzieren. Analog lässt sich der Bedarf an Liquiditätsreserven unter Nutzung der Verteilungsfunktion der Zahlungsflüsse (freie Cashflows) ermitteln. Ergänzend können Risikokennzahlen abgeleitet werden. Ein Beispiel ist die Eigenkapitaldeckung, also das Verhältnis von verfügbarem Eigenkapital zu risikobedingtem Eigenkapitalbedarf.[156]

707 Risiken beeinflussen die Kapitalkostensätze (Diskontierungszinssätze) von Banken, also die risikoabhängigen Mindestverzinsungsanforderungen. Damit bestimmen sie auch den Unternehmenswert. Folglich kann ein professionelles Risikomanagement maßgeblich zu einer Steigerung des Unternehmenswertes und damit zum Unternehmenserfolg beitragen. Aus den Ergebnissen der Aggregation der Einzelrisiken lassen sich auch die Kapitalkostensätze (Diskontierungszinssätze) für das Unternehmen ableiten. Naheliegenderweise sollten die risikoabhängigen Kapitalkostensätze (WACC[157]) vom tatsächli-

---

[156] Vgl. *Gleißner, W./Romeike, F.*: Risikomanagement – Umsetzung, Werkzeuge, Risikobewertung, Freiburg im Breisgau 2005, S. 33.

[157] WACC (Weighted Average Cost of Capital): gewichteter durchschnittlicher Kapitalkostensatz, wird auch für Unternehmensbewertungen nach der DFCF-Methode (Discounted Free Cash Flow) verwendet, um den Kapitalisierungszinssatz auszurechnen. Vgl. *Romeike, F.*: Lexikon Risiko-Management, Köln 2004, S. 151.

chen Risikoumfang einer Bank abhängig sein. Genau diese Informationen stellt das Risikomanagement bereit. Der bisher anzutreffende »Umweg« bei der Bestimmung der Kapitalkostensätze – nämlich Kapitalmarktdaten statt Unternehmensdaten zu nutzen (wie beispielsweise im CAP-Modell158) – ist daher wenig überzeugend. Als Weg zur Bestimmung eines geeigneten Kapitalkostensatzes bietet sich die Berechnung der WACC in Abhängigkeit des Eigenkapitalbedarfs an. Hier wird unterstellt, dass nur risikotragendes Eigenkapital auch eine Risikoprämie verdient.[159]

Eine der wesentlichen Innovationen der neuen Baseler Eigenkapitalvereinbarung (Basel II) gegenüber der bisherigen Praxis ist, dass Banken von externen Agenturen durchgeführte Ratings oder alternativ eigene, interne Rating-Verfahren für die Bonitätsprüfung und für die Erfüllung aufsichtsrechtlicher Pflichten verwenden dürfen, sofern die Rating-Verfahren gewissen Qualitätsstandards gerecht werden. Für die Kreditinstitute haben die Baseler Vorgaben im Wesentlichen aus drei Gründen eine herausragende Bedeutung:[160]

1. Die Banken sind aufsichtsrechtlich verpflichtet, die Risiken, die sie eingehen, mit Eigenkapital und nicht etwa mit Kapital, das ihren Kunden gehört, abzudecken und zu unterlegen. Als ein Ergebnis des Baseler Diskussionsprozesses drücken die Aufsichtsbehörden ihre Überzeugung aus, dass eine professionell ermittelte hohe Bonität ein geringeres Risiko für die Bank impliziert als eine schlechte Bonität. In der Folge wird Banken erlaubt, Kredite an Kunden mit hoher Bonität mit deutlich weniger Eigenkapital – der in der Regel teuersten Finanzierungsform für Bankkredite – zu unterlegen als Kredite an Kunden mit geringer Bonität.

---

158 CAPM (Capital Asset Pricing Model): ein auf der Portfoliotheorie basierendes Modell des Kapitalmarktes. CAPM ist von großer Bedeutung für die Bewertung von Aktien. Das Modell geht davon aus, dass das Risiko explizit in Form einer vom Markt determinierten, zusätzlich geforderten Rendite berücksichtigt wird. Nach CAPM hängt der Wert einer Aktie von ihrem Risikobeitrag zum Portefeuille ab. Kritisch muss angemerkt werden, dass CAPM von Annahmen ausgeht, die häufig realitätsfern sind. So werden etwa homogene Erwartungen unterstellt. Dies setzt voraus, dass alle Investoren die gleichen bewertungsrelevanten Informationen besitzen. Vgl. *Romeike, F.*: Lexikon Risiko-Management, Köln 2004, S. 26.
159 Vgl. *Gleißner, W./Romeike, F.*: Risikomanagement – Umsetzung, Werkzeuge, Risikobewertung, Freiburg im Breisgau 2005, S. 34.
160 Vgl. *Romeike, F./Wehrspohn, U.*: Kriterien bei der Auswahl von Rating-Software zur Unterstützung des Rating-Prozesses, in: Gleißner, W./Everling, O.: Rating-Software, München 2007, S. 42.

2. Die Banken müssen jedes Rating, das sie an einen Kunden vergeben, im Sinne einer Wahrscheinlichkeit, dass der Kunde innerhalb der nächsten zwölf Monate seinen Zahlungsverpflichtungen nicht mehr nachkommen kann, interpretieren können. Durch die Ermittlung der individuellen Ausfallwahrscheinlichkeiten wird es möglich, dass Banken selbst mehr Transparenz über die zu erwartenden Kosten eines Engagements gewinnen und kostendeckende Risikoprämien für zu vergebende Kredite berechnen.

3. Ein zuverlässiges Rating-Verfahren mit einer entsprechend präzisen Schätzung von Ausfallwahrscheinlichkeiten der Kunden kann für ein Kreditinstitut ein entscheidender Wettbewerbsvorteil sein, seine Abwesenheit ein gravierender und u. U. folgenreicher Nachteil. Kennt ein Institut die Bonität seiner Kunden weniger gut als seine Mitbewerber, berechnet es u. U. für Kunden mit hoher Bonität höhere und für Kunden mit schlechter Bonität niedrigere Preise als die Konkurrenz. In der Folge besteht die Gefahr, entsprechend Kunden mit hoher Bonität zu verlieren und Kunden mit geringer Bonität durch unfreiwillige Dumpingpreise neu zu gewinnen (Adverse Selection: versehentliche systematische Auswahl der Falschen).

2.1.3. Kredit-Scoring und Rating im modernen Kreditrisikomanagement

Voraussetzung für ein effizientes Management von Kreditportfolios ist ein umfassendes Verständnis des Chancen-und-Risiko-Potenzials des Portfolios, insbesondere gemessen über die bereits erwähnte Verlustverteilung. Im engeren Sinne können speziell Scoring- und Rating-Systeme als Instrumente zur Messung der Bonität eines (potenziellen) Kreditnehmers verstanden werden, die eine Ausfallwahrscheinlichkeit (PD) eines Kreditnehmers mit einem Zeithorizont von einem Jahr ermitteln. Aus der Perspektive einer Bank sind die Vorteile von modernen Scoring- und Rating-Systemen in Abbildung 4 zusammengefasst.

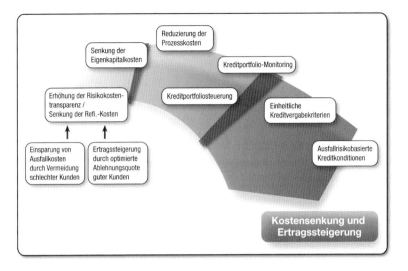

*Abbildung 4: Ziele von Rating- und Scoring-Methoden
(Quelle: Rieder, M.: Präsentation RiskAcademy, www.riskacademy.de)*

Rating-Verfahren werden von Kreditinstituten entwickelt und zur Durchführung einer Risikoklassifizierung für Kredite angewendet. Beim Scoring handelt es sich um ein statistisches Verfahren zur Prognose des künftigen Verhaltens von Personen oder Personengruppen, die bestimmte gemeinsame Merkmale (beispielsweise berufliche Stellung oder Wohnort) aufweisen (vgl. Abbildung 5).

DIENSTLEISTUNGEN IM BEREICH DER RISIKOFRÜHERKENNUNG

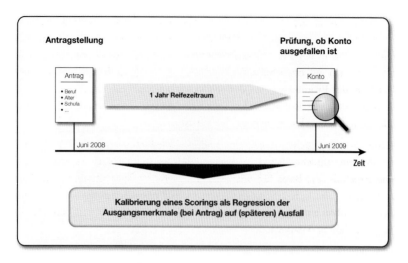

Abbildung 5: Scoring als Prognose einer Ausfallwahrscheinlichkeit (Quelle: www.riskacademy.de)

711 Neben personenbezogenen Daten werden beim *Scoring* auch historische Erfahrungswerte berücksichtigt. Basierend auf einer statistischen Analyse wird aus diesen Daten und Erfahrungswerten eine einzelne Kennzahl, der so genannte Score, gebildet. Der Score ist mathematisch eindeutig mit einer gewissen Ausfallwahrscheinlichkeit (PD) verbunden. Neben den finanziellen Verhältnissen werden typischerweise in Scoring-Methoden *soziodemografische Daten* (beispielsweise Alter, Geschlecht, Nationalität, Familienstand, Kinderzahl, Religionszugehörigkeit, Adresse, Dauer des Mietverhältnisses, Bildungsstand, berufliche Qualifikation, Arbeitgeber, Gesundheitszustand) oder auch Vertragsdaten (etwa Anzahl von Konten und Kreditkarten) berücksichtigt. Die zu berücksichtigenden Merkmale werden bewertet, gewichtet und aggregiert, damit man anschließend die Kreditwürdigkeit (Bonität) des Antragstellers und das Kreditausfallrisiko bewerten kann.

2.2. Frühwarnung mit Hilfe von Scoring

712 Rating und Scoring bilden heute den Dreh- und Angelpunkt jeder Kreditentscheidung. Die Kreditvergabe findet in Abhängigkeit vom Rating-Ergebnis statt. Wird eine definierte *Mindestbonität* (differenziert nach Branche, Land und Größe) nicht erreicht, so findet keine Kreditvergabe statt. Das Rating- bzw. Scoring-System kann daher vor allem auch als Frühwarnsystem betrachtet

werden.¹⁶¹ Durch die Definition von Limits werden seitens der Bank maximale Verlustobergrenzen für das Kreditrisiko definiert. In diesem Zusammenhang werden in der Praxis sowohl Limits auf Einzelkreditnehmerebene definiert als auch auf der Ebene des Geschäftsbereichs, der Kundengruppe, der Branche, der Produktart oder der regionalen Ebene. Frühwarnsysteme sollen so rechtzeitig beispielsweise auf *Klumpenrisiken* bzw. *Kumulrisiken*¹⁶² oder ausfallgefährdete Kreditengagements hinweisen.

Neben der eigentlichen Kreditentscheidung ist jedoch auch die durchschnittliche Ausfallwahrscheinlichkeit (basierend auf der Rating-Note bzw. dem Scoring-Ergebnis) die Basis für eine risikoadjustierte Preisgestaltung, da die Ausfallkosten in die Berechnung der Standard-Risikokosten einfließen. Der prinzipielle Aufbau eines Scoring-Systems im Rahmen des Kreditvergabeprozesses ist in Abbildung 6 dargestellt.

---

161 In diesem Zusammenhang sei auch auf das Rundschreiben 18/2005 (Mindestanforderungen an das Risikomanagement) verwiesen. In Abschnitt BTO 1.3, Verfahren zur Früherkennung von Risiken, definieren die MaRisk, dass das Verfahren zur Früherkennung von Risiken, insbesondere zur rechtzeitigen Identifizierung von Kreditnehmern, bei deren Engagements sich erhöhte Risiken abzuzeichnen beginnen, dient. Damit soll das Kreditinstitut in die Lage versetzt werden, in einem möglichst frühen Stadium Gegenmaßnahmen einleiten zu können (z. B. Intensivbetreuung von Engagements). Für diese Zwecke hat das Kreditinstitut auf der Basis quantitativer und qualitativer Risikomerkmale Indikatoren für eine frühzeitige Risikoidentifizierung zu entwickeln. Das Kreditinstitut kann bestimmte unter Risikogesichtspunkten festzulegende Arten von Kreditgeschäften oder Kreditgeschäfte unterhalb bestimmter Größenordnungen von der Anwendung des Verfahrens zur Früherkennung von Risiken ausnehmen. Die Funktion der Früherkennung von Risiken kann auch von einem Risikoklassifizierungsverfahren wahrgenommen werden, soweit es eine Früherkennung von Risiken ermöglicht.
162 Mit Kumulrisiko wird das Risiko bezeichnet, dass ein einziges auslösendes Ereignis (beispielsweise ein Erdbeben oder ein makroökonomisches Ereignis) zu einer Häufung von Schadensfällen führt.

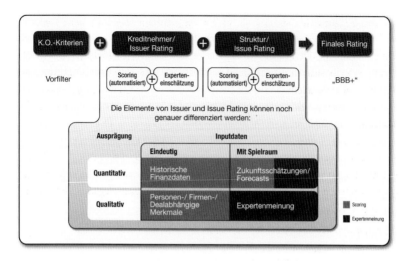

Abbildung 6: Kreditentscheidung im Rahmen des Kreditvergabeprozesses (eigene Abbildung, basierend auf: Rieder, M.: Präsentation im Rahmen der RiskAcademy, www.riskacademy.de)

2.3. BI-gestütztes Bonitäts-Scoring und Portfoliobewertung

714 Der Begriff »Business Intelligence (BI)« wurde im Jahr 1989 von dem Gartner-Analysten Howard Dresner geprägt. Mit BI werden Verfahren und Prozesse zur systematischen Analyse von Unternehmensdaten bezeichnet. Ziel von BI ist die Gewinnung von Erkenntnissen, die in Hinsicht auf die Unternehmensziele bessere operative oder strategische Entscheidungen ermöglichen. Dies ist insbesondere für das Risikomanagement relevant. Der langfristige Erfolg einer Bank – und eines jeden anderen Unternehmens – wird durch die Qualität des Risiko-und- Chancen-Managements definiert, weil der Unternehmenswert, als Erfolgsmaßstab, erwartete Erträge und Risiken miteinander verbindet.

715 Bei der Umsetzung von internen Rating-Modellen wird sowohl auf interne als auch auf externe Daten- bzw. Informationsquellen zurückgegriffen. In diesem Kontext ist aber vor allem zu berücksichtigen, dass die Erfassung der Daten und ihre Prüfung auf Vollständigkeit und Plausibilität in der Praxis erhebliche Ressourcen binden kann. Ebenso kann es im Rahmen dieser Prozessschritte zu einer Vielzahl von prozessualen Fehlern kommen. Da die aufgenommenen Daten die Grundlage für die Risiko- und Bonitätsprüfung darstellen, ist die Vermeidung von Fehlern bei ihrer Beschaffung und Aggregation von besonderer Relevanz.

An dieser Stelle offenbart sich für viele Unternehmen aber auch der Pferdefuß eines jeden BI-Systems: Auch wenn die Anwendungen über einfach erscheinende Drag-and-Drop-Oberflächen schnelle Analysen zulassen, hängt die Qualität der Aussagen im Detail stark davon ab, wie gut die Qualität der Daten ist – und vor allem, wie diese Daten zu interpretieren sind. Die Datenherkunft zu kennen und zu verstehen ist daher der limitierende Faktor in der Nutzung von BI-Systemen. Banken führen beispielsweise Dutzende verschiedene Versionen von »Exposure« oder »Saldo bei Ausfall«. Wenn man nicht exakt weiß, was darunter subsumiert ist, wäre es irreführend bis fahrlässig, Auswertungen über diese Variablen durchzuführen – auch wenn solche Analysen durch die einfache Handhabung der BI-Tools und elegante Darstellung der daraus folgenden Reports nahegelegt werden.

716

Aus mathematischer Sicht ist das Scoring in der Finanzwirtschaft eine typische Anwendung von Methoden des »Data Mining« oder »Knowledge Discovery in Databases (KDD)«. Damit Scoring- oder Rating-Modelle sinnvolle (Prognose-) Ergebnisse liefern, ist eine adäquate Datenbasis (Prädikatoren, Kovariablen, Score-Merkmale, Score-Variablen, Kennzahlen etc.) erforderlich (vgl. Abbildung 7).[163] Da mit ihrer Hilfe künftige Ausfälle prognostiziert werden sollen, müssen möglichst vollständige Daten (beispielsweise Zielgröße Default) zu historischen Scoring-Zeitpunkten erfasst und analysiert werden. Hier ist nochmals zu betonen, dass neben der Stichprobengröße die Datenqualität für die Prognosegüte entscheidend ist.[164]

717

Darüber hinaus fordert beispielsweise die neue Baseler Eigenkapitalvereinbarung (Basel II), dass bei der Zuordnung von Rating-Klassen alle relevanten und verfügbaren Informationen vorliegen und Eingang finden sollen. Das heißt, es sind alle möglichen Merkmale zu erfassen, aufzubereiten und zu analysieren – was oftmals auch mit großem manuellem Aufwand (etwa für das

718

---

163 In der Praxis werden verschiedene statistische Methoden zur Entwicklung von Score-Modellen verwendet. Werden Score-Modelle ausschließlich auf der Basis von quantitativen Daten (beispielsweise Bilanzdaten) entwickelt, so wird häufig die Diskriminanzanalyse verwendet. Neuronale Netze eignen sich methodisch immer dann, wenn Interaktionen/Korrelationen zwischen Score-Merkmalen Eingang in die Modellierung finden. Regressionsmodelle (lineare und logistische) sind die in der Praxis am häufigsten verwendete Methodik zur Entwicklung von Score-Modellen. Sie stellen – im Gegensatz zur Diskriminanzanalyse und zur Methodik der Neuronalen Netze – nur sehr geringe Anforderungen an das Datenniveau.
164 In diesem Kontext wird hierunter nicht nur das Vorliegen von möglichst fehlerfreien und vollständigen Daten verstanden. Relevant ist u. a auch, dass die Daten aus fachlicher Sicht plausibel sind (Datenplausibilität), Ausreißer plausibilisiert werden und Datensprünge aufgrund von Strukturbrüchen adäquat behandelt werden. Falls genügend Daten vorliegen, ist es außerdem sinnvoll, neben der Entwicklungsstichprobe auch Validierungsstichproben (Out-of-Sample-Validation, Out-of-Time-Validation) zu bilden.

Nachschlagen in den originären Kreditakten) verbunden ist. In der Praxis wird insbesondere darauf geachtet, dass bei inhaltlich verwandten Merkmalen zur Erfüllung der Anforderung der Vollständigkeit mindestens eines Eingang in das Rating-/Score-Modell findet.

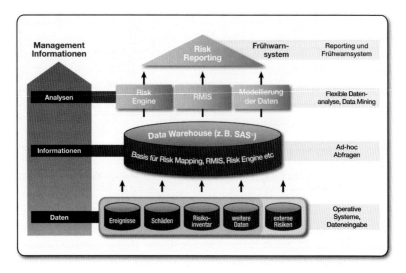

Abbildung 7: Risikomanagement: Management von Informationen (Quelle: Erben, R./Romeike, F.: Risikoreporting mit Unterstützung von Risk Management Informationssystemen, in: Romeike, F./Finke, R.: Erfolgsfaktor Risikomanagement, Wiesbaden 2003, S. 275–297.)

2.4. Ausblick

719 Die *Solvabilitätsverordnung* (SolvV) hat für die Banken im Kreditrisikomanagement und im Management operationeller Risiken eine Professionalisierung der verwandten Methoden mit sich gebracht und einen Paradigmenwechsel vom Relationship Banking hin zum quantitativ methodisch fundierten Risikomanagement eingeleitet.

720 Die Banken versuchen heute, das Potenzial der im Zusammenhang mit Basel II geschaffenen Infrastruktur strategisch zu nutzen. Hierbei nehmen gerade die in Methoden des Risikomanagements starken Banken eine Führungsrolle ein.

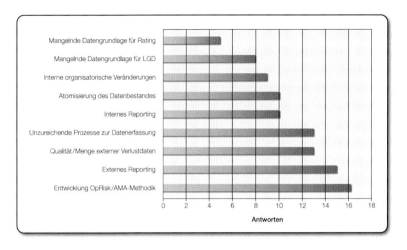

Abbildung 8: die größten Hürden im Bereich Risikomanagement Vgl. Romeike, F.: Die Solvabilitätsverordnung im Überblick, in: Romeike/van den Brink (Hrsg.): SolvV – Aspekte der Umsetzung, Köln 2007, S. 10–43.

Alle Institute beabsichtigen überdies die Qualität der Risikosteuerung zu erhöhen und eine *Kreditportfoliosteuerung* einzuführen. Hier ist allerdings bisher erst ein Viertel der Banken operativ tätig. Umgekehrt macht aber auch ein großer Teil der Institute deutlich, dass sie nicht beabsichtigen, sich in der Strukturierung ihres Risikomanagements weit über die vom Baseler Komitee für Bankenaufsicht vorgezeichneten Pfade hinaus zu begeben. Basel II bzw. die SolvV hat dem Risikomanagement der Banken eine neue Perspektive gegeben, die von der technischen, organisatorischen und personellen Ausrichtung der Institute in der Regel weitreichende Veränderungen erfordert hat. Es bleiben die Fragen: Welche Probleme können zum jetzigen Zeitpunkt als erledigt betrachtet werden und wo verbleiben die größten Hürden auf dem Weg zu einem proaktiven Risikomanagement?

Zu den größten Hürden zählt insbesondere das gesamte Datenmanagement (vgl. Abbildung 8). Ist dies getan, werden sie aber u. U. durch die regulatorischen Homogenitätsanforderungen an Marktsegmente bei der Entwicklung von Rating-Verfahren wieder in zahlreiche Teilmengen zerschlagen. Hierdurch kommt es nicht selten vor, dass Rating-Verfahren nicht auf einer statistisch belastbaren Datengrundlage entwickelt werden können.

DIENSTLEISTUNGEN IM BEREICH DER RISIKOFRÜHERKENNUNG

723 Die mit Abstand höchsten Kosten hat Basel II bei der Anpassung der IT-Struktur und Software in den Banken verursacht. Dies ist insofern verständlich, als Basel II ohne funktionierende Informationstechnologie kaum vorstellbar ist. Diese Konsequenz wird in der Hinwendung von qualitativen hin zu quantitativen Methoden des Risikomanagements deutlich. In unmittelbarem Zusammenhang damit stehen die Umsetzung von Datenanforderungen und die Implementierung eines internen Ratings. Auch ihre Erfüllung ist ein Fundament eines quantitativ orientierten Risikomanagements. Entsprechend umfangreich sind die getätigten Investitionen.

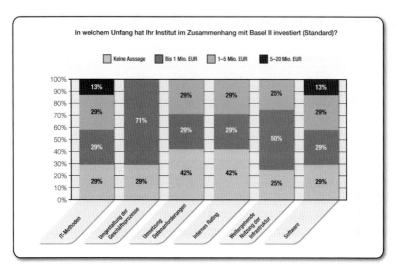

Abbildung 9: Investitionen im Zusammenhang mit Basel II, Vgl. Romeike, F.: Die Solvabilitätsverordnung im Überblick, in: Romeike/van den Brink (Hrsg.): SolvV – Aspekte der Umsetzung, Köln 2007, S. 10–43.

724 Viele Institute planen auch für die Zukunft immer noch weitreichende Investitionen im Bereich Risikomanagement (vgl. Abbildung 9). Die Baustellen bleiben dabei im Wesentlichen die alten. Den Schwerpunkt planen Banken erneut in der IT, der Anschaffung von Software und der Umsetzung von Datenanforderungen. Die Querschnittsfunktionen IT und Daten – quasi das vegetative Nervensystem quantitativen Risikomanagements – etablieren sich offenbar als permanente Brennpunkte.

Anders ist es hingegen bei den Risikomanagementmethoden. Hier sinken die zukünftigen Kosten stark ab, wenn der zur Verfügung stehende Werkzeugkasten einmal beherrscht wird. So wird etwa die geforderte regelmäßige Neukalibrierung bereits existierender interner Rating-Verfahren von den Banken nicht mehr als Fokus für Investitionen angesehen. Eine Neuorientierung zeichnet sich auch bei den Sekundärnutzungen der Infrastruktur ab. Standen im ersten Schritt »Quick Hits« im Vordergrund, die mit wenig Geld erreichbar schienen, steigt gegenwärtig bei den Instituten die Bereitschaft, weitergehende Schritte zu forcieren und die nun etablierten Technologien offensiv zu nutzen.

2.5. Ausgewählte Beispiele aus der Praxis

2.5.1. Transparente Kreditportfolios: MaK/MaRisk-gerechte Kreditrisikosteuerung bei der Commerzbank

Basierend auf diversen regulatorischen Anforderungen – wie beispielsweise den »Mindestanforderungen an das Risikomanagement (*MaRisk*)« – sind Banken verpflichtet, eine adäquate Aufbau- und Ablauforganisation des Kreditgeschäfts einzurichten sowie Verfahren zur Identifizierung, Steuerung und Überwachung der Kreditrisiken zu schaffen. Die Commerzbank setzt zur Erfüllung dieser Anforderungen bereits seit vielen Jahren ein SAS System namens CoMKIS für das *Kreditrisiko-Controlling* ein: CoMKIS stellt als BI-gestützte Reporting- und Analyselösung einen integralen Bestandteil des konzernweiten Kreditrisiko-Controllings dar. Das System ermöglicht die Abbildung wesentlicher Steuerungsparameter und wichtiger Risikokennzahlen. Es erlaubt individuelle Auswertungen, wie beispielsweise rating- oder branchenbezogene Portfolioanalysen.

CoMKIS nimmt heute eine zentrale Rolle im konzernweiten MaK/MaRisk-Regelkreislauf der Commerzbank ein, wo das System zur Überwachung der *Kreditrisikostrategie* auf Portfolioebene eingesetzt wird. Startpunkt im Kreislauf ist die Definition und Planung von Ziel- und Schwellenwerten für ausgewählte Steuerungskennzahlen auf Teil- und Konzernportfolioebene. Im regelmäßigen Überwachungsprozess werden dann Kennzahlen und Risikotreiber unter Nutzung eines internen Kreditrisikomodells identifiziert und gemessen. Als Management-Informationssystem setzt CoMKIS auf dem zentralen Risk Data-Warehouse der Commerzbank auf und überwacht laufend die Risikosituation: Dies umfasst auch Schwachstellenanalysen und die Früherkennung von

Fehlentwicklungen. Im Ergebnis liefert CoMKIS mithin eine fundierte Basis für die Definition risikobegrenzender Maßnahmen. Zusätzlich stellt das SAS System Indikatoren zur Portfolioqualität bereit.

728 Hierbei handelt es sich beispielsweise um Rating-Migrationsanalysen einschließlich abgeleiteter Upgrade-/Downgrade-Ratios. Die CoMKIS-Informationen fließen in den Kreditteil des Risikoberichts ein, der an den Gesamtvorstand geht.

729 CoMKIS liefert für die Risikosteuerung relevante Steuerungsgrößen wie Linien, Inanspruchnahmen, Standard-Risikokosten oder Wertberichtigungen in verschiedenen Risikostrukturen wie Bonitäten oder Branchen. Mit CoMKIS stellt die Commerzbank so eine konzernweit einheitliche Verwendung der Risikokennzahlen sicher. Es entsteht ein konsistentes, korrektes und verlässliches Gesamtbild der Situation im Kreditrisikomanagement.[165]

2.5.2. Kalibrierung und Validierung im Rahmen von Basel II: Identifizierung und Überwachung von Kreditrisikoparametern bei der Dresdner Bank

730 Das übergeordnete Ziel des Basel-II-Regelwerks ist es, die Stabilität des globalen Finanzsystems zu verbessern. Hieraus resultiert die Anforderung, Kredite und die damit verbundenen Risiken individuell mit Risiko-/Eigenkapital zu unterlegen. Finanzinstitute müssen damit in der Lage sein, die Ausfallwahrscheinlichkeit (PD), die Besicherungskonstellation und das Ziehungs-/Ausfallverhalten (LGD und EAD) von Kreditnehmern exakt einzuschätzen. Schließlich steigen die eigenen Kosten mit dem individuellen Risiko. Für ein traditionell serviceorientiertes Haus wie die Dresdner Bank geht es im Kern darum, Kunden wettbewerbsfähige Kreditangebote machen zu können, die regulatorisch und ökonomisch vertretbar sind.

731 Letztlich geht es darum, das eigene Kreditportfolio exakt zu »vermessen«, damit man dessen Verluste prognostizieren kann. Dazu bedarf es statistischer Verfahren, die die so genannten Kreditrisikoparameter PD, LGD und EAD ermitteln. Für die Entwicklung der Methoden zur Bestimmung der Kreditrisikoparameter sowie für deren Validierung und Kalibrierung setzt man bei der Dresdner Bank auf SAS®. Vorherige Ansätze mit anderen Software-Produkten hatten nicht zu den gewünschten Ergebnissen geführt.

---

[165] Quelle: http://www.sas.com/offices/europe/germany/success/commerzbank.html.

Die Dresdner Bank setzt SAS Personal Analytics für die Entwicklung der Rating-Verfahren (PD) und deren Validierung ein. Bei der Entwicklung von Rating-Verfahren zur Schätzung der Ausfallwahrscheinlichkeit werden in der Praxis statistische Verfahren auf Basis von empirischen Daten eingesetzt. Typischerweise wird hier eine Vielzahl von Datenquellen zusammengeführt und ausgewertet. Demgegenüber geht es bei der Validierung von Rating-Verfahren um die Frage, ob die gewählten Modelle in Bezug auf ihre Ausfallprognosen genau sind. Der regelmäßige Nachweis dieser Genauigkeit ist Bestandteil der Basel-II-Vorgaben sowie eigener – oft enger gefasster – Richtlinien.

SAS® Data Integration Studio wird für die EAD- und LGD-Kalibrierung eingesetzt. Das Kreditnehmerportfolio muss klassifiziert, segmentiert und vielfältig analysiert werden, damit man die Risikoparameter EAD und LGD schätzen kann. Es gilt, in einem komplexen Zusammenspiel von Zuordnungsregeln, Transformations- und Prognoseformeln das Gesamtsystem so zu kalibrieren, dass die Risiken gemäß den Erfahrungen der Bank exakt vorhergesagt werden.

Bei der strategischen Entscheidung für SAS Lösungen war für die Entscheider ausschlaggebend, dass eine einheitliche Plattform zur Produktion und Lieferung entsprechender Kreditrisikoparameter wirtschaftlich ist.[166]

2.5.3. BI-gestütztes Bonitäts-Scoring und Portfoliobewertung: Modellierung und Controlling von Scoring-Prozessen für die Bonitätskalkulation bei der Eurohypo AG

Die richtige Einschätzung der Kreditwürdigkeit von Kunden ist für die Eurohypo AG ein zentraler Erfolgsfaktor, da nur so die zahlreichen Finanzierungsprojekte exakt an die damit verbundenen Risiken angepasst werden können. Das von der Eurohypo implementierte Scoring-System dient auch als Frühwarnsystem, damit die zuständigen Mitarbeiter Schieflagen in einzelnen Krediten oder im Gesamtportfolio frühzeitig erkennen und entsprechende Maßnahmen einleiten können. Außerdem wird die Risk-Management-Lösung zur Wertanalyse ganzer zum Kauf oder Verkauf stehender Kreditportfolios eingesetzt.

Im Rahmen des Entscheidungsprozesses für eine neue Risikomanagement-Lösung überzeugte die Risikomanagement-Experten bei der Eurohypo unter anderem, dass in der Risk-Management-Lösung von SAS bereits aktuelle Risi-

---

166 Quelle: http://www.sas.com/offices/europe/germany/success/dresdner-bank.html.

DIENSTLEISTUNGEN IM BEREICH DER RISIKOFRÜHERKENNUNG

komanagement-Methoden vorinstalliert sind. Diese lassen sich zudem unkompliziert durch zusätzliche Methoden ergänzen. Die neue Risk-Management-Lösung der Eurohypo greift auf eine Datenbank zu, in der Daten aus verschiedenen Quellen, wie zum Beispiel aus dem Buchungssystem, den Sicherheitensystemen oder dem Fremdwährungskurssystem des Finanzdienstleisters zusammenlaufen. Dabei handelt es sich unter anderem um individuelle Informationen aus Kreditanträgen und Auskunftsdateien, gesamtwirtschaftliche, makroökonomische Daten und interne Informationen etwa zur Zahlungsmoral einzelner Bestandskunden. Mithilfe der Risikomanagement-Lösung lassen sich diese Daten konsolidieren und über die zahlreichen Rating-Algorithmen, die in einer Rechenkernbibliothek abgelegt sind, analysieren.

737 Dank ihrer Risikomanagement-Lösung ist die Eurohypo heute in der Lage, die Bonität ihrer Kreditnehmer – dazu zählen Privatkunden, Bauträger, Immobilieninvestoren und Betreibergesellschaften sowie Kommunen, Länder, Staaten und Gebietskörperschaften – eigenständig zu ermitteln und daraus entsprechende Vertragsbedingungen abzuleiten. Auch das Neugeschäft der Spezialbank hat sich dank eines neuen Antrags-Scorings qualitativ signifikant verbessert.

738 Die Ergebnisse dieser Scorings fließen im zweiten Schritt in ein Frühwarnsystem ein, mit dem die Eurohypo proaktives Bestandsmanagement betreibt. Dafür berechnet die Eurohypo monatlich die aktuellen Risikoparameter für alle Kunden und deren Kredite. Die Risikoexperten des Unternehmens können die Entwicklung der Kunden nachvollziehen sowie Probleme und ihre Ursachen identifizieren. Mit diesem Wissen kann die Eurohypo gegebenenfalls frühzeitig eingreifen und Kreditausfälle vermeiden beziehungsweise durch geeignete Maßnahmen reduzieren. Zudem ist das Unternehmen in der Lage, die Profitabilität von Krediten zu ermitteln und Ausbaupotenzial zu erkennen.[167]

---

167 Quelle: http://www.sas.com/offices/europe/germany/success/eurohypo.html.

2.6. Literaturverzeichnis

Albrecht, P. (2001): Portfolioselektion mit Shortfallrisikomaßen, in: Mannheimer Manuskripte, Nr. 9/2001.

Artzner, P./Delbaen, F./Eber, J./Heath, D. (1999): Coherent measure of risk, in: Mathematical Finance 9 (3), S. 203–228.

Baxmann, U. G. (1985): Bankbetriebliche Länderrisiken – unter besonderer Berücksichtigung ihrer potentiellen Früherkennung und kreditpolitischen Behandlung, München/Florenz.

Crouhy, M./Galai, D./Mark, R. (2001): Risk Management, New York.

Erben, R./Romeike, F. (2003): Risikoreporting mit Unterstützung von Risk Management Informationssystemen, in: Romeike, F./Finke, R.: Erfolgsfaktor Risikomanagement, Wiesbaden, S. 275–297.

Fahrmeir, L./Henking, A./Hüls, R. (2002): Methoden zum Vergleich verschiedener Scoreverfahren am Beispiel der SCHUFA-Scoreverfahren, www.risknews.de, 11/2002.

Gleißner, W. (2006): Serie Risikomaße und Bewertung: Teil 1: Grundlagen – Entscheidungen unter Unsicherheit und Erwartungsnutzentheorie, in: RISIKOMANAGER, 12/2006, Teil 2: Downside-Risikomaße – Risikomaße, Safety-First-Ansätze und Portfoliooptimierung, in: RISIKOMANAGER, 13/2006, Teil 3: Kapitalmarktmodelle – alternative Risikomaße und Unvollkommenheit des Kapitalmarkts, in: RISIKOMANAGER, 14/2006. Download: http://www.risknet.de/typo3conf/ext/bx_elibrary/elibrarydownload.php?&downloaddata=215.

Gleißner, W./Romeike, F. (2005): Risikomanagement – Umsetzung, Werkzeuge, Risikobewertung, Freiburg im Breisgau.

Henking, A./Bluhm, Chr./Fahrmeir, L. (2006): Kreditrisikomessung – Statistische Grundlagen, Methoden und Modellierung.

Naeem Siddiqi, (2005): Credit Risk Scorecards: Developing and Implementing Intelligent Credit Scoring, Wiley and SAS Business Series.

Ong, M. K. (1999): Internal Credit Risk Models, London.

Romeike, F. (2004): Lexikon Risiko-Management, Köln.

Romeike, F./van den Brink, G. J. (2007): SolvV – Aspekte der Umsetzung, Köln.

Romeike, F./Wehrspohn, U. (2007): Kriterien bei der Auswahl von Rating-Software zur Unterstützung des Rating-Prozesses, in: Gleißner, W./Everling, O.: Rating-Software, München.

Schierenbeck, H. (2003): Ertragsorientiertes Bankmanagement, Band 2: Risiko-Controlling und integrierte Rendite-/Risikosteuerung, 8. Auflage, Wiesbaden.

Standard & Poor's (1998): Standard & Poor's Corporate Ratings Criteria.

3. IT-unterstützte Risikofrüherkennung: Anforderungen an die EDV zur Bearbeitung zweifelhafter/auffälliger Engagements

739 Die Risikofrüherkennung gewinnt in deutschen Kreditinstituten zunehmend an Bedeutung. Dies wird aktuell aufgrund der signifikanten Ausfälle im Zusammenhang mit der Subprime Krise bestätigt. Die Gestaltung wirksamer Frühwarnsysteme sowie die Integration von risikoorientierten, zukunftsgerichteten Kennzahlen in das Management-Reporting erhalten höchste Priorität. Viele Kreditinstitute stellen deshalb ihr bestehendes Risikomanagement auf den Prüfstand oder intensivieren die Auseinandersetzung mit diesem Thema aus Sicht der Bankensteuerung.

740 Ein wertorientiertes Risikomanagement, das in die bereits existierenden Steuerungs- und Überwachungsprozesse integriert ist, unterstützt die Institute letztlich dabei, ihre strategischen Ziele zu erreichen. Es schafft die notwendige Transparenz über Risikotreiber und ermöglicht eine stärkere Verzahnung mit der Unternehmensplanung und -steuerung. Mit einem integrierten Steuerungskonzept kann das Kreditinstitut Risikopotenziale frühzeitig erkennen, strategische Ausrichtungen korrigieren, sichern oder ausbauen sowie die Planungssicherheit erhöhen. Neben der Erfüllung der regulatorischen Verpflichtungen bietet sich die Chance auch die Integration in die Unternehmenssteuerung sicherzustellen. Auf den folgenden Seiten werden die Möglichkeiten einer IT-gestützten, integrierten Gesamtrisikofrüherkennung vorgestellt und besprochen.

3.1. Indikatoren

741 Die Praxis der vergangenen Jahre hat gezeigt, dass es sinnvoll ist, im Rahmen der Risikofrüherkennung mit konkreten Indikatoren zu arbeiten. Diese Indikatoren bieten den Vorteil der Messbarkeit und Bewertbarkeit. Ereignisse, die ansonsten beschrieben werden müssen, können nun über Indikatoren abgebildet werden. Daraus ergibt sich zwangsläufig die Erfordernis, das Kreditinstitute ein Set an Indikatoren vorhalten sollten, das ermöglicht umfangreich potentielle Risiken zu beschreiben. Hier hat sich zwischenzeitlich die Trennung zwischen quantitativen und qualitativen Indikatoren durchgesetzt. Gerne trifft man auch eine Unterscheidung zwischen harten und weichen Indikatoren.

3.1.1. Quantitative Indikatoren

Diese Gruppe der Indikatoren orientieren sich an tatsächlich eingetretenen Ereignissen, die eindeutig bestimmbar sind. In der Regel handelt es sich hier um im Rahmen der Kontoführung aufgetretene Verhaltensauffälligkeiten. Bei den gängigsten Indikatoren handelt es sich um Kontoüberziehungen, nicht eingelöste Lastschriften, Schecks oder nicht ausgeführte Überweisungen. Des weiteren kennt man Leistungsrückstände aus nicht bedienten Ratenzahlungen. Alles Ereignisse, die eindeutig bestimmbar sind. Sie sind in verschiedenen Ausprägungen verfügbar. Beispielsweise kann bei Überziehungen die Dauer differenziert werden, oder die Höhe, mit der eine Limitüberschreitung erfolgt ist. Dies bringt uns zu dem Schluss, dass ein Indikator in seinen Ausprägungen unterschiedlich sein kann und muss. Die Überziehung von einem Tag ist natürlich anders zu bewerten, als eine dauerhafte Limitüberschreitung von mehreren Wochen oder gar Monaten. Gleiches gilt für Nichteinlösungen, die als Einzelvorfall sicherlich eine andere Wertung und Beachtung erfahren, als bei Dauerzuständen.

742

DIENSTLEISTUNGEN IM BEREICH DER RISIKOFRÜHERKENNUNG

Begriff	Kurztext	Langtext	Inaktiv	Aktion
1455	Anzahl der Überziehungstage	Anzahl der Überziehungstage	Nein	
24011	Überziehung min.1x3 Mon. i.d.l.365 Tagen	Überziehung mindestens 1 x 3 Monate in den letzten 365 Tagen	Nein	
24012	Überziehung min.3x2 Mon. i.d.l.365 Tagen	Überziehung mindestens 3 x 2 Monate in den letzten 365 Tagen	Nein	
24013	Überziehung min.3x1 Mon. i.d.l.365 Tagen	Überziehung mindestens 3 x 1 Monate in den letzten 365 Tagen	Nein	
24014	Überziehung min.1x2 Mon. i.d.l.365 Tagen	Überziehung mindestens 1 x 2 Monate in den letzten 365 Tagen	Nein	
24015	Leistverz. min.1x3 Mon. i.d.l.365 Tagen	Leistungsverzögerung mindestens 1 x 3 Monate in den letzten 365 Tagen	Nein	
24016	Leistverz. min.3x2 Mon. i.d.l.365 Tagen	Leistungsverzögerung mindestens 3 x 2 Monate in den letzten 365 Tagen	Nein	
24017	Leistverz. min.3x1 Mon. i.d.l.365 Tagen	Leistungsverzögerung mindestens 3 x 1 Monate in den letzten 365 Tagen	Nein	
24018	Leistverz. min.1x2 Mon. i.d.l.365 Tagen	Leistungsverzögerung mindestens 1 x 2 Monate in den letzten Tagen	Nein	
24019	Az Rück-LS m.D.i.d.l.365 Tagen	Anzahl Rücklastschriften mangels Deckung innerhalb der letzten 365 Tage	Nein	
24020	Az Scheckrückgaben i.d.l.365 Tagen	Anzahl Scheckrückgaben innerhalb der letzten 365 Tage	Nein	
24021	Überziehungstage i.d.l.365 Tage	Überziehungstage innerhalb der letzten 365 Tage	Nein	
24022	Diff.ÜzTage i.d.l.365 T. zur Anzahl a.R.	Diff der Üz-Tage in den letzten 365 Tagen zur angegebenen Anzahl i.d.Rating	Nein	
24023	Aktuelle ununterbrochene Überziehungsdau	Aktuelle ununterbrochene Überziehungsdauer	Nein	
24024	Aktuelle ununterbrochene Verzugsdauer	Aktuelle ununterbrochene Verzugsdauer	Nein	
7000	Managementfehler	Managementfehler	Nein	
7004	Tod oder schwere Erkrankung	Tod oder schwere Erkrankung	Nein	
7020	Betrugsfälle	Betrugsfälle	Nein	

Abbildung 1: Indikatorenliste

Für eine IT-Unterstützung ist es daher unumgänglich, zwischen verschiedenen Ausprägungen eines Indikators zu unterscheiden, somit die qualitative Dimension des Merkmals in einer skalierbaren Form abzubilden.

Eine weitere Anforderung an die Indikatoren stellt die Bewertung des jeweiligen Ereignisses dar. Jedes Haus wird eine eigene Kreditrisikophilosophie verfolgen. Diese ist von unterschiedlichsten Motiven getrieben. Einlagenstruktur, regionale Stellung und Risikovorsorge stellen nur einige wenige Elemente der Faktoren dar, an denen sich eine Kreditrisikophilosophie orientieren wird.

Daher kann eine standardisierte Bewertung der quantitativen Indikatoren niemals zielführend sein. Jedes Kreditinstitut sollte in die Lage versetzt werden, die Indikatoren mit der Bewertung zu versehen, die dem individuellen Risikoprofil entspricht. Darüber hinaus dürfen diese Werte nicht starr gefasst sein. Eine Neukalibrierung, erforderlich durch eine Veränderung der Risikolage, sollte im Rahmen eines IT-Verfahrens über eine Anpassung der Bewertung eines Indikators möglich sein.

Bearbeitung Schlüssel zu Oberbegriff Quantitativewatchlistindikatoren	
Begriff	1455
Kurztext	Anzahl der Überziehungstage
Langtext	Anzahl der Überziehungstage
Inaktiv	☐
Nur vom Rechenzentrums-Administrator änderbar	☐
Bemerkung	Quantitative Watchlistindikatoren
Bewertung	15
Gewichtung	1,00
Vollausfall X	nein
Spalte Importdatei	0
Indikator	1455

Abbildung 2: Konfiguration Indikator

In dem bislang besprochenen Kontext wurden nur die Indikatoren behandelt, die eintreten, wenn bereits eine Risikolage eingetreten ist (ex-post).

So weisen beispielsweise Indikatoren wie »Kontoüberziehung« zwar Risiken in unterschiedlichen Ausprägungen aus und helfen Risiken greifbar zu machen, sind aber für eine Früherkennung allein untauglich.

Interessanter sind die Werte, die uns im Rahmen der laufenden Kontoführung frühzeitig das Bild eines nahenden Risikos vermitteln. Diese Indikatoren resultieren letztlich aus Verhaltensmustern, die im Rahmen der Kontoführung beobachtbar und ‚maschinell' ermittelbar sind. Sinkende Umsatzzuweisungen, erhöhte Linienausnutzung, rückläufige Habenumsätze seien an dieser Stelle nur stellvertretend für eine Gruppe von Indikatoren genannt, die in sich in erheblich stärkerem Maße das Prädikat »Frühwarnsignal« tragen. Die gleichen Eigenschaften, die von der Gruppe der statischen Indikatoren erwartet werden, sollen auch bei diesen Ereignissen greifen. Sie müssen im Zusammenhang mit der Risikolage des Anwenderhauses erstellbar und flexibel bewertbar sein.

3.1.1.1. Lieferung

749 In diesem Zusammenhang stellt sich die Frage nach den Quellsystemen und den dort verfügbaren Daten, aus denen die zu bewertenden Ereignisse generiert werden. Idealerweise werden die Verhaltensauffälligkeiten aus der Kontoführung von dem System geliefert, in dem diese Konten auch verwaltet werden. Ein HOST System muss heute in der Lage sein, alle zuvor besprochenen Indikatoren zu generieren, anzuzeigen und auszuliefern.

Über integrierte Frühwarnsysteme sind mittlerweile viele dieser Systeme fähig diesen Anforderungen nachzukommen.

3.1.2. Qualitative Indikatoren

750 Neben den harten Faktoren der Kontoführung haben sich zwischenzeitlich auch die als soft-facts bezeichneten qualitativen Indikatoren im Rahmen der Risikofrüherkennung etabliert.

751 Auch über diese Gruppe von Indikatoren sollen bestimmte Tatbestände dargestellt werden. Hier geht es nicht um eindeutig zu definierende Fakten, wie eine Überziehung einer Kreditlinie in einer bestimmten Höhe und einer bestimmten Dauer. Die hieraus generierbaren Informationen sollen Veränderungen im Kunden- und Firmenumfeld erkennbar und messbar machen.

752 Hilfreich ist eine Gruppierung der qualitativen Indikatoren weiter zu kategorisieren, wie zum Beispiel in Bereiche wie »Unternehmen/Kunde«, »Kommunikationsverhalten«, »privates Umfeld« oder »Beurteilung durch Dritte (Auskünfte)«.

753 Diese Indikatorengruppe muss auch an die Risikosituation des Hauses anpassbar sein. Im Anforderungsprofil führt dies zu letztlich frei konfigurierbaren Indikatoren, die über eine veränderbare Bewertung verfügen. Damit kann das Kreditinstitut die heranzuziehenden Indikatoren an die eigenen Gegebenheiten anpassen und daraus einen Katalog relevanter Verhaltensmuster erstellen. Für zukünftige Veränderungen müssen auch diese Indikatoren anpassbar sein.

3.1.2.1. Sammlung

Im Gegensatz zu den Verhaltensauffälligkeiten im Bereich der Kontoführung und deren Eindeutigkeit erreichen qualitative Indikatoren die Kreditinstitute auf dem Wege der Kommunikation. Wobei dieser Begriff sehr weit gefasst ist: Kommunikation beinhaltet Kundengespräche, Gespräche mit Geschäftspartnern, Informationen aus Print- und sonstigen Medien usw.

Abbildung 3: Qualitative Indikatoren

Die Aufnahme von Informationen durch den Gesprächspartner eines Kreditinstitutes ist nur ein erster wichtiger Schritt und stellt aus Banksicht ein Muss dar. Unerlässlich ist darüber hinaus, die so aufgenommenen Informationen auch innerhalb des Kreditinstituts derart zu kanalisieren, dass eine Ablage der erfahrenen Indikatoren erfolgen kann. Dies setzt eine etablierte Struktur voraus, die es dem Hause möglich macht, die relevanten Informationen aufzunehmen.

Die Aufgabe einer unterstützenden Ist-Lösung besteht nun hinsichtlich der Indikatoren in einer Zusammenführung und Strukturierung der erhaltenen Informationen. Quantitative und qualitative Indikatoren sollen nach den vorgenommenen Bewertungen strukturiert dargestellt werden. Diese Informationen müssen einfach abrufbar und für einen definierten Nutzerkreis verständlich dargestellt werden. Zu jeder Zeit soll auf »Knopfdruck« eine umfassende Bewertung eines Kunden verfügbar sein.

Für die Risikofrüherkennung und die Bewertung der Situation ist eine aktuelle und hochverfügbare Gesamtschau aller Informationen und Indikatoren unerlässlich. Somit kann es durchaus sinnhaft sein, für Indikatoren aus sich rhythmisch wiederholenden Prozessen, wie z. B. eine Ratingeinstufung, auch eine unterjährige Erfassung vorzunehmen.

3.2. Verfügbarkeit von Informationen

758 Um ein Frühwarnsystem effektiv zu betreiben, muss in dem Kreditinstitut sichergestellt werden, dass alle relevanten Daten den jeweils Berechtigten verfügbar sind. Das nachstehende Schaubild verdeutlicht die Notwendigkeit dieser organisatorischen Voraussetzung.

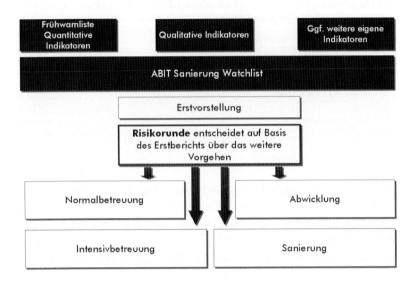

Abbildung 4: Organisation der Informationsverteilung

759 Wie wir aus dem Kapitel 1 erfahren haben, erhalten die Häuser die risikorelevanten Informationen aus unterschiedlichsten Quellen. Diese Quellen stehen in aller Regel nicht in einer kommunikativen Beziehung. Daraus folgt, dass die verschiedenen Informationen in einem einheitlichen Pool zusammengetragen werden müssen.

760 Sinnvollerweise werden die Risikoinformationen an einer Struktureinheit festgemacht. Diese Einheit ist üblicherweise der Kunde. Ihm werden die quantitativen und die qualitativen Indikatoren zugeordnet. Solange es sich bei der Risikoeinheit um einen Einzelkunden handelt, ist diese Betrachtungsweise legitim und ausreichend. Im operativen Tagesgeschäft der Banken reicht es allerdings nicht aus, nur den Kunden als einzelne Risikoeinheit losgelöst zu betrachten.

Hier greifen Risikoverbünde, die sich aus mehreren Verbundpartnern zusammensetzen. Diese Verbundpartner haben unterschiedliche Risikoausprägungen, von gefährdeten Verbundpartnern bis zu auffälligen Einzelkunden.

Über die einzusetzende IT muss es daher möglich sein, die mit risikorelevanten Werten versehenen Verbundmitglieder zu individuellen Risikoverbünden zusammenzufassen. Letztlich muss abschließend eine Bewertung möglich sein, die den Risikograd des Risikoverbundes ausweist.

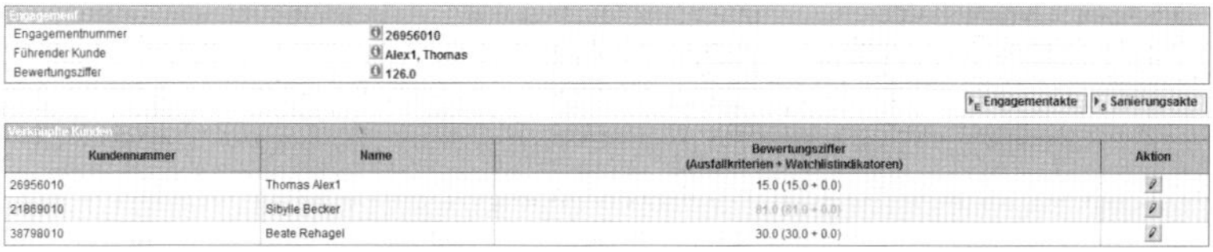

Abbildung 5: Bewertung Engagementverbund

Diese Betrachtungsweise ist geboten, da bereits ein risikorelevantes Verbundmitglied für sich gesehen allein aufgrund seiner Position den Gesamtrisikoverbund überdurchschnittlich gefährden kann. In einem anderen Falle kann ein Verbund möglicherweise mehrere risikobehaftete Partner leicht verkraften bzw. merkmalsseitig »kompensieren«.

Für eine Gesamtbetrachtung und objektive Bewertung soll daher ein mehrstufiges System dienen. Über die Bewertung eines einzelnen Kontos, von denen ein Risikoverbundpartner durchaus mehrere besitzen kann, über den oder die Risikoverbundpartner hin zu dem Risikoverbund müssen Informationen zur Verfügung stehen, die eine ganzheitliche Risikoeinschätzung möglich machen.

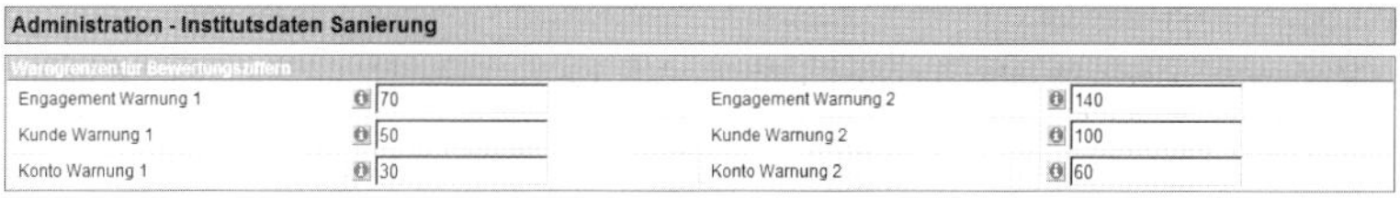

Abbildung 6: Konfiguration Schwellenwerte

Zusätzlich müssen weitere Informationen in die Betrachtung einfließen. Ohne Kenntnisse über eine möglicherweise bereits vorhandene oder vorgesehene Risikovorsorge ist die Beurteilung eines Risikoverbundes denkbar problematisch. Daher gilt als unablässige Voraussetzung das Wissen über Höhe und Ausprägung einer möglichen Risikovorsorge.

767 Generell gilt bei der Verfügbarkeit das Gebot der unbedingten Aktualität. Aus Sicht der jeweiligen IT-Lösung ist es hierbei unerheblich, wie konkret Aktualität definiert wird. Diese Definition wird im Tagesgeschäft üblicherweise durch verfügbare Ressourcen diktiert. Jedoch muss man sich darüber im klaren sein, dass auf Frühwarnsignale Reaktionen erfolgen müssen. Diese Reaktionen können nur dann erfolgreich sein, wenn sie sehr zeitnah an der Aktualität generiert werden können. Je später die Reaktion aufgrund veralteter Informationen, desto schlechter sind die Erfolgsaussichten. Daraus folgt, ein Kreditinstitut hat sicherzustellen, dass auf die von der IT gelieferten Risikofrühwarnhinweise auch zeitnah reagiert wird.

768 Je feingranularer die beschafften risikorelevanten Informationen, umso effektiver greift ein Frühwarnsystem. Die regelmäßige und unverzügliche Pflege aller für die Risikofrüherkennung relevanten Daten ist die unbedingte Voraussetzung für ein funktionierendes System. Dies kann aber nur organisatorisch gelöst werden.

3.3. Beschaffung

769 Vollumfänglich arbeitende Früherkennungssysteme arbeiten losgelöst von den bestandsführenden Systemen. Dies bedingt eine regelmäßige und umfängliche Beschaffung von Daten.

770 Bestandsführende Systeme liefern neben den Kunden- und Kontoinformationen auch risikorelevante Informationen und hier insbesondere die quantitativen Indikatoren.

771 Aufgabe der IT-Lösung ist es, für die Aufnahme dieser Werte geeignete Verfahren zur Verfügung zu stellen. Hier haben sich in den vergangenen Jahren diverse Möglichkeiten herauskristallisiert, die von Institutsgruppe zu Institutsgruppe durchaus unterschiedlich sein können.

772 Zunächst muss die IT-Lösung in der Lage sein, Konto- und Kundeninformationen aus den bestandsführenden Systemen zu importieren. Ein initialer Import und eine kontinuierliche Aktualisierung sind in diesem Zusammenhang unverzichtbar. Über diesen Weg wird sichergestellt, dass der Risikoverbundpartner immer aktuell abgebildet wird. Idealerweise werden auch Verbundinformationen geliefert, die es ermöglichen, in dem Früherkennungssystem exakt die gleiche Verbundkonstellation abzubilden, wie sie im bestandsführenden System gepflegt wird.

Verhaltensauffälligkeiten analog den quantitativen Indikatoren werden über verschiedene Mechanismen geliefert. Viele der Verbandsrechenzentren verfügen über eigene Frühwarnlisten, mit denen die Verhaltensauffälligkeiten dargestellt und geliefert werden. Das IT-System zur Risikofrüherkennung sollte daher in der Lage sein, die über eine »Frühwarnliste« gelieferte Informationen aufzunehmen und weiter zu verarbeiten.

Abbildung 7: Übersicht Watchlist

Bekannte Systeme und die als Output erzeugten Frühwarnlisten sind allerdings kundenbezogen aufgebaut und lassen den Engagementverbundaspekt vermissen. Daher wird an das Frühwarnsystem die Anforderung gestellt, den über eine Frühwarnliste gelieferten Risikopartner in dem korrekten Risikoverbund darzustellen.

Ein weiteres Beurteilungskriterium, welches gerne herangezogen wird, ist eine oder mehrere Ratingnoten. Auch steht die Anforderung im Raum, Ratingnoten in unterschiedlichsten Ausprägungen aufzunehmen und darzustellen. Die Wege der Beschaffung dieser Informationen können durchaus unterschiedlich sein. Neben der direkten Anbindung eines Ratingsystems kann eine Lieferung der Ratingnoten über eine Frühwarnliste möglich sein. Auch eine manuelle Erfassung sollte für spezifische Fallsituationen abgebildet werden können.

Im Gegensatz zu den quantitativen Indikatoren, kommen die qualitativen aus unterschiedlichsten Informationskanälen. Grundsätzlich sollte jeder Kundenbetreuer in der Lage sein, von ihm identifizierte qualitative Indikatoren unmittelbar dem Frühwarnsystem zuzuführen. Im Rahmen der Erfassung soll auch direkt ein Hinweis an die Risikoüberwachung gegeben werden, wenn es sich bei der Eingabe um ein risikoerhöhendes Element handelt.

Entscheidende Bedeutung kommt hier der Infrastruktur der IT-Lösung zu. Sie muss über die Organisationseinheiten hinweg in der Lage sein, risikorelevante Daten zentral aufzunehmen, um sie dann direkt dezentral wieder zur

DIENSTLEISTUNGEN IM BEREICH DER RISIKOFRÜHERKENNUNG

Verfügung zustellen. Lokal gebundene Systeme und Insellösungen wirken bei der Risikofrüherkennung immer kontraproduktiv, da sie nie der Gesamtdarstellung aller risikorelevanten Werte in Echtzeit nachkommen werden.

3.4. Auswertung

778 Neben der Erkennung und Behandlung von Frühwarnindikatoren, stellt die Auswertung dieser Indikatoren eine besondere Herausforderung dar. Wesentliches Element bei Auswertungen ist die Aktualität der zur Verfügung stehenden Daten. Nur wenn sichergestellt werden kann, dass die relevanten Informationen in zeitnahen rhythmischen Zyklen aktualisiert werden, macht eine dauerhafte Auswertung Sinn.

779 Im Zusammenhang mit dem Themenkomplex der Auswertungen sollen Trends erkannt und manifestiert werden. Dies ist die unabdingbare Voraussetzung, eingeleitete Maßnahmen auch tatsächlich erfolgversprechend überwachen zu können.

780 Gerade in der Risikofrüherkennung ist die Auswertung von einer permanenten Lieferung aktueller Daten abhängig. Regelmäßige Daten sind in jedem Fall aus dem Bereich der quantitativen Indikatoren zu erwarten. Über die kontenbezogene Frühwarnsystematik wird bei idealer Konfiguration, jede Verhaltensauffälligkeit erkannt und angezeigt. Es muss sichergestellt werden, dass es nicht zu Doppelanzeigen kommt. Jeder Indikator muss daher in sich eindeutig sein, damit er ein stabiles und belastbares Element für spätere Auswertungen darstellt. IT- Systeme helfen hier bei der Auslese möglicherweise mehrfach angelieferter Indikatoren und stellen so sicher, dass immer ein exaktes zeitbezogenes Bild des zu betrachtenden Ziels gezeichnet wird.

781 Problematisch wird es eher bei den qualitativen Indikatoren, da sie normalerweise manuell erhoben werden. So sollen Kundenbetreuer dazu angehalten werden, die ihnen anvertrauten Kunden und Engagements mehrfach pro Jahr einer kritischen Würdigung zu unterziehen. Letztlich kann nur über diesen Weg sichergestellt werden, dass Verhaltensänderungen frühzeitig erkannt und dem Pool der auswertungsrelevanten Daten überstellt werden.

782 Welche Ziele sollen mit den Auswertungen erreicht werden? Zum einen soll die Entwicklung der Vergangenheit dokumentiert werden und damit auch der weitere zeitliche Verlauf bestimmter Fallkonstellationen abgebildet werden. Für Kreditinstitute eine wichtige Vorgehensweise, da über eine lückenlose Indikatordokumentation sehr gut der Zeitpunkt verifiziert werden kann, an

dem sich die ersten Problemursachen ankündigten. Hier sei noch einmal auf die qualitativen Indikatoren verwiesen. Nach heutigem Kenntnisstand sind gerade hier die ersten Signale der sich anbahnenden Fehlentwicklung zu erkennen. Sinnvoll ist es, die qualitativen Indikatoren in verschiedene Kategorien einzuteilen.

- Veränderungen im Unternehmensbereich
- Kundengespräche/Kreditabreden
- Privates Umfeld
- Auskunftssituation und – verhalten
- Politische Umstände
- Sonstiges

Die Kategorisierung vereinfacht bei Auswertungen das Bestreben nach einer gröberen Aufteilung, um gleichzeitig Sinnzusammenhänge dauerhaft zu bilden. 783

Weitere Parameter nach denen Auswertungen zusammengestellt werden können sind nachfolgend exemplarisch aufgeführt. Hier sei erwähnt, dass all diese Parameter von der IT-Anwendung vorgehalten und ständig aktualisiert werden. Häufig werden Auswertungen nach den folgenden Positionen zusammengestellt: 784

- Kundenart
- Engagementgröße
- Blankoanteile
- Organisationseinheit
- Dauer der Geschäftsverbindung
- Deckungsbeitrag
- Indikatorenhäufung
- Ratingverfahren
- Ratingnoten
- Scorewerte
- Ampelstatus

Von besonderem Interesse bei Auswertungen ist natürlich die absolute/relative Häufigkeit, mit der bestimmte Parameter vertreten sind. Sie bilden die Grundlage wenn es darum geht Portfolien zusammenzustellen und zu bewerten. So sollte jedes Haus in der Lage sein, aus dem jederzeit verfügbaren 785

DIENSTLEISTUNGEN IM BEREICH DER RISIKOFRÜHERKENNUNG

Datenbestand eine Auswertung zu fahren, die beispielsweise eine Aussage erlaubt, welche Firmenkunden mit einer Engagementgröße höher als TEURO 2.500,0 und Blankoanteil größer TEURO 500,0 mit einer Indikatorhäufung im Bereich Überziehungen größer 30 Tage in welcher Organisationseinheit vertreten ist.

786 Über die Auswertung von verschiedenen Stichtagen wird eine Reihe aufgestellt, die es ermöglicht, Entwicklungen zeitnah zu dokumentieren, die Veränderungen zu erkennen und die erforderlichen Maßnahmen frühzeitig zu ergreifen.

3.5. Historisierung

787 Neben einer einmaligen Auswertung, die aus tagesaktuell zur Verfügung gestellten Daten möglich ist, wird es unumgänglich sein, Informationsreihen darzustellen. Eine wesentliche Voraussetzung für diese Art der Abbildung ist die Historisierung der Datenreihen.

Kontonummer	Indikator	Bewertung	Datum
↑↓	↑↓	↑↓	↑↓
1050577447	Überziehung mindestens 3 x 1 Monate in den letzten 365 Tagen	- 10.0	30.08.2006
1050577447	Leistungsverzögerung mindestens 3 x 1 Monate in den letzten 365 Tagen	- 10.0	21.06.2006

Abbildung 8: Historisierung Indikatoren

788 Zu diesem Zweck ist es erforderlich, eine Datenbank vorzuhalten, in der die gesammelten Informationen eingelagert werden können. Jede Auswertung, die ein Haus vornimmt soll auf den Bestand zurückgreifen, der in dieser Datenbank eingestellt ist.

789 An dieser Stelle ist es hilfreich nochmals an den Ausgangspunkt, zur Erfassung der Indikatoren, zurückzugehen. Diese werden aus unterschiedlichsten Subsystemen geliefert. Darüber hinaus können Indikatoren auch manuell erfasst werden. Wesentlicher Aspekt ist die Ablage all dieser Informationen mit dem Erkennungszeitpunkt in einer Datenbank.

790 Für die Historisierung sind Bezugs- oder Referenzgrößen von entscheidender Bedeutung. Hierbei müssen sinnvolle Zusammenhänge aufgebaut werden können. Wem werden die Indikatoren zugeordnet? Bei quantitativen Indikatoren ist die Zuordnung relativ klar. Diese Elemente werden an den jeweiligen Konten festgemacht. Eine IT-Lösung muss daher in der Lage sein, diese Zuordnung exakt und historisch genau abzubilden. Entscheidend in diesem Zusammenhang ist die Verweildauer der Indikatoren an dem zugeordneten fach-

lichen Objekt, dem Konto. Generell soll diese Zuordnung dauerhaft sein. Solange dieses Konto existiert, muss erkennbar sein, welche Verhaltensauffälligkeit wann stattgefunden hat. Um die Indikatoren auf Kundenebene darstellen zu können, soll eine Aggregation auch auf dieser Basis und auf Ebene des Engagementverbundes abbildbar sein. Die Bewertung der Indikatoren darf nicht auf dem Wege durch die vorgenannte Hierarchie verloren gehen. Bewertungskennziffern müssen an den drei Stufen Konto, Kunde, Engagementverbund ausgeprägt sein.

Die Zuordnung der qualitativen Indikatoren erfolgt über den Kunden. Hier gelten die gleichen Regeln wie bei den quantitativen Indikatoren. In diesem Fall sollen auch alle erkannten und erfassten Informationen dauerhaft und chronologisch an dem Kundendatensatz gespeichert sein. Das Einbinden dieser Indikatoren hat darüber hinaus den Vorteil, dass jedes Mal wenn dieser Kunde erneut, möglicherweise in einem neuen Engagementverbund, auftaucht, auch seine qualitativen Indikatoren in der gänzlichen Ausprägung vorgestellt werden.

In Zeiten eines häufigen Betreuerwechsels kann das Historienwissen direkt an den Kunden gebunden werden, auf den es zutrifft. Eine umfangreiche Übergabe der Historieninformationen von Betreuer zu Betreuer, mit der Gefahr von Lücken, wird auf diese Weise minimiert.

Um die Entwicklung von Konten, Kunden, Engagementverbünden, hin bis zur Portfolienbildung klar verfolgen zu können muss demnach eine möglichst regelmäßige Historisierung sichergestellt sein. Dieses wird durch die über eine IT-Lösung bereitgestellten Historisierungsläufe erreicht. Im Regelfalle wählt man die Werte des Monatsultimos, um einen Lauf anzustoßen. Man kann sich auch kürzere Rhythmen vorstellen, in der Praxis hat sich allerdings eine monatliche Historisierung als hinreichend und aussagekräftig bewährt.

Abbildung 9: Schedulergesteuerter Historisierungslauf

794 Neben den monatlich zu würdigenden Indikatoren sollen in einen Historisierungslauf zusätzlich die nachstehenden Werte, die an dieser Stelle nur exemplarisch erwähnt werden, einfließen:

- Obligo
- Linien
- Überziehungen
- Sicherheitenwerte
- Forderungsverzichte
- Rückstände
- Wertberichtigungen
- Rating- und Bonitätsnoten

795 Über die Gesamtdarstellung der vorgenannten Werte mit der Entwicklung der Indikatoren an Konten, Kunden und Engagementverbünden wird in historischen Reihen das Bild gezeichnet, dass verlässlich Auskunft über den Werdegang eines risikobehafteten Kreditengagement zeichnet.

Engagemententwicklung	Übernahmeprotokoll	Bewertung Sanierung	31.12.VJ	aktuell - 12M	aktuell - 9M	aktuell - 6M	aktuell - 3M	aktueller Monat	Delta nom. 1	Delta nom. 2	Abgabe
Datum		21.11.2007	21.11.2007	31.12.2007		30.11.2007	29.02.2008	21.05.2008			
Obligo Linie		0,0	156,6	156,6		156,6	611,6	611,6	455,0	455,0	
Obligo IA		0,0	553,5	553,5		553,5	546,9	546,9	-6,6	-6,6	
Blanko Linie		0,0	0,0	0,0		0,0	131,6	131,6	131,6	131,6	
Blanko IA		0,0	326,9	326,9		326,9	66,9	66,9	-260,0	-260,0	
Sicherheiten		0,0	226,6	226,6		226,6	480,0	480,0	253,4	253,4	
Forderungsverzichte		0,0						40,0			
Rückstände		0,0						25,9			
Überziehungen		0,0	424,6	424,6		424,6	12,5	12,5	-412,1	-412,1	
EWB gem. RiVo.		0,0	0,0	0,0				0,0	0,0	0,0	
Bonität								210			
Ratingklasse											

Abbildung 10: Controllingsicht Engagemententwicklung

3.6. Prognosen

796 Alle Erkenntnisse, die innerhalb eines Frühwarnsystems ermittelt wurden, dienen der Verdichtung der Historie. Je mehr Erkenntnisse in historischen Reihen belegt werden, desto intensiver wird das Bild der Erkenntnisse gezeichnet. Nur mit einem Softwaresystem, dass die Erfahrungen aus der Vergangenheit dezidiert aufzeichnet und bewahrt, ist es möglich auch Prognosen in die Zukunft zu generieren.

797 Wenn historisierte Datensätze strukturiert zur Verfügung stehen, kann sehr genau nachvollzogen werden, welche Entwicklungsphasen durchlaufen wurden. Dies gilt zunächst für den einzelnen Kunden, den einzelnen Engagementverbund, aber auch für ganze Portfolien. Um eine vollumfängliche Be-

wertung vornehmen zu können fließen nun nicht nur die Erkenntnisse aus den einzelnen Risikofrühwarnläufen der Vergangenheit ein. Vielmehr werden auch Historienreihen aus anderen Bereichen betrachtet, die gleichermaßen eine hohe Bedeutung haben. Datenreihen zur Sicherheitenbewertung dokumentieren beispielsweise die Entwicklung bestimmter einzelner Sicherheitenarten. Stellvertretend seien hier die Immobilien genannt. Diese Sicherheitenobjektart soll natürlich auch im Laufe der Zeit an die jeweils aktuelle Bewertung angepasst werden. Durch das Festhalten der historisierten Beleihungswerte und das anschließende Aneinanderreihen entsteht ein Bewegungsbild über die Wertentwicklung dieses Sicherheitenobjektes.

Bewertungen									alle Beträge in EUR
gültig ab	Beleihungswert [TGE]	Verkehrswert [TGE]	akt. Verkehrswert [TGE]	Bewertungsart	Betrag	%	Betrag	Ersteller	Aktion
15.02.2008	255,00	255,00	255,00	20 VKW festgesetzt	255.000,00	100,00	255.000,00	nn	
15.02.2007	452,00	425,00	452,00	20 VKW festgesetzt	452.000,00	100,00	452.000,00	nn	
15.02.2006	850,00	850,00	850,00	20 VKW festgesetzt	850.000,00	100,00	850.000,00	nn	

Abbildung 11: Bewertungshistorie Sicherheitenobjekt

Dieses Bewegungsbild steht sinnvollerweise zu allen datentechnisch vorgehaltenen Immobilien zur Verfügung. Durch gezielte Differenzierung nach Immobilienart, Nutzungsart, Lage, Zustand und erzielbare Kaufpreise werden Gesamtbewegungsbilder gezeichnet. Anhand dieser Auswertungen wird zunächst sehr präzise dokumentiert, wie sich die Entwicklung in den Betrachtungszeiträumen darstellt. Es lassen sich aber, bei valider Datenqualität, auch Ausblicke in die Zukunft erreichen. Je stärker die Informationen aus der Vergangenheit verdichtet zur Verfügung stehen, umso eher ist es möglich kommende Trends zu erkennen. Aus der abgeleiteten Prognose heraus wird dem Kreditinstitut so eine Möglichkeit gegeben, zeitnah auf diese denkbaren Entwicklungen zu reagieren. Am Beispiel der Immobilien sei erwähnt, das somit belegbare Erkenntnisse hinsichtlich bestimmter Lagen oder Nutzungsarten klar definiert zur Verfügung stehen.

Zusätzlich gilt es, die Entwicklungen auf Konto- und Kundenebene zu betrachten. Bei dem Auftreten bestimmter Häufungen von Indikatoren können Regeln abgeleitet werden, was in speziellen Fällen mit hoher Wahrscheinlichkeit geschehen wird. Auch hier bieten sich weitere Chancen auf zeitnahe Reaktionen.

Es nützen die besten IT-Systeme und die ausgefeiltesten Auswertungen allerdings nichts, wenn am Ende kein Kompetenzträger steht, der bei der Vorlage bestimmter Konstellationen tatsächlich Entscheidungen trifft.

DIENSTLEISTUNGEN IM BEREICH DER RISIKOFRÜHERKENNUNG

801 Den Kreditinstituten ist es in den letzten Jahren überwiegend gelungen, auch vom Gesetzgeber und den Aufsichtsbehörden getrieben, Kriterienlisten aufzustellen, die bei der Häufung bestimmter Indikatoren anschlagen und einen einzuleitenden Maßnahmenkatalog oder gar eine Strategie vorschlagen.

	Nr.	Gegenmassnahme	gefordert	bis	Erfüllungsgrad in %	erledigt	Controlling relevant	Meilenstein	Bemerkung	Aktion
		Zusätzliche Unterlagen zur Verbreiterung der Informationsbasis sicherstellen								
☐	1	BWA und Jahresabschluss	nein		0	nein	nein	nein		✎
☐	2	Testschlüssel	nein		0	nein	nein	nein		✎
		Potenzielle Problemfelder mit Kunden besprechen/analysieren								
☐	3	Deckungsbeitragsrechnungen	ja	21.05.2008	0	nein	nein	nein		✎
☐	4	Offenlegung Vor-/Nachkalkulation	nein		0	nein	nein	nein		✎
☐	5	Infos Materialwirtschaft	nein		0	nein	nein	nein		✎
		Externe Auskünfte einholen								
☐	6	Bankauskünfte	nein		0	nein	nein	nein		✎
☐	7	SCHUFA	nein		0	nein	nein	nein		✎
		Engagementordnung (Innenwirkung)								
☐	8	Linienausweitung ausschließlich	nein		0	nein	nein	nein		✎
☐		auf alle Zeilen anwenden								

Abbildung 12: selektierter Maßnahmenkatalog

802 Dem Entscheider obliegt es aber letztlich den finalen Startschuss auszulösen, damit die vorbereiteten Strategien auch auf den Einzelfall angewendet werden. Die verwendete Software kann diesen Akt der Willensentscheidung nicht wirklich abnehmen. Daraus folgt, dass der IT-Anwender das Vorhaben, Historienwerte in die Zukunft auszuwerten, bereits in einer frühen Phase der Systemeinführung zur Umsetzung bringen muss.

3.7. Prozesse

803 Bislang haben wir mittels unterschiedlicher Verfahren Informationen über Ausfallgefährdungen und Risikofrühkennzeichen gesammelt, gespeichert, historisiert und ausgewertet.

804 Diese Vorgehensweise sollte idealerweise in eine standardisierte Prozesslandkarte eingebunden sein. Prozesse bieten die Möglichkeit unterschiedlichste Szenarien abzubilden. Sie bilden eine Allgemeingültigkeit ab, zeigen welche Schritte in welcher Reihenfolge vorzunehmen sind und bieten zudem die Möglichkeit hierüber Auswertungen zu erstellen. Darüber hinaus besteht die Möglichkeit Prozesse zu verändern, um sich den im Wandel begriffenen Umgebungsparametern anzupassen.

805 Diese Grundvoraussetzungen sollten möglichst ganzheitlich in einer einzusetzenden Softwarelösung abgebildet werden können. In diesem Zusammenhang ist es erforderlich, sich über die geplanten Verfahrensabläufe im Vorfeld Gedanken zu machen.

Zunächst ist in die Überlegungen mit einzubeziehen, welche Organisationseinheiten in einen Prozess der Risikofrüherkennung mit eingebunden werden sollen. Bei der Betrachtung verschiedener Geschäftsmodelle finden wir immer wieder drei Grundeinheiten. Diese Grundeinheiten bezeichnen wir in unserem Beispiel als 806

1. Markt
2. Marktfolge
3. Risikomanagement

In Abhängigkeit der bankinternen Strukturen kommen die vorgenannten Einheiten in unterschiedlicher Intensität und Reihenfolge zum Einsatz. 807

Die ersten Tendenzen zur Erkennung von konkretem Risikopotenzial sind zweifelsohne in den marktnahen Organisationseinheiten zu finden. Hier werden die Konten geführt und die Kunden betreut. Die Sicherheiten verwaltet üblicherweise die Marktfolge, in der auch Kreditsachbearbeitung und Vertragsmanagement angesiedelt sind. 808

Im Marktumfeld werden über die jeweiligen Indikatoren die ersten Hinweise auf eine auffällige Entwicklung des Engagements transparent werden. Betrachten wir hier zunächst die quantitativen Indikatoren, die hard-facts, die Verhaltensauffälligkeiten, die sich auf dem Konto abspielen. Einer der zuerst erscheinenden Indikatoren wird die Abweichung zwischen Haben- und Sollumsätzen sein. In der Betrachtung fällt dies allerdings meistens erst in dem Augenblick auf, in dem ein eingeräumtes Limit überschritten wird, als eine Überziehung anhängig ist. 809

Der Prozess muss primär in der Lage sein, den abgebildeten Indikator zu melden. Hinsichtlich der Betreuerverantwortung soll diese Auffälligkeit zunächst dem zugeordneten Kundenbetreuer zur Kenntnis gebracht werden. Dieser soll dann zunächst über geeignete Maßnahmen entscheiden. Mögliche Maßnahmen können eine Kontoumsatzanalyse oder ein Kundengespräch sein. Für den Anstoß eines Prozesses ist das auslösende Moment entscheidend, hier also die sich zu Lasten der Sollumsätze entwickelnden Gutschriften. Der Prozess wird nach der maschinellen Initialisierung an den verantwortlichen Kundenbetreuer übertragen. Diesem wird als einzuleitende Maßnahme eine Kontoumsatzanalyse oder/und ein Kundengespräch vorgeschlagen. Je nach Ausprägung der einem Kundenbetreuer zugebilligten Handlungsfreiheiten kann dieser entscheiden, welche Maßnahmen zur Ausführung 810

DIENSTLEISTUNGEN IM BEREICH DER RISIKOFRÜHERKENNUNG

kommen. Für die praktische Um- und Durchsetzung der generierten Prozesse ist mittels der IT-Lösung eine Unterstützung der fortlaufenden Überwachung erforderlich.

Abbildung 13: workflowgebundene Prozesssteuerung

811 Ein weiterer wesentlicher Aspekt der Überwachung ist die Optimierung der instanzierten Prozesse. Längen in bestimmten Bearbeitungsschritten müssen identifiziert und analysiert werden, da sie in der Regel erhebliches Optimierungspotential bieten.

812 In Einzelfällen ist die Verlängerung bestimmter Prozessschritte geboten. In der Prozessdefinition sollte auch abschließend festgelegt sein, wie und durch wen eine Prozessschrittverlängerung im System abgebildet werden kann. IT-Systeme unterstützen eine Prozesssteuerung durch sogenannte Eskalationsstufen, die bewirken, dass die Dauer der Verlängerung von bestimmten Kompetenzen abhängig ist.

Abbildung 14: Eskalationshandling

813 Diese Mechanismen dienen einzig und allen einer frühen Identifizierung von Risiken. Gerade in der Anfangsphase auftretender Probleme wird wertvolle Zeit durch Nicht-Handlung bis hin zu Verzögerungen (Verschleierungen) verbraucht. Diese Zeit kann später im Verlauf einer sich zuspitzenden Risikosituation nicht mehr eingeholt werden.

814 Daher bietet sich die Organisationseinheit des Risikomanagements an, eine neutrale Überwachung vorzunehmen. Diese Überwachung kann nur in dem gleichen System vorgenommen werden, welches auch von den operativ agierenden Einheiten, dem Markt genutzt wird. Die IT-Lösung muss also den

Blick auf die anhängigen Prozesse von unterschiedlichen Ebenen zulassen. Viel mehr Bedeutung kommt dieser Fähigkeit zu, wenn eine Risikoüberwachung unabhängig von einander operierende Markteinheiten überwachen will.

Im weiteren Prozessverlauf muss sichergestellt werden, dass auch die qualitativen Indikatoren zentral in das System eingestellt werden. Um diese Erfassung sicherzustellen, müssen die Mitarbeiter ausgebildet werden, die Informationen bei dem Kunden zu erkennen, aufzunehmen und auch in das System zeitnah einzustellen. Auch gilt, dass zeitnah erfasste Indikatoren mehr Raum zum Agieren lassen und am Ende nicht nur noch die Reaktion bleibt, die bekanntermaßen die schlechtere Alternative ist. Die Prozessdefinition sollte ebenfalls bei den qualitativen Indikatoren in Abhängigkeit der Ausprägung bestimmte Reaktionen vorsehen. Beispielsweise dienen vordefinierte Merkmale zur Ratingüberprüfung, resp. Ratingherabstufung. In eine zentrale Überwachung dieser Marktaktivitäten wird auch das Risikomanagement eingebunden. 815

Neben der Indikatorenidentifizierung, die in den Marktabteilungen stattfindet, soll auch die Marktfolge in diese Prozesse mit eingebunden sein. Häufig sieht man sich der Auffassung ausgesetzt, dass es sich hier um parallele Prozesse handelt. Vor dem Hintergrund der Risikofrüherkennung muss festgehalten werden, dass Markt, Marktfolge und Risikomanagement in eine einzige Prozesskette eingebunden sind. Diese Prozesskette soll in anlassbezogenen Ausprägungen vorhanden sein, damit eine möglichst hohe Standardisierung erreicht werden kann. 816

3.8. Standard und Individualisierung

Mit einer IT-gestützten Früherkennung wird ein Raster aufgebaut, dass einem Netz vergleichbar, bestimmte Konstellationen passieren lässt und vordefinierte Konstellationen auffängt. Über die anhängige Risikophilosophie steuert das Anwenderhaus, mit welchen Indikatoren eine Verhaltensauffälligkeit angezeigt wird und mit welchen Indikatoren dies unterbleibt. Diese Ausprägung ist in einem hohen Maße individuell und wird von Haus zu Haus abweichen. 817

Hier haben Kritiker sicherlich Recht, wenn sie meinen, Risikofrüherkennung sei ein sehr individuelles Geschäft, das keine oder kaum Standardisierung zulässt. 818

Jedoch sind die zugrundeliegenden Algorithmen immer identisch. Das müssen sie auch, weil bei dem Auftreten eines Indikators immer festgestellt werden soll, dass dieser Indikator tatsächlich aufgetreten ist. Individuell wird es, wenn 819 wir uns der Bewertung dieses Indikators nähern. Nehmen wir das Beispiel einer Überziehung größer 30 Tage. Standardmäßig wird erkannt, es handelt sich um einen vorliegenden Indikator, der tatsächlich aufgetreten ist. Interessant wird die Betrachtung bei Sichtung der weiteren Ausprägung dieses Elements.

- Ist diese Verhaltensauffälligkeit zum erstenmal aufgetreten?
- Wie hoch war die Überziehung im Verhältnis zum Limit?
- Welche Bewertung misst das Anwenderhaus der Überziehung zu?

820   Erst nach Würdigung dieser weiteren Faktoren ist eine abschließende Beurteilung über die Einstufung des Indikators möglich. Diese weiteren Faktoren stehen losgelöst als Standard dar und erhalten ihre Individualität durch die institutsspezifische Ausprägung.

821   Eingesetzte IT Systeme zur Risikofrüherkennung verfügen über diese individuellen Einstellungen mit denen ein Standard für das jeweilige Nutzerhaus geschaffen werden kann.

822   Die Bewertungseinstellungen setzen sich bei den qualitativen Indikatoren fort. Wenngleich hier die Identifizierung deutlich schwieriger ist. Viele Häuser haben bis zum heutigen Tage keine allgemeingültigen Regeln aufgestellt, wie Softfacts identifiziert und bewertet werden können. Oftmals war es in der Vergangenheit schwierig diese Indikatoren zu dokumentieren. Es existierte kein Regelwerk, über das festgehalten wurde, welche qualitativen Indikatoren dokumentationswürdig sind. Heute verfügt die Kreditwirtschaft in weiten Teilen über derartige Funktionen, die über die Verbandsorganisationen den jeweiligen Institutsgruppen zur Verfügung gestellt werden. Daher soll die eingesetzt Software dieses Regelwerk über Verbandsgrenzen hinweg abbilden können.

823   Wie bei den Hardfacts, will man eine Standardisierung im Zusammenhang mit dem Grundgerüst erreichen. Es soll ein Katalog an qualitativen Indikatoren erstellt werden, der zunächst und in sich allgemeingültig ist. Hier wird der Standard dokumentiert. Die Einzelindikatoren werden nun an die Risikophilosophie des jeweiligen Hauses angepasst. Auch hier ist die Bewertung das Element der Individualisierung. Diese kann je nach eingesetzter Institutsgruppe, wie öffentliche Banken, Sparkassen, genossenschaftlichen Banken und anderen, durchaus unterschiedlich sein, ja sich sogar innerhalb der Häuser einer Institutsgruppe unterscheiden.

Die eingesetzte Software soll diese Abhängigkeiten abbilden und neben der Darstellung des Indikatorenkataloges auch die Individualisierung in der Bewertung zulassen.

Zusammenfassend halten wir fest, dass die Grundlage zur Identifizierung von Risiken immer ein Standard sein soll, ja sogar sein muss. Individualisierung steht in einem zweiten Schritt an, wenn die Kriterienkataloge zusammengestellt werden und wenn Bewertungen der katalogisierten Indikatoren an das Risikoprofil des jeweiligen Kreditinstitutes angepasst werden.

Neben den Indikatoren gilt diese Aussage auch für Prozesse, die wir in einem vorgelagerten Kapitel kennen gelernt haben. Standardmäßig stehen zunächst die vordefinierten Prozesse zur Verfügung, welche dann in der zugelassenen Individualität zum Einsatz kommen.

3.9. Überwachung

Betrachtet man die Risikofrüherkennung, so ist die Identifizierung der risikobehafteten Konten, Kunden und Engagementverbünde nur der erste Schritt. Da Risikofrüherkennung nicht einen Selbstzweck heiligt, wird in Folge das Instrumentarium betrachtet, mit dem risikoidentifizierte Kunden reguliert werden.

Hier steht eine ganze Palette von Möglichkeiten zur Verfügung, derer sich die Kreditwirtschaft bedienen kann.

Ausgangspunkt bei der Heilung risikobehafteter Engagements sind zur Verfügung stehende Prozesse, die im Vorfeld definiert wurden. Diese Prozesse werden in Abhängigkeit der vorgefundenen Risikolage abgerufen und bilden das Kernelement bei der intensiven Betreuung des Risikoengagements. In diesem Zusammenhang greift man gerne auf Standards zurück, die eine geordnete und nachvollziehbare Bearbeitung mit den erforderlichen Überwachungsmechanismen zulassen.

Startpunkt ist dabei immer die Bestandsaufnahme, in der die aktuelle Ist-Situation des Risikoengagements mit der Situation gemäß Aktenlage verglichen wird.

Listenelement	In der Akte	Nachzureichen bis	Bemerkung	Aktion
Prüfung rechtliche Verhältnisse				
Kreditverträge überprüft	nein	28.03.2008		🖉 🗔
Sicherheitenverträge überprüft	nein			🖉
sonstige Verträge überprüft	nein			🖉
Prüfung wirtschaftliche Verhältnisse				

Abbildung 15: Maßnahmenkatalog Bestandsaufnahme

DIENSTLEISTUNGEN IM BEREICH DER RISIKOFRÜHERKENNUNG

831 Die in diesem Zusammenhang erkennbaren unterschiedlichen Anforderungen an eine Bestandsaufnahme sollen im verwendeten IT-System abgebildet werden können. Darüber hinaus liefert das Bearbeitungssystem die Indikatoren, die zu der Identifizierung geführt haben. Hier erklärt sich, dass ein Bearbeitungssystem, mit dem die Heilung von risikobehafteten Engagements vorangetrieben werden soll, auch bereits in der Früherkennung eingesetzt werden muss. Alle vorab gesammelten Informationen stehen nun für die weitere zielgerichtete Bearbeitung zur Verfügung und können durch Aktualisierung weiterer Daten aus den bestandsführenden Systemen ergänzt werden. Für die Bearbeitung des Engagements stehen differenzierte Strategien zur Verfügung. Diese Strategien können sich an vorgegebenen Standards orientieren. Die Strategien bestehen aus verschiedenen Maßnahmen, die in ihrer jeweiligen Ausprägung dem aktuellen Risikofall angepasst werden können. Auch bei den Maßnahmen greifen die Überwachungsmechanismen, die wir bereits bei den Prozessen kennen gelernt haben. Die für den individuellen Fall ausgewählten Maßnahmen folgen in der Bearbeitung den vorgegebenen Prozessen und Standards. Eine ausgewählte Einzelmaßnahme hat einen klar definierten Inhalt, eine konkrete Aufgabe. Wir wählen zur Veranschaulichung eine Maßnahme mit dem Inhalt der regelmäßigen Beschaffung von einkommensrelevanten Unterlagen. Diese Maßnahme besteht aus der Aufgabe und einem Zieltermin, zu dem die Aufgabe abgeschlossen sein soll.

Abbildung 16: Aufgabenbearbeitung

832 Der Kundenbetreuer hat nun die Aufgabe aus dem ihm zugeordneten Prozess diese Maßnahmen gegenüber (und mit) dem Kunden umzusetzen. Für die Erledigung hat er eine bestimmte Zeit, die in dem Prozess vorgegeben ist. Die Erledigung wird durch Dritte überwacht, die ein Signal erhalten, wenn sich der Zeitpunkt der Erfüllung nähert und wenn der Zeitpunkt erreicht ist. Der Kundenbetreuer seinerseits überwacht die Einreichung der Unterlagen durch den Kunden. In diesem Zusammenhang stehen ihm verschiedene Werkzeuge zur Verfügung. Neben einer Wiedervorlagenüberwachung kann er auf rechtliche geprüfte und korrekte Briefvorlagen zurückgreifen. Mit diesen Vorlagen wickelt er die Korrespondenz mit dem Kunden ab. In einem weitergehenden Schritt wird er die Korrespondenz automatisieren. Er wird ein Anforderungsschreiben erstellen, an das eine Wiedervorlage gekoppelt ist. Bei Erreichen des Wiedervorlagedatums ohne Unterlageneingang wird ein voradministriertes

Folgeschreiben automatisch versandt. Diese Funktionalitäten gehören ebenfalls zu dem Leistungsumfang einer IT, die zentral in den Themengebieten um die Risikofrüherkennung eingesetzt wird.

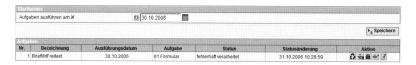

Abbildung 17: automatisierte Aufgabensteuerung

Abbildung 18: vorbefülltes Musterschreiben

Der dargestellte (möglichst) hohe Automatisierungsgrad bedingt in der Konzeptionsphase einen gewissen Aufwand. Er ermöglicht aber später eine problemlose Abwicklung der Betreuungs- und Überwachungsprozesse, bei denen neben den Maßnahmen, die gegenüber den Risikoengagements getroffen werden und nicht selten eine sehr hohe Parallelität erzeugen, auch weiterhin die Indikatorenüberwachung läuft.

Denn die Überwachung der indikatorengebundenen Risikofrühwarnerkennung muss im Hintergrund zweifelsohne fortgeführt werden. Die über eingeleitete Maßnahmen veränderten Indikatoren dokumentieren den Fortschritt der »Heilung« des Risikoengagements. Hier schließt sich der Kreis und es entscheidet sich, ob das Kundenverhalten in Richtung Wiederherstellung geht,

DIENSTLEISTUNGEN IM BEREICH DER RISIKOFRÜHERKENNUNG

oder ob andere und zusätzliche Maßnahmen zur weiteren Unterstützung eingebracht werden müssen. Das IT-System nimmt neben der Überwachung und der Dokumentation der Heilungsmaßnahmen, weiterhin die dem Risikoprofil entsprechenden Indikatoren auf.

3.10. Abgabe

835 Als Folgebearbeitungsbereiche aus dem Markt heraus kommen die folgenden Segmente in Frage:

- Intensivbetreuung
- Sanierung
- Abwicklung

836 Wenn Risikoengagements in einen Folgebearbeitungsbereich übergeben werden, sind mehrere Voraussetzungen erforderlich. Zum einen bedarf es eines exakt definierten Kriterienkataloges, der genau darstellt, welche Voraussetzungen erfüllt sein müssen, damit ein Fall in die Folgebearbeitung abgegeben werden kann. Das Vorliegen dieser Voraussetzung wird über die eingesetzte Software in der Überwachung unterstützt und angezeigt. Letztlich ist es wieder der Entscheider, der mittels manueller Willensentscheidung dafür Sorge trägt, dass der Risikoverbund in einen Folgebearbeitungsbereich übertragen wird.

Abbildung 19: Übertragungsmechanismen zur Folgebearbeitung

837 Neben der tatsächlichen Entscheidung einen Folgebearbeitungsbereich zu wählen, soll gewährleistet sein, dass die Überleitung formal geordnet geschieht. Dazu ist es erforderlich das Obligo des in Rede stehenden Engagementverbundes zusammenzustellen, die bislang identifizierten Indikatoren aufzuzeigen und möglicherweise bereits eingeleitete Maßnahmen zu dokumentieren. Diese Zusammenstellung der Dokumentation ist fehleranfällig und zeitaufwendig. Daher stellt die Dokumentation der Entscheidung einer Weiterbehandlung klare Anforderungen an die genutzte Software.

Neben der beschriebenen Risikofrüherkennung geht die Erwartung an Softwarelösungen deutlich weiter. Risikobehaftete Engagements sollen nicht nur identifiziert, sondern auch über alle möglichen Folgebearbeitungsbereiche (z. B. in der Risikovorsorge) bearbeitet werden können. Da Systembrüche immer das Risiko von Datenverlust bergen, soll die Prozesskette durchgängig sein. Diese Durchgängigkeit wird in alle Richtungen erwartet. Ein risikobehaftetes Engagement wird nach der Identifizierung in die Intensivbetreuung überstellt, von dort gelangt es in die Sanierung und wird nach erfolgreicher Therapie in den Markt entlassen. Oder es wird nach vergeblichen Heilungsversuchen in die Abwicklung übergeben.

Wie auch immer der Lauf eines Engagements sich gestalten mag, es ist unabdingbar, dass dieser Verlauf aufgezeichnet wird, damit Auswertungen möglich sind, welche Prozesse bei welchen Kriterien zum Erfolg geführt haben. Der Aufbau dieser Informationen und die Möglichkeit der Auswertung macht erst die Risikofrüherkennung möglich. Gesicherte Erkenntnisse aus zielführend umgesetzten Risikofrüherkennungsprozessen zeigen bei einer aktuellen Risikolage den erfolgreichsten Weg.

3.11. Schlussbemerkung

Vernetzte Softwaresysteme im Umfeld der Risikofrüherkennung sind ein absolutes Muß. Unbedingte Voraussetzung bei der Wahl eines geeigneten Systems ist die dichte Vernetzung mit den bestandsführenden Systemen. Ständige Aktualisierung von Konten- , Kunden-, Sicherheitenwerten sind dabei unerlässlich. Definition von Katalogen mit Frühwarnindikatoren stellen eine ebenso große Anforderung dar, wie die Abbildung von den Prozessen, die ein standardisiertes Verfahren möglich machen. Die Historisierung der zur Verfügung stehenden und erfassten Werte bildet die Grundlage für eine gesicherte Prognose und hilft Prozesse weiter zu verbessern.

Von der Risikofrüherkennung bis zur Abwicklung oder Rückgabe an die Marktorganisationen sollte die Softwarelösung eine Möglichkeit bieten gesamtheitlich und durchgängig Bearbeitungsprozesse im Umfeld risikobehafteter oder notleidender Engagements prozessgetrieben abbilden zu können. Unterstützend wirken dabei immer integrierte Funktionalitäten wie die Korrespondenz mit einem juristisch sauberen Bestand und eine permanente Terminüberwachung.

842 Umfassende Reportingmöglichkeiten, die alle Belange in den Gesamtprozessen zusätzlich unter Effizienzgesichtspunkten transparent machen, vervollständigen insgesamt den Mehrwert einer Softwarelösung, welche sich den Anforderungen des Marktes entsprechend auch an die individuellen Belange jedes Kreditinstitutes adaptieren lässt.

Stichwortverzeichnis

Stichwortverzeichnis

Die im Stichwortverzeichnis aufgeführten Verweise beziehen sich auf die im Text angegebenen Randnummern.

Abgrenzung Watchlist - Frühwarnverfahren	620
Abwicklung	125
Ausfallrisiko	162
Basel II, Anforderungen	190 ff.
Bewertungsfunktion	283
Business Intelligence Tools	374 ff.
Data Mining	491 ff.
Data Warehouse, Modellumsetzung	317 ff.
Datenbankstruktur	319
Datenbankzugriff	357 ff.
Datengewinnung	324
Datenhistorie	331 ff.
Datenqualität	340 ff., 643 ff.
Dokumentationsanforderungen	135
Externe Daten	229
Externe Ratings, Verschlechterung	78
Frühwarnindikatoren	29, 543, 585
Frühwarnindikatoren, Auswahl	522, 526 ff.
Frühwarnindikatoren, Quellen	29
Frühwarnindikatoren, Beurteilungsdimensionen	534
Frühwarnindikatoren, Checkliste	535, 561, 577
Frühwarnindikatoren, qualitative	525, 575, 587
Frühwarnindikatoren, quantitative	522, 542, 571, 587
Frühwarninstrumente, Aufgabe	211
Frühwarnkriterien	670 ff.
Frühwarnverfahren, Anforderungen	662
Frühwarnverfahren, Aufbau	663
Frühwarnverfahren, Begriff	584
Frühwarnverfahren, Entwicklung/Validierung	24

STICHWORTVERZEICHNIS

Frühwarnverfahren, Geschäfts-, Gewerbe- und Firmenkunden	627 ff.
Frühwarnverfahren, Implementierung	646 ff.
Frühwarnverfahren, Komponenten	586
Frühwarnverfahren, praxisnahe Umsetzung	19
Frühwarnverfahren, Privatkunden	623 ff.
Frühwarnverfahren, Prozessanforderungen	610 ff.
Frühwarnverfahren, Prüfung	580 ff., 591
Frühwarnverfahren, Prüfungsansätze	631 ff.
Frühwarnverfahren, Checkliste	635
Frühwarnverfahren, Checkliste Validierung	489
Frühwarnverfahren, Validierung	438 ff.
Frühwarnverfahren, Ziele/Aufgaben	660
Frühwarnsystem, Abgrenzung zu Rating- und Scoring	306 ff.
Frühwarnsystem, Anforderungen	213 ff.
Frühwarnsystem, Hauptfunktionen	509
Frühwarnsystem, Implementierung	201 ff.
Frühwarnsystem, methodische Einführung	693 ff.
Funktionale Trennung	612
Funktionsprüfungen	634 ff., 639
Gini-Koeffizient	480
Indikator, Auftreten/Wahrnehmung	114
Indikatoren	26
Indikatoren, Eignung	33
Indikatorenbezogene Komponente	142
Integration Kreditprozesse, Checkliste	432
Intensivbetreuung, Prozess	617 ff.
Intensivbetreuung, Überleitung	562 ff.
Intensivbetreuung, vereinfachte Darstellung	621
Interne Daten	227
Kontodatenanalyse, Privatkunden	21
Kontoinformationen	220
KonTraG	180
Krediteinzelfallprüfungen	637 ff.
Kreditentscheidung, risikoorientierte	167

STICHWORTVERZEICHNIS

Kreditfähigkeit	170
Kreditkontrolle	175
Kreditrisiko, Definition	157 ff.
Kreditrisiken, Quantifizierung	700 ff.
Kreditrisikomanagement	699
Kreditrisikomessung	697
Kreditportfoliosteuerung	143 ff.
Kreditüberwachung	174
Kreditwürdigkeit	170
Kreditzyklus	657
MaRisk, Anforderungen	583
MaRisk, Anforderungen - Checkliste	590
MaRisk, AT	187
MaRisk, BTO	6
Modellintegration	366 ff.
Normalbetreuung, Anforderungen	616
Öffnungsklausel	12
Operationelle Risiken	160
Praxiserfahrungen Frühwarnverfahren, Checkliste	437
Prozessanforderungen, Checkliste	622
Prozessbezogene Komponente	142
Projektbegleitung, Arten	602
Projektrevision, Checkliste	608
Projektrevisionen	593
Projektrevisionen, Arten	599 ff., 601
Projektrisiken, Arten	603
Prüfung Projekte	592
Prüfung Projekte - Checkliste	609
Prüfungserfahrungen Frühwarnverfahren	636 ff.
Prüfungsplanung	597
Prüfungsplanung, Checkliste	598
Portfolioüberwachung Kreditengagements	411

STICHWORTVERZEICHNIS

Quantitative und qualitative Indikatoren	7
Quantitative Indikatoren	37, 742 ff.
Qualitative Indikatoren	66, 751 ff.
Quantitative und qualitative Indikatoren, Charakteristika	9
RiskMiner	232 ff.
RiskMiner, Konzeption	237
Risikodichte	289
Risikofrüherkennung, Bedeutung	1
Risikofrüherkennung, dynamische	501
Risikofrüherkennung, IT-gestützt	739
Risikoparameter	240, 249ff.
Risikoparameter, Umsatztätigkeit	254
Risikowahrscheinlichkeit, Ermittlung	241
Sanierung	125
Sanierungsfähigkeit	126
Sanierungswürdigkeit	126
Schnittstelle Frühwarnverfahren/Rating	140 ff.
Scoring	712 ff.
Systemprüfungen	640
Soziodemografische Daten	225
Teilrisikowahrscheinlichkeiten	478 ff.
Trennschärfenanalysen	454 ff.
Unternehmensanalyse	22
Unternehmenskrise, Identifikation	515
Unternehmenskrise, Verlauf	3
Zeitraumbezogene Komponente	142